扬州市职业大学高水平学术专著资助项目

跑步即旅行

马拉松赛事旅游发展研究

王 格·著

·南京·

图书在版编目(CIP)数据

跑步即旅行：马拉松赛事旅游发展研究／王格著.

南京：东南大学出版社，2024.6. — ISBN 978-7-5766-1435-0

Ⅰ. F592.3

中国国家版本馆 CIP 数据核字第 2024X5P764 号

责任编辑：张　倩　　责任校对：子雪莲　　封面设计：王　玥　　责任印制：周荣虎

跑步即旅行——马拉松赛事旅游发展研究

Paobu Ji Lüxing—Malasong Saishi Lüyou Fazhan Yanjiu

著　　者	王　格
出版发行	东南大学出版社
出 版 人	白云飞
社　　址	南京市四牌楼 2 号　　邮编：210096　　电话：025 - 83793330
网　　址	http://www.seupress.com
电子邮件	press@seupress.com
经　　销	全国各地新华书店
印　　刷	广东虎彩云印刷有限公司
开　　本	700mm×1000mm　1/16
印　　张	17.75
字　　数	303 千字
版　　次	2024 年 6 月第 1 版
印　　次	2024 年 6 月第 1 次印刷
书　　号	ISBN 978-7-5766-1435-0
定　　价	68.00 元

（本社图书若有印装质量问题，请直接与营销部联系。电话：025 - 83791830）

前言

在我国社会经济发展步入新时代的背景下,民众对于旅游休闲和体育健身的需求不断增长,原本被认为是极限运动的马拉松赛开始走入寻常百姓家,越来越多的大众群体开始参与到马拉松这项运动中。

近十多年来,我国马拉松赛事数量和参与人数连年攀升,各种主题的马拉松赛事层出不穷,目前已经发展出包括城市马拉松、乡村马拉松、越野马拉松、超级马拉松等多元化的赛事形态,参与者涵盖了青年、中年和老年各年龄群体,马拉松成了全民健身和全域旅游时代下大众体育旅游的新选择。与此同时,各地举办马拉松赛事的积极性也不断提升,不少地区从一城一赛逐步发展到一城多赛的局面。马拉松赛事旅游服务水平也在不断提高,逐步形成了一批特色鲜明、主题突出、内涵丰富的品牌赛事。马拉松赛事在推动城市经济发展、宣传地方文旅形象等方面发挥了重要作用,也带动了赛事运营、文旅休闲、运动装备、文创设计、数字运动等一系列行业的发展,逐步形成了比较完整的马拉松赛事旅游产业链。

在众多的行业中,旅游行业与马拉松赛事结合得最紧密。从马拉松面向大众开始,赛事就在竞技性的基础上增加了旅游的属性。从我国马拉松赛事旅游发展的阶段来看,它先后经历了"推动—互动—融合—内生"四个阶段,即一开始是赛事举办地通过举办马拉松赛事展示地方旅游形象,扩大旅游宣传,从而推动旅游业发展。随着马拉松赛事的功能更加多元化,马拉松赛事与旅游活动之间的互动不断加强,体育与旅游相互促进、共同发展。在"体育+"

和"旅游+"的背景下，体育和旅游各自内在的融合动力得到激发，开始在更深层面进行融合发展。马拉松赛事与地方旅游高度融合，内涵不断丰富，业态也不断拓展。在新时代背景下，马拉松赛事本身也成了一种旅游产品，成为旅游行业内生的一种全新旅游业态，是参与型体育旅游的重要组成部分。如今的马拉松赛事参与者不再是单纯的运动员和参与者身份，而是体育旅游产品的消费者和体验者。从这个意义上说，跑步就是旅行，参与马拉松就是参加一场特色体验的旅游活动。

本书立足我国马拉松赛事旅游发展背景，关注马拉松赛事旅游高质量发展趋势和路径，从旅游学的基本框架和相关理论出发，从多个视角对马拉松赛事旅游发展进行阐述和分析。第一章为绪论，主要分析了马拉松赛事旅游的相关概念、基础理论、起源发展和主要特征。第二章对我国近年来马拉松赛事旅游的发展状况进行了梳理。第三章从需求侧出发，关注马拉松赛事旅游者的主体即马拉松赛事旅游活动参与者的动机和行为。第四章从供给侧出发，研究马拉松赛事旅游产品开发的路径和方法。第五章从节事旅游的视角出发，研究马拉松赛事旅游活动的组织和实施。第六章研究马拉松赛事旅游服务质量和品牌建设。第七章关注到马拉松赛事旅游活动的风险与安全问题，从参与者维度出发分析风险感知和安全应对行为。第八章立足整体和宏观视角，对新时代我国马拉松赛事旅游高质量发展策略提出了一些思考。本书对当前我国马拉松赛事旅游发展中的现象进行分析和讨论，关注行业发展中的一些痛点，为马拉松赛事旅游的高质量发展提供了一些参考和建议。

在本书写作过程中，参考了多位专家学者的研究成果，也得到了多地旅游主管部门、体育主管部门、旅游行业协会、赛事组织机构、马拉松运营企业等单位的支持，在此一并表示感谢。由于作者水平有限，本书中难免出现一些错误和不足之处，恳请各位读者和专家提出宝贵的意见。

目 录

第一章　绪论 / 001
　　第一节　马拉松赛事旅游的概念和内涵 / 002
　　第二节　马拉松赛事旅游的起源和发展 / 009
　　第三节　马拉松赛事旅游的特征 / 015

第二章　我国马拉松赛事旅游发展现状分析 / 021
　　第一节　我国马拉松赛事旅游产业发展状况 / 022
　　第二节　我国马拉松赛事旅游发展动因 / 035
　　第三节　当前我国马拉松赛事旅游发展中的问题 / 043

第三章　马拉松赛事旅游者动机与行为研究 / 049
　　第一节　旅游动机概述 / 050
　　第二节　马拉松赛事旅游者参与动机研究 / 056
　　第三节　马拉松赛事旅游参与动机比较 / 069
　　第四节　马拉松赛事旅游者行为研究 / 078

第四章　马拉松赛事旅游产品开发 / 093
　　第一节　马拉松赛事旅游产品开发基础理论 / 094
　　第二节　基于 RMP 理论的马拉松赛事旅游产品分析 / 107
　　第三节　马拉松赛事旅游产品开发路径 / 130

第五章　节事旅游视角下的马拉松赛事组织与管理 / 143
　　第一节　节事与马拉松赛事旅游 / 144
　　第二节　马拉松赛事旅游活动的组织与实施 / 155
　　第三节　马拉松赛事组织与服务优化策略
　　　　　　——以无锡马拉松为例 / 182

第六章　旅游服务质量与马拉松赛事品牌研究 / 193

第一节　旅游服务质量 / 194

第二节　基于参与者满意度的马拉松赛事旅游服务质量研究 / 203

第三节　马拉松赛事旅游品牌的构建与发展
　　　　——以扬州马拉松为例 / 215

第七章　马拉松赛事旅游的风险与安全管理 / 223

第一节　旅游风险与马拉松赛事安全 / 224

第二节　马拉松赛事旅游者的风险感知与安全行为 / 238

第八章　新时代马拉松赛事旅游高质量发展策略 / 251

第一节　马拉松赛事旅游发展趋势与挑战 / 252

第二节　新时代马拉松赛事旅游高质量发展策略 / 260

参考文献 / 268

后　记 / 276

第一章

绪论

第一节
马拉松赛事旅游的概念和内涵

马拉松作为一项历史悠久的体育运动，一度被认为是只有专业运动员才能完成的"极限运动"，如今却吸引了越来越多的大众群体参与，成为融合了体育、竞技、旅游、观光、休闲等多重属性的社会性活动，并发展演变为一项富有特色的体育旅游活动，即马拉松赛事旅游。马拉松赛事旅游是体育旅游的重要组成部分，在丰富旅游供给侧和满足大众旅游新需求方面具有重要意义。旅游业具有典型的融合性，从"旅游+"到"+旅游"，多个行业都有和旅游业进行深度互动和融合的条件，体育旅游就是典型的融合型旅游产品。在大众旅游时代背景下，体育旅游产业内部的业态更加多元、类型更加丰富。马拉松赛事旅游就是最具代表性的体育旅游新形态。

一 体育旅游相关概念

（一）体育、旅游及体育旅游

1. 体育

我国体育历史悠久。"体育"一词最早见于1904年，湖北幼稚园开办章程中对幼儿进行全面教育时提到："保全身体之健旺，体育发达基地。" 1905年《湖南蒙养院教课说略》上也提到："体育功夫，体操发达其表，乐歌发达其里。"关于体育的概念和涵义，有着狭义和广义之分。狭义的体育即身体教育，即通过身体活动来增强体质，传授锻炼身体的知识、技能、技术等，培养道德和意志品质的有目的、有计划的教育过程，它是教育的组成部分。广义的体育一般指体育运动及与此关联的体育活动：体育运动一般是指具体的有着严格规则的体育项目；体育活动则是指围绕这些体育项目而进行一系列活动，包括但不限于如运动会、博览会、体育节等。因此，广义的体育可以理解为以身体练习为基本手段，以增强体质、促进人的全面发展、丰富社会文化生活和促进精神文明建设为目的的一种有意识、有组织的社会活动。它是社会交往和文化传播的一部分，包括体育教育、竞技运动、身体锻炼、休闲体育、体育社交、体育旅游等多个方面。

2. 旅游

旅游，从字面看即旅行、游览之意。"旅"是旅行，为了实现某一目的而到异地，表现为主体所在空间的转化；"游"是外出游览、观光、休闲；为达到这些目的所作的旅行，即为旅游。"旅游"与"旅行"相比，旅行偏重于行，旅游不但有"行"，且有观光、娱乐的含义。

专门的旅游定义，是在旅游产业深入发展和旅游学科研究不断深入的背景下，围绕旅游活动涉及的一系列要素和环节并从特定视角提出的。从相关研究来看，旅游的概念呈现出多元、变化、融合的特点。多元，就是不同学者和机构从不同的角度——如经济学、社会学、地理学等方面——对旅游活动进行阐述，进而演变出旅游学这一学科门类。变化，就是即使是从同一学科视角出发，随着社会的发展和旅游活动的演变，对旅游的认识和定义也逐渐出现新的维度，旅游空间和时间上的指标更加宽泛，如"是否在旅游地过夜"曾被作为旅游活动的重要标准，而目前这一条件已不再是判断是否属于旅游活动的依据。融合，就是对于旅游的定义，很难单独聚焦于旅游本身进行概念化，往往要结合其他行业、资源、要素等，以融合视角进行认识，如与文化、历史、经济、生态、地理、社会活动等相融合，从全域和系统角度对旅游活动进行更加全面的认识。

由此可见，很难对旅游进行一个准确的定义。世界旅游组织和联合国统计委员会曾这样定义旅游：旅游指为了休闲、商务或其他目的离开旅游主体惯常环境，到某些地方并停留在那里，但连续不超过一年的活动。在实践中，旅游活动的类型非常丰富，分类方式也各不相同，在旅游行业的长期发展中，逐渐形成了以"吃、住、行、游、购、娱"为六大核心要素的旅游产业形态。

3. 体育旅游

体育和旅游，本属于两个不同的领域。由于体育活动广泛的社会性和良好的群众基础，同时伴随着大众健身和休闲需求的增加，体育活动的类型和形式也日益丰富,具有了和旅游活动相似的功能和价值。同样,基于旅游活动的高度黏合性,在产业融合背景下的"旅游+"有了多种可能,"旅游+体育"的互动融合逐渐演变成了专门的体育旅游形态。在体育行业的广泛性和旅游活动的包容性的影响下,两者呈现融合的态势,体育旅游的类型日趋多样化,体验也不断丰富,出现了如观看体育赛事、体验体育项目、参与体育赛事等多种形态的体育旅游活动。

关于体育旅游的概念,行业内表述相对来说比较一致:一是突出本质,即旅游活动;二是聚焦核心,即体育相关活动。关于体育旅游的定义比较主流的表述为:体育旅游是指以观看、体验和参与各种体育活动为目的的旅行游览活动。这个概念直接、清晰地阐述了体育旅游的涵义,突出了体育旅游的三种主要方式——观看型、参与型和体验型,这也是体育旅游活动最为主要的表现形式(图1-1)。此外,还有从更加全面的角度对体育旅游提出相关定义的:从狭义上讲,体育旅游是为了满足和适应旅游者的各种专项体育需求,以体育资源和一定的体育设施为条件,以旅游商品的形式,为旅游者在旅游过程中提供融合了健身、娱乐、休闲、社交等综合性的服务,使旅游者身心得到满足,获得基于体育的综合体验;从广义上讲,体育旅游是指旅游者在旅游中所从事的各种健身锻炼、竞技比赛、刺激冒险、康复保健、娱乐身心、体育观赏及体育文化交流活动等与旅游地、旅游企业、体育企业及社会之间关系的总和,是以促进社会物质文明和精神文明发展、丰富社会文化生活为目的的一种社会活动。

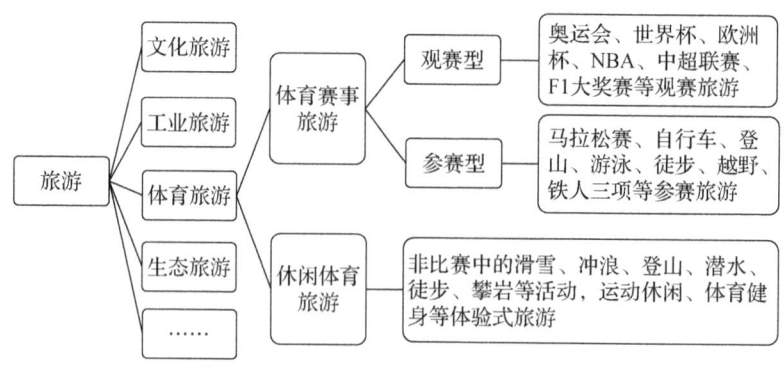

图1-1 体育旅游等相关概念结构图

(二) 体育赛事旅游

体育赛事旅游,就是以体育赛事为核心吸引物和体验内容的旅游行为,是旅游者以观赛或参赛为核心需求,并围绕该核心而产生的一系列旅游活动,是体育旅游行业中的重要业态之一。从内容上看,体育赛事旅游主要包括观赛型和参赛型两大类。

1. 观赛型体育旅游

在体育赛事旅游中,观赛型发展较早,一般针对具有强烈观赏性的重大体育赛事,如奥运会、世界杯、欧洲杯、NBA、中超联赛、F1 大奖赛等各类赛事,这些赛事项目本身参与者为专业运动员,大众作为观众参与到活动中。一般是通过专门的赛事运营机构以商业化的模式推出相关体育旅游产品,旅游者购买入场券,现场欣赏比赛状况,获得独特的旅游体验。由于这类活动观赏性强,对观众一般不设门槛和要求,因此观赛型的体育赛事旅游具有明显的广泛性。同时,随着体育赛事旅游的发展,越来越多的赛事开始走向大众视野,如冰雪运动、电竞比赛、极限运动、网球、赛车等项目也逐渐成为游客关注的热点,构成了观赛型体育旅游的重要组成部分。尤其年轻人对于观赏型体育项目的偏好会越来越丰富。例如,2019 年首次在中国举办的篮球世界杯,先后在北京、广州、南京、上海、武汉、深圳、佛山和东莞 8 个城市开战,掀起了一波观赛游的热潮。"马蜂窝"大数据显示,2019 年 8 月,"篮球赛""观赛"等相关关键词的旅游搜索热度上升 32%,进入 9 月,篮球世界杯的 8 个比赛城市旅游热度均呈现上涨趋势,其中南京热度上涨 17%。此外,中超联赛、NBA 中国赛都在国内拥有庞大的受众基础,越来越多的体育爱好者不再满足于通过屏幕观看比赛,前去现场观看球队比赛的动机和需求越来越强烈。

2. 参赛型体育旅游

参赛型体育旅游,是"旅游+体育"融合发展下形成的一种体育旅游新业态,旅游者本身就是体育比赛项目的参与者。在一场赛事活动中,参与主体既是旅游者又是运动员,既有着旅游活动的体验,也有着体育竞技的挑战。马拉松赛事就是这类体育赛事旅游活动的典型代表。在全民健身理念和实践不断深入的背景下,很多旅游者不再满足于只作为赛事的观众，而是渴望能真正参与到赛事竞技的氛围中。很多体育项目受到规则和特点的限制，大众没有机会以运动员的角色参与其中，而以马拉松为代表的跑步运动，则为大众参与到真正比赛中提供了机会。在实践中，不少旅游目的地积极迎合大众需求，探索体育赛事与旅游产业的深度融合，纷纷举办具有良好群众基础、兼具竞技性和体验性的体育赛事旅游活动，除了马拉松赛事活动外，还包括如自行车、轮滑、帆船、游泳、广场舞、登山、毅行等，让普通大众也能亲身参与到激烈的比赛中。在"互联网＋"的数字化时代，体育赛事的范畴不断扩展，有的地区为了吸引年轻群体参与，运用跨界和融合思维，举办"电子竞技比赛"等新形态的体育竞技活动，这也体现了体育赛事旅游高度的包容性和发展的时代性。

（三）马拉松赛事旅游

长期以来，马拉松运动一直被很多人视为极限运动，完成42.195公里的全程马拉松长跑，对绝大多数人来说是一个难以完成的挑战。同时，跑步这项运动与足球、篮球等运动相比，运动过程、节奏和形式也较单调，缺少对抗性和观赏性，因此在很长一段时间内，马拉松运动仅属于少数专业运动员。然而，近年来马拉松赛事却成为一项异常火爆的体育项目，并发展成为以马拉松赛事为核心体验的体育旅游项目，参与人数和举办赛事数量连年攀升，马拉松赛事旅游规模不断扩大，形成了一种马拉松赛事热的社会现象。马拉松赛事旅游成为体育赛事旅游的最重要组成部分和表现方式。从体育旅游到体育赛事旅游再到马拉松赛事旅游，体现了我国旅游业产业形态更加多元、场景不断丰富、产业体系更加完整，对于推动我国旅游业迈入高质量发展的进程有着重要意义。

由此我们可以将马拉松赛事旅游初步定义为：大众旅游者以参与马拉松赛事活动为核心体验和需求，由此开展的一系列参赛准备、旅游消费、活动参与、社会交往等综合性的旅游活动，涵盖了参与竞赛、旅游交通、景点游览、美食体验、商品消费等多个环节，是一项具有鲜明的时代性、大众性、社会性的旅游行为。需要指出的是，从马拉松赛到马拉松赛事旅游，隐含了一个重要特点：参与者的广泛性和大众性并非针对全体参与者。对于少数参与马拉松赛事的专业运动员和职业运动员，其参与动机与大众群体存在巨大差别：他们往往是以成绩突破、获取名次和获得奖励等为主要目的。因此在针对马拉松赛事旅游这类体育旅游项目的研究中，往往以普通大众作为研究对象。将马拉松赛事旅游的概念的基础立足于"大众"，有利于契合大众旅游时代和全民健身的社会基础，符合我国旅游和体育发展的方向。

二 相关研究情况

（一）国外关于马拉松赛事旅游研究情况

体育旅游在国外实践较早，因此在相关研究方面成果较为丰富，其中也涉及包括马拉松赛事旅游在内的多个领域。除了较多的相关学术文献和研究论文，有关国际组织还召开了多次国际会议，例如1966年国际体育运动理事会召开的"体育与旅游"国际会议、2001年联合国世界旅游组织与国际奥委会主办的首届体育与旅游国际会议等。国外对体育旅游的研究一开始聚焦于全球大型体育赛事，如奥运会、世界杯等，即观赏型体育赛事旅游，后来也逐步扩展到体验型和参与型的体育旅游活动。从整体上说，国外针对体育旅游的研究内容趋于前沿化。在研究方法上，国外体育旅游研究趋于定性与定量、理论与实践的结合，在研究角度上呈现出多学科、多领域的交叉融合的特点。比较突出的是，欧美等国家和地区非常重视体育旅游的相关理论研究，从经济学、社会学、医学等多个学科出发，与旅游休闲内容进行融合，构建出了较为完整的研究体系。

具体到马拉松赛事旅游方面，与其他体育旅游研究相比，起步相对较晚，在1982—2006年的25年间仅有十几篇相关研究文献，体现了这段时间内马拉松赛事旅游仅为体育旅游和节事旅游的细小分支，地位不够突出。自2007年开始，马拉松赛事旅游相关文献呈现出较高速度的增长态势，除2009年和2014年文献较少之外，其他年份的文献数量均较多且相对稳定，这意味着马拉松赛事旅游逐渐成为一个独立的研究领域。从研究内容上看，对不同马拉松赛事类型和主题的研究比较受关注，除了城市马拉松这一重点研究对象外，开始出现如海洋马拉松、景区马拉松、山地马拉松、历史遗迹马拉松、沙漠马拉松和乡村马拉松等多样化的研究内容。此外，从旅游产业视角出发，关注马拉松赛事旅游活动的参与者也逐渐成为一个重要的研究领域，研究方法一般为针对参赛者的问卷调查和现场访谈等，主要涵盖参赛者个人行为特征、马拉松赛事旅游者态度和动机、赛事目的地影响和赛事服务供给等多个方面。

（二）我国关于马拉松赛事旅游研究现状

我国对体育旅游的研究起步较早，但对马拉松赛事旅游研究的关注是从 2010 年左右才开始的，这也是我国马拉松赛事旅游产业快速发展进程的开端。在知网文献库中，以"马拉松""马拉松赛""马拉松赛事""马拉松旅游"等近义词为主题关键词进行检索，从 2010 年至 2022 年，共有硕士和博士学位论文合计 949 篇（表 1-1）。

表 1-1　近年来关于马拉松研究的学位论文数量

年份	2010	2011	2012	2013	2014	2015	2016	2017	2018	2019	2020	2021	2022
数量/篇	11	21	28	29	32	36	55	101	125	146	160	134	71

可以看出，2017—2020 年相关的学位论文数量明显增多，这也是我国马拉松赛事旅游高速发展时期。通过对论文作者所在专业和学科分析发现，90％以上来自体育类专业和体育类院校。从文章研究内容看，80％左右的学位论文属于体育学、运动康复等范畴，还有 20％左右属于社会学、心理学、传播学、旅游学等领域。值得关注的是，95％以上的论文中都提到体育旅游相关内容。除了学位论文，近年来还有大量的期刊文献对马拉松赛事旅游进行研究，涉及马拉松赛事的多个方面。在已有的研究文献中，有关马拉松赛事研究的内容主要包括侧重体育科学方面高水平运动员及竞技方面的研究、侧重赛事旅游方面的业余跑者和大众参与行为研究、侧重赛事对旅游地的影响及服务提升方面的赛事组织研究等，这些也构成了我国当前马拉松赛事旅游研究的主要内容及结构。

整体上说，我国马拉松赛事旅游还是一个比较新的研究领域，研究框架尚需进一步完善。在全域旅游和旅游高质量发展的时代背景下，马拉松赛事旅游的内在发展机制和规律还有待深入研究，马拉松赛事旅游与目的地发展的相互影响、马拉松赛事组织者的社会网络结构、马拉松赛事旅游的需求和行为、马拉松赛事与城市旅游融合发展等方面，也将成为今后研究的重要内容。

第二节
马拉松赛事旅游的起源和发展

一 马拉松赛的缘起

（一）马拉松赛的起源

马拉松赛最早起源于希波战争。公元前490年，波斯想征服美丽富饶的希腊城邦，于是发兵横渡爱琴海，在雅典郊外的马拉松平原登陆。面对险恶处境，雅典人民加强戒备、紧急动员，经过艰辛的战斗，最终打败了波斯人。希腊军队统帅米勒狄派一个叫菲迪皮季斯的士兵回去报信。这位长跑能手尽管当时有伤在身，可是为了让家乡的同胞们早点知道胜利的消息，他还是一路拼命奔跑。当他跑到雅典城的中央广场时，已上气不接下气，他激动地喊道："欢乐吧，雅典人，我们胜利了！"喊声刚落，他便一头栽倒在地，再也没有醒来。

希波战争持续了近半个世纪，马拉松战役是希腊人和波斯人交锋的第一仗，这场战役极大地鼓舞了希腊人为自由和独立而战的斗志。为了纪念这场战役的胜利和尽职尽力的英雄菲迪皮季斯的事迹，1896年，雅典人在第一届奥林匹克运动会上，设置了一个长跑类竞赛项目——马拉松。比赛距离是马拉松至雅典的距离，根据当年菲迪皮季斯经过的路线确定为全程42.2公里。1920年，经过仔细测定又把距离修正为42.195公里。

（二）马拉松精神

随着马拉松赛事的举办，马拉松精神也得到了广泛的传播和弘扬。马拉松精神源于战争环境，但在和平年代同样激励着越来越多的普通人，并在不同的时代和环境下有了更加丰富的内涵。从当前的时代看，马拉松精神包含着挑战自我、超越极限、坚忍不拔、永不放弃等品质，这是马拉松精神最初、最核心的表现。同时，马拉松赛事具有开放性、公平性和包容性，选手无论水平高低，都可以在一场赛道上奔跑。比赛条件平等，规则公平。对于大众选手来说，完成马拉松本身就是完成一场挑战，只要肯努力、不放弃，就会有独特的收获和体验。在漫长的赛道上，虽然是与很多人一起跑，但也是一个人在奔跑；既是一项集体的运动，也是一个人的赛场。同时，参与马拉松运动需要经过长期的准备。从日常的跑步到赛场的竞技，马拉松成为大众日常生活中磨炼意志、提升心智、锻造人格的重要方式，从身体到内心，通过马拉松赛事的参与，实现更高层面的自我价值。马拉松的精神，不仅仅体现在激烈的赛场上，也在日常生活中深刻地影响着大众，鞭策着人们为了美好生活而砥砺奋进。马拉松的起源和发展见证了人类文明的演变和进步。马拉松已经成为当代社会中一项具有历史和特殊文化意义的体育活动。

二 马拉松赛事的发展

马拉松运动项目自列入奥运会竞赛项目后，一直是最长距离的跑步赛事。超长距离与奥运的高规格，使得这项运动长期以来只有专业选手才能参与。大众参与马拉松，一度被认为是遥不可及的事，高强度、高难度与高风险成为阻碍大众参与的重要因素。因此在很长一段时间内，马拉松赛事仅是一项纯粹的体育赛事活动。

随着马拉松赛事的发展，马拉松运动不再仅仅存在于奥运赛事项目之中，也逐渐成为单独的一项体育赛事。1897年4月19日，全球首个城市马拉松赛——波士顿马拉松举行，掀开了马拉松赛事运动历史的新篇章。波士顿马拉松首届只有15位运动员参加，经过120多年的发展，如今已经成为3万多名跑者和上百万名观众参与的盛大体育赛事旅游活动。在1986年以前，波士顿马拉松一直沿用古希腊的方式，对优胜者的奖励只有头戴橄榄叶编成的花冠并颁发奖杯而没有奖金。波士顿马拉松作为全球最古老的马拉松赛事之一，也是六大满贯赛事之一，在其漫长的历史中，从未取消和延期举行，即使战争也未曾影响这项历史悠久的马拉松赛事。2020年受到疫情影响，波士顿马拉松被迫取消，这也是波士顿马拉松历史上首次取消比赛。一面是奥运项目的加持，一面是单独举办的赛事推动，如今马拉松赛事可谓遍地开花，并形成了一批赛事历史悠久、特色鲜明的品牌赛事。从赛事水准和格局上看，目前代表马拉松赛事最高水准的为世界马拉松大满贯（WMM），即2006年设立的世界顶级马拉松巡回赛，包含6个年度城市马拉松赛——波士顿马拉松、伦敦马拉松赛、柏林马拉松、芝加哥马拉松、纽约马拉松赛、东京马拉松赛，还包括两年一次的世界田径锦标赛马拉松和四年一次的奥运会马拉松。

从马拉松赛事项目的成绩来看，截止到2023年10月8日，男子最好成绩为凯尔文·基普图姆在2023年芝加哥马拉松赛中创造的2小时00分35秒；女子最好成绩是埃塞俄比亚选手蒂格斯特·阿塞法在2023年柏林马拉松赛创造的2小时11分53秒。其中，单纯从跑完全程马拉松的距离来说，基普乔格是人类马拉松"破2小时"第一人。2019年，基普乔格在奥地利维也纳的普拉特公园，由41名配速员保驾护航，由数万名市民或游客现场助阵，用时1小时59分40秒跑完42.195公里的马拉松。虽然这不是一场正式的马拉松比赛，这项纪录并不被国际田联承认，但这并不影响大众对于马拉松这项赛事的热爱和对未来马拉松的期待。正如基普乔格赛前所说，这是人类马拉松历史的一次里程碑。

三　我国马拉松赛事发祥与起源

我国的第一场马拉松赛事源于南京。1910年11月，为了推广体育活动，著名的南洋劝业会发起筹办了一次"长距离竞走"（"竞走"一词清朝末年时专指赛跑）。大量史料证明，该赛事为中国最早的马拉松比赛。这场马拉松的终点为当时南洋劝业会会场内的纪念塔，经过勘查，位于如今东南大学丁家桥校区内。这是中国初次举行马拉松比赛，参照了1896年雅典奥运会马拉松项目，线路设置在两个城市之间，起点为镇江金山寺，终点为南京南洋劝业会纪念塔。考虑到当时选手耐力不足，在形式上也进行了一些变通：全程分成了三段和三天。第一天，选手从镇江的金山寺跑到高资镇，距离为10多公里；第二天向南京方向继续前进，跑到南京的郊区，按照今天的地图测算距离大致为20公里；第三天上午休息，下午从南京朝阳门（今为中山门）起跑，到今天的南京新模范马路附近的劝业会场纪念塔，距离为10多公里。

南京也是新中国第一场马拉松赛事的举办地。1957年11月24日，在南京举行了江苏省马拉松比赛，当时参赛人数只有17人，江苏省商业职工医院的夏启宇以2小时52分40秒夺得了该场比赛的冠军。据专家考证，当年的比赛线路起点在如今的江宁区政府门前，终点在方山横岭村（今横岭社区）附近。我国历史上的首场马拉松赛和新中国成立后的第一场马拉松赛事让南京当之无愧地成为中国马拉松运动的发祥地，承载了我国深厚的马拉松赛事文化和马拉松精神。值得一提的是，2023年4月9日，南京江宁大学城半程马拉松在江宁大学城体育中心鸣枪开跑，比赛共有三个组别，包括大众组半程马拉松和欢乐跑，还特别设置了1957历史传承组。一万多名跑步爱好者奔跑在江宁山水城林之间，体验运动的快乐，品味美丽的江宁，感受创新的活力。

自1958年开始，我国马拉松赛事迎来了第一个快速发展期，在全国运动会、田径运动会等综合类体育活动中，都设置了马拉松项目，参与选手仍是专业运动员。随着运动员专业水平的提升和办赛条件的改善，参赛运动员的赛事成绩也在不断提高。

四　马拉松赛事参与群体专业化到大众化

我国首场专门的具有现代意义的马拉松赛事活动，是创办于1981年的北京马拉松（2010年前名为北京国际马拉松），每年举办一次。第一届北京马拉松有包括中国在内的12个国家和地区的86名选手参赛。此次马拉松赛，国外选手的最好成绩是由瑞典的谢尔·埃里克斯塔尔创造的2小时15分20秒，中国选手的最好成绩由彭家政跑出，为2小时26分3秒。

一个重要的变化是，随着北京马拉松的社会影响力越来越大，北京马拉松除了常规的全程马拉松赛项外，曾先后加入半程马拉松（21.0975公里）、10公里、小马拉松（5公里）、迷你马拉松（4.2公里）、轮椅马拉松等类别，参与面不断扩大，这也预示着大众马拉松时代即将来临。1984年以后，越来越多的世界一流选手前来参赛，北京马拉松赛水平稳步走高。1998年，北京马拉松向大众开放，标志着以大众参与为核心的马拉松体育市场发端。2010年，在北京马拉松三十周年之际，为进一步提升赛事品质和品牌价值，北京马拉松对赛事识别体系进行了全新改造，并对北京马拉松赛、全国马拉松锦标赛及首都高校马拉松赛三大赛事进行整合，迎来了北京马拉松的新时代，是马拉松从赛事走向赛事旅游的重要标志。

新时代的马拉松赛，已经从一项专业的田径比赛项目发展为全民关注的热门体育运动，渐渐走进了普通大众的生活。尤其是近10年，马拉松赛事从小众走向大众，参与人数和赛事数量呈几何级增长，描述马拉松赛事为"井喷式发展"也毫不为过。根据中国田径协会的数据，2019年全国共举办1 828场次规模赛事（800人以上路跑、300人以上越野及徒步活动），覆盖了全国31个省区市，参加人次达712万。而在2010年，全国马拉松赛事数量仅有13场，参与人数不到30万人次。回顾这10多年的快速发展，我们无法确定马拉松走向大众的准确时间。实际上马拉松赛事的高速发展是社会、经济、体育、文化、旅游等多方面综合因素推动的结果。如果非要有一个标志性事件，那么2008年北京奥运会的成功举办可以作为马拉松赛事蓬勃发展的开始。为了纪念北京奥运会成功举办，更好满足广大人民群众日益增长的体育需求，国务院批准从2009年起，每年8月8日为"全民健身日"。自此，我国竞技体育与群众体育齐头并进，大众健康意识和健身理念不断提升。在这样的背景下，参与马拉松也成为越来越多群众追求更有质量的生活的方式之一，马拉松也开启了进入"大众时代"的新征程。

五 马拉松赛事活动的旅游化

（一）从体育锻炼到运动休闲

尽管马拉松长期被视为一项极具挑战性的体育活动而仅有少数人参与，但跑步运动却是拥有着广泛群众基础的健身锻炼方式。在全民健身浪潮下，大众对于体育与生活有了更多的认知和理解，体育运动已经成为大众的基本生活内容和方式，这与大众旅游时代下的旅游业高度相似。人们对健康和休闲的需求不断增加，对更加丰富的休闲方式和内容有了更多期待。跑步运动的普遍性和旅游休闲的大众性契合叠加，马拉松赛事活动的独特体验，为大众实现自我挑战提供了新的场景，不同地区、不同类型、不同主题的马拉松赛事旅游活动也为大众参与体育旅游活动提供了更多选择。可以说，马拉松赛事从小众走向大众，从赛事发展到赛事旅游，其根源在于新时代背景下大众对于更加美好生活的期待。体育融入生活，为构建美好生活提供了身心保障。

(二)从行业互动到产业融合

随着体育赛事的属性不断丰富,马拉松运动已经不再是一项单纯的体育竞技项目。大众参与的广泛性,决定了马拉松赛事是一项具有更多影响力的社会活动,与地方的经济、文化、交通、旅游等密切关联。对旅游业来说,马拉松天然的高度黏性使两者一拍即合,从一开始的行业互动慢慢走向产业融合。如马拉松赛事线路的设计和优化,就是它与旅游行业互动的开始。线路的起终点、走向、沿途风光、城市景点的串联等都是规划一场马拉松线路的重要依据,而这仅仅是马拉松赛事旅游融合表现之一。新时代的马拉松赛事与旅游业已经高度融合,马拉松赛事本就成为一项特色旅游活动和产品,包括赛事资源开发、服务水平提升、旅游形象展示、赛事品牌构建等,逐渐形成一项全新的旅游业态,为大众旅游时代的旅游供给侧提供了更丰富的内涵。

(三)从参赛者到旅游者

当马拉松赛事活动成为一种特色的旅游活动时,参与者的身份属性也发生了一定转变。参与马拉松赛事运动的人员,一开始的角色是运动员,其核心动机是完成马拉松比赛并取得自己理想的成绩;而当马拉松赛事被赋予更多功能和意义的时候,越来越多的参与者把参与马拉松当作一次旅行,这类人群的身份有了新的角色——马拉松赛事旅游者。更多的马拉松旅游者以参与一场马拉松为契机,开展一场独特的旅行,参与马拉松赛事的同时感受所在地的旅游风光和活动,选择特定的交通方式、入住酒店、品尝美食、游览景点等,有的还会带上自己的家人和朋友——尽管家人和朋友并不参加马拉松赛。从参赛者到旅游者的转变,是马拉松赛事旅游蓬勃发展的最好见证。

第三节
马拉松赛事旅游的特征

一 "不止于赛"的综合性

（一）业态融合性

马拉松赛事旅游是体旅融合的新业态，是满足大众健康和旅游双重需求的重要形式。旅游地通过举办马拉松赛事，进一步整合体育旅游资源，优化体育赛事旅游服务水平，打造赛事服务品牌，以旅游体验视角对马拉松赛事进行整体提升，这也是新时代下旅游业高质量发展的要求和体现。马拉松赛事旅游的服务过程中，不仅要整合吃、住、行、游、购、娱等传统旅游要素，同时还要围绕"赛"这一核心体验，将各要素和环境进行融合，整体提升大众旅游者体验，因此马拉松赛事旅游以"赛"为核心但绝不止"赛"，还包含了旅游、休闲、娱乐、购物、观光等旅游消费形态，住宿、餐饮、交通等基本旅游要素更是自不必说。多产业融合共同促进了马拉松赛事旅游的繁荣。基于"旅游＋体育"的融合视角，在"体育＋""旅游＋"的思路引领下，马拉松赛事旅游资源的深度开发和产品创新有了更多可能，并衍生出体育旅游的新模式、新业态、新产品，不断拓展旅游服务行业的消费空间。如我国连续多年举办的中国体育旅游精品项目推介活动，作为中国体育文化博览会、中国体育旅游博览会的重要配套活动，旨在通过打造一批有代表性、有影响力的体育旅游精品景区、线路、赛事、目的地，促进体育与旅游深度融合发展，每年都有多场马拉松赛事旅游活动入选其中。

（二）产业关联性

从马拉松赛事到马拉松赛事旅游，一个重要的表现就是通过赛事串联起包括旅游业在内的多个产业。马拉松赛事旅游与其他旅游活动有明显的不同：赛场的经历时间并不长，但参与者的旅游准备时间更长久、活动更复杂——包括长期的跑步训练、运动锻炼、心理素质的培养等。因此体育赛事旅游绝不是一场可以说走就走的旅行。一次高质量的马拉松赛事旅游，不仅需要选手在各环节的高度协调，还需要横向和纵向各产业链的深度结合。如在旅游准备环节，参与者购买更具舒适性的跑鞋、衣服、手表及相关辅助设备，可以帮助选手进入更好的训练和准备状态；结合相关的运动APP，对训练结果进行改进；有的还加入相关训练课程，更加科学提升自己的跑步状态。在即将开始赛事旅游时，要规划自己的旅游行程，包括交通工具选择、酒店预订、餐饮消费、旅游纪念品选购等。一场马拉松赛事旅游活动，串联起了运动装备、教育、服饰、互联网、旅游、餐饮等多个行业，体现了马拉松赛事旅游活动高度的产业关联性。此外，随着马拉松赛事旅游活动专业度不断提升，陆续出现了大量专门的马拉松赛事运营机构和企业。这些产业和企业共同构成了马拉松赛事旅游的服务系统，成为助推我国马拉松赛事运营水平提升的主要动力。

（三）内容和形式的多样性

马拉松作为一个具有严格竞赛规程的体育赛事，就其严格意义来说，就是特指42.195公里的路跑比赛。随着大众路跑运动的兴起，马拉松赛事旅游不断发展，马拉松也被赋予了更广泛的意义。越来越多的马拉松赛事活动的吸引力不只是来源于跑步运动本身，而是赛事独特的体验性和挑战性。一方面，为了给大众提供多元化的马拉松赛事旅游体验，新时代的马拉松赛事旅游活动从里程来说，已经演变出全程马拉松、半程马拉松、四分之一马拉松、迷你马拉松（距离各不相同）等多个里程类型，以满足不同层次的马拉松运动爱好者的需求，这也是对大众全民健身的有力推动。另一方面，为了给部分资深的马拉松赛事旅游活动参与者更具挑战性的体验，部分地方出现了超级马拉松，距离大于全程马拉松，如50公里、100公里等，挑战性更强、难度更大，不断拓展着马拉松赛事旅游活动边界。有的则是在赛道上出现了一些创新，如不少地方开展了越野马拉松、垂直马拉松、山地马拉松等。尽管有人认为越野赛和马拉松是两种不同的赛事活动，但从旅游融合角度来看待，都可纳入以跑步为核心体验的马拉松赛事旅游范畴。

二　马拉松赛事旅游的季节性

马拉松运动在成为一项专门的体育赛事后，尽管赛事数量和参与人数增长迅速，但有个显著的特征就是季节性。从举办时间来说，目前我国几乎所有的马拉松赛事都是在节假日或周末进行的——这是与其他旅游活动的一个重要区别，无法开展连续性的活动。对一个地区来说，同一名称或主题的赛事，一般情况下一年举办一次，这也就意味马拉松赛事旅游活动从时间维度来说活动时间非常有限。以 2019 年为例，3—6 月和 9—12 月是举办赛事最为密集的两个时间段，全年举办赛事最多的月份是 10 月，总计 274 场；最少的是 2 月，仅为 18 场。

另外，马拉松赛事旅游活动的举办与当地的气候、天气、地理等因素密切相关，在高温和严寒的天气下举办马拉松赛，安全风险增加，一年中举办马拉松的时间更加有限，因此在同一天多场马拉松在各地同时举办也成为常态。此外，马拉松赛事旅游与其他旅游活动相比，还具有时间上、活动上的短暂性。从参与者视角来看，核心的参赛过程一般为几个小时。目前大多数马拉松赛事全程项目的完赛时间为 6 小时，半程马拉松完赛时间为 3 小时。如果仅仅从参赛过程来看，整个活动的时间确实非常短暂。但随着马拉松赛事旅游产业的扩展，旅游活动不断丰富，在赛前和赛后也增加了如马拉松博览会、马拉松旅游沙龙等一系列活动，拉长了马拉松活动的空间维度。马拉松赛事活动时间受季节性的影响，在其参与者高度的集中性上得到了弥补。一场马拉松参与人数从几千到几万不等，集中产生的消费力和活动影响力成倍增加。旅游业本身也具有鲜明的季节特征，而马拉松赛事旅游的发展正在让很多地区旅游淡旺季的界线越来越模糊。通过错峰举办赛事，可以促进旅游淡旺季的时间性调整，增加赛事旅游产品，吸引不同类型的游客群体等，进一步优化旅游资源季节分配，拓展旅游地客源市场和促进结构优化。

三　"不仅于跑"的综合体验性

马拉松赛事旅游从单纯的赛事发展到融合多业态的产品体系，将传统的体育赛事活动演变为具有独特吸引力的体育旅游活动。从参与者视角来说，马拉松赛事旅游产品具有典型的复杂性和综合体验性。马拉松赛事旅游的核心是赛事，赛事参与过程是旅游活动的中心。作为一项具有严格规程的体育赛事，遵守赛事规则是每位选手参与的前提，在此基础上，各位选手凭借自身的实力取得相应的成绩，体现了马拉松赛事旅游区别于其他旅游活动的重要特性——竞技性。如选手对自身完赛成绩有期待和目标，要实现自我水平的超越，创造自己的更好成绩，创造 PB（Personal Best）。尽管在大众马拉松旅游时代，真正能获得名次和奖励的选手极少，但大多数参与者对自身的赛事成绩还是抱有期待，这也是促进选手努力完成比赛的重要动力之一。与其他体育赛事不同的是，马拉松赛事的竞技性不在于战胜对手而获得胜利，而在于实现自己的目标，这体现了马拉松赛事旅游中自我实现的动机属性。旅游活动的本质在于体验，体验性是吸引旅游者参与旅游活动的最核心动力。马拉松赛事旅游提供了全新的旅游体验模式：参与者通过长期的训练和准备，以坚韧的精神完成一次充满仪式感的长距离的奔跑。马拉松选手平常也可以在一个非马拉松赛事的活动完成长距离跑步活动，但这与在赛场的体验完全不同。一场正式的马拉松比赛带给参与者的仪式感、氛围感是平常的跑步活动无法做到的。新时代的马拉松赛事活动打造了一个基于体验式的体育旅游活动场景，选手在赛场体验到跑步竞技的艰辛、完成比赛的喜悦和满足、感受沿途赛道风光、与加油观众互动、与其他参与者交流……无论是高水平的参与者还是普通大众参与者，都可以在一场马拉松赛事活动中获得属于自己的独特体验和感受。

四 参与主体的大众性与包容性

从专业运动员参与转变到以大众参与为主体，马拉松实现了从马拉松赛事到马拉松赛事旅游的华丽转身。与其他体育旅游活动相比，马拉松赛事旅游迎合了大众的旅游消费需求，让越来越多的人参与其中，体现了马拉松赛事旅游活动的广泛性和普遍性。选手只要达到基本要求，就可以报名参赛。包括与马拉松类似的一些国际田联高水平赛事，也曾面向大众开放，选手可以与世界一流的高水平运动员同台竞技。而对于其他的一些体育活动来说，大众往往只能作为观众，没有机会亲自参与到竞技活动中。

马拉松赛事旅游活动在大众性的基础上，还表现出强烈的包容性。旅游休闲是大众的需求，体育锻炼也是所有人的权利，马拉松赛事也不例外。马拉松赛道上，既有朝气蓬勃的青年，也有身强力壮的中年人，还有精神矍铄的老年人。不同年龄段的选手在同一赛道上奔跑，展示出马拉松赛事旅游的包容性。不同国籍的选手，身穿不同的服饰，打扮成各种不同的造型，以奔跑的方式完成一次独特的旅行。只要不违反马拉松竞赛规则，选手可以进行充分的个性化表达和展示。如今的马拉松赛事活动，除了常规的全程项目、半程项目等，很多赛事还结合当地的特色增加了短距离的健康跑、体验跑等内容，有的还专门设置了轮椅马拉松项目，还有不少盲人在跑友的引领下，完成马拉松项目……马拉松的赛道，成为一条体育、旅游、经济、文化、文明的融合带，与赛道旁的志愿者、市民、景观共同构成了极具包容性的体育旅游盛会。

马拉松赛事旅游的大众性和包容性，是相对于其他体育旅游项目以及具有高度挑战性的体育赛事而言的。与传统意义上的观光、休闲、度假等旅游形式相比，马拉松赛事旅游的参与主体需要一定门槛和基础。参与者并非完全意义上的大众——可以实现说走就走的旅行，而是要具备一定的基础条件——包括身体准备和心理准备两大方面。身体准备指参与者要经过一段时间的跑步训练才能真正踏入赛场，保证安全顺利完成比赛，否则就会增加赛事旅游的风险。心理准备是指马拉松是一项具有高度挑战性的体育项目，需要过硬的心理素质，不仅要有坚持到底的决心和对于挑战的理性认识，还要正确对待赛中面临的挫折和困难，包括心理的调适、适当时候学会放弃等。因此，马拉松赛事旅游活动的参与者在真正踏入赛场前，要经过充分的活动准备。通过赛事旅游活动来促进大众保持跑步的生活化和常态，让运动成为一种习惯，这也是马拉松赛事生活化的重要促进功能之一。

五　马拉松赛事旅游活动价值多元化

旅游业作为关联性强、带动性强的产业，对社会经济发展、文化传承和交流、生态文明建设等方面具有重要意义，有利于发挥更好的经济效益、社会效益和生态效益。马拉松赛事旅游活动的兴起和发展，同样具有这样的优点，同时还对大众健康意识、社会文明程度、民众心理素质等方面的提升具有重要意义。马拉松赛事旅游活动价值更加多元化，综合效益持续增加。从不断增加的马拉松赛事参与者数量可以看出，赛事的吸引力已升华为对潜在参与者的推动力。如不少参与者是因为看到了身边的马拉松参与者的经历，或自己所在地举办了马拉松，才开始加入其中。无论是现场氛围，还是身边群体的信息和经历的分享，都会对潜在的马拉松参与者产生一种内在的影响，不少人就是在这种环境和因素的带动下，开始参与跑步健身和马拉松赛事旅游活动的。当越来越多的人参与到运动健身活动中，对于城市形象和民众精神面貌都是极大的提升。如历史文化名城扬州，在塑造"文起来"的城市气质的同时，打造了我国半程马拉松赛事的优质品牌——扬州鉴真国际半程马拉松，同时也构建起"动起来"的城市形象。马拉松赛事旅游的价值和功能还体现在其他多个方面，如通过志愿服务促进城市文明程度的提升，举办赛事进一步展示市民包容开放的心态，从赛道线路的设计去感受城市风景和风光等。马拉松赛事旅游的参与者不仅仅是参赛运动员，还包括赛事组织者、志愿者、传播者、社区居民等。赛事旅游的综合价值得到了更加全面的发挥和展现。

第二章

我国马拉松赛事旅游发展现状分析

第一节
我国马拉松赛事旅游产业发展状况

一 赛事发展情况

(一) 规模与数量快速增长

近年来,我国马拉松赛事举办数量和赛事参与人数不断扩大。以 2019 年为例,全年全国共举办 1 828 场次规模赛事(800 人以上路跑、300 人以上越野及徒步活动),覆盖了全国 31 个省区市,参加人次达 712 万。纵观 2011 年到 2019 年这 9 年间的数据,可以发现我国马拉松赛事呈现井喷式的增长(图 2-1)。根据中国田径协会的统计数据,2015 年,我国仅有 79 个城市举办过马拉松赛事,2016 年增加至 133 个城市,2017 年达到 234 个,2019 年马拉松赛事已覆盖超过全国 80% 的地级市,其中江苏省下辖的 13 个市都举办过马拉松赛事及相关路跑赛事活动,覆盖率 100%。从各省区市举办赛事数量情况来看,2019 年举办的规模赛事分布在全国 31 个省区市,举办赛事数量排名前三依次为浙江省、江苏省和北京市。举办认证赛事的数量排前三的省区市是江苏省、浙江省和广东省,分别举办 41 场、29 场和 29 场。

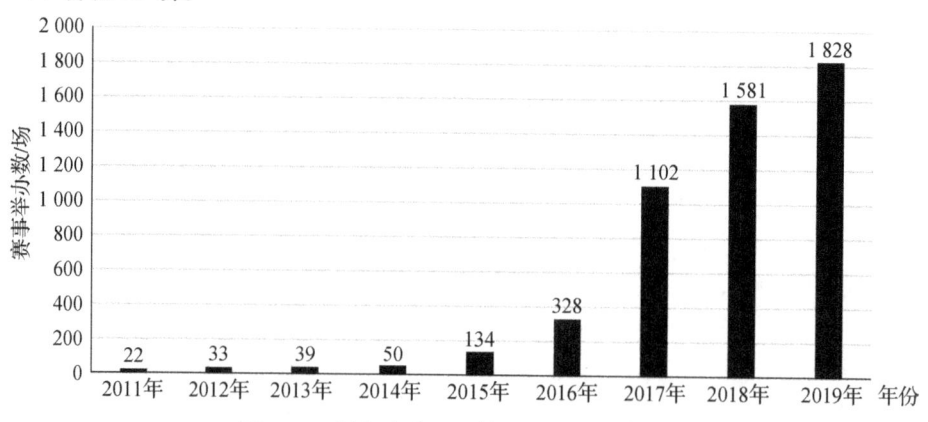

图 2-1　近年来我国马拉松规模赛事举办数

由于受到外部环境的影响，2020—2022年这3年间，马拉松赛事旅游活动受到冲击，举办赛事数和参与人数都呈现断崖式下降。2023年马拉松赛事旅游活动呈现出快速复苏的态势。

江苏作为我国体育大省和旅游强省，在马拉松赛事旅游发展方面保持着领跑位置。以2019年为例，江苏省办赛数量和质量均领先全国，全年共举办规模赛事185场，比2018年的146场增长了26.7%，在全国的1 828场中占比10%，居全国第二。2019年，江苏省举办中国田径协会认证赛事41场，居全国第一，南京、苏州和无锡三市在全国除直辖市外的城市排名中进入前10位。近年来，江苏省13个地级市均举办了不同主题和类型的马拉松赛事（表2-1）。江苏同时也是我国马拉松运动的发祥地，在近年马拉松赛事的现代化进程中，出现了如扬州鉴真国际半程马拉松赛、无锡马拉松、南京马拉松等精品赛事，参与者规模不断扩大的同时，赛事口碑和品牌形象也不断提升。其中，扬州鉴真国际半程马拉松赛创立于2006年，是江苏历史最悠久的马拉松赛事，2019年参赛人数达到35 000人，成为江苏省规模最大的马拉松赛事，也是我国目前唯一入选世界田联金标赛事的半程马拉松赛。

表2-1 江苏各市近年来举办的马拉松赛事活动

地区	代表性马拉松赛事
南京	南京马拉松、溧水山地半程马拉松、浦口女子半程马拉松、仙林半程马拉松等
镇江	镇江马拉松、句容国际马拉松等
常州	常州西太湖半程马拉松、金坛茅山山地半程马拉松、溧阳天目湖马拉松等
无锡	无锡马拉松、宜兴国际马拉松、无锡太湖国际女子半程马拉松、阳山半程马拉松等
苏州	苏州马拉松、环金鸡湖国际半程马拉松、海峡两岸昆山马拉松、常熟半程马拉松等
南通	南通马拉松、如皋半程马拉松、启东半程马拉松等
泰州	泰州半程马拉松、兴化马拉松等
扬州	扬州鉴真国际半程马拉松、高邮大运河半程马拉松等
淮安	淮安国际马拉松、金湖半程马拉松、洪泽湖国际马拉松等

(续表)

地区	代表性马拉松赛事
宿迁	宿迁马拉松、泗洪生态湿地半程马拉松等
徐州	徐州国际马拉松、邳州国际半程马拉松等
连云港	连云港马拉松、连岛超级马拉松等
盐城	盐城马拉松、东台西溪半程马拉松赛等

注：各地的赛事未完全列举。

（二）赛事类型日益丰富

在马拉松赛事的规模不断增长的同时，为了满足越来越多的参与者对马拉松活动多样化的需求，马拉松赛事也逐步演化为多形态和多主题的表现形式（图2-2）。如围绕青少年、女性、老年人、残疾人等人群，结合年龄和人群特点组织开展了不同形式的路跑健身和马拉松活动，进一步提升了路跑活动康民、便民、利民的服务水平；针对社区居民对跑步运动的需求，将赛事活动送到居民身边，设计打造了社区跑，将田径文化惠及大众。除了常规的按照距离划分为全马、半马、迷你马拉松及距离更长的超级马拉松等类型外，从赛事旅游发展和行业表现来看，我国马拉松赛事的类型可以从以下几个方面进行分类。

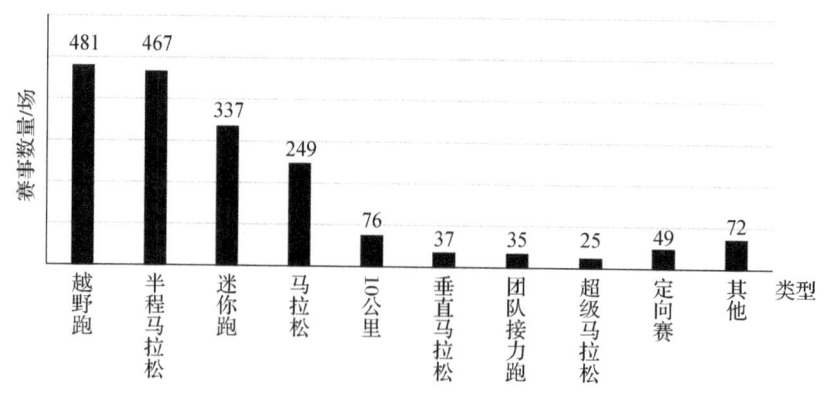

图2-2 2019年马拉松规模赛事各类型数量

1. 赛事举办地

以马拉松赛事举办的地点和区域为视角，我国马拉松形成了城市马拉松、乡村马拉松、景区马拉松三大主要类型。城市是马拉松赛事最初的举办地点，城市马拉松也是当前马拉松赛事的主流形态。由于马拉松赛事参赛规模大、参与人数多，对一个地区的接待能力、交通服务、志愿服务、秩序管理等都是巨大的挑战，因此城市相对于乡村和景区来说，更具有举办条件上的优势。如有着"国马"之称的北京马拉松，就是城市马拉松的代表，也是我国最早的城市马拉松。南京马拉松、无锡马拉松、扬州鉴真国际马拉松等赛事是江苏具有代表性的城市马拉松。

乡村马拉松也是近年来发展较为迅速的一种类型。这类赛事的举办地一般在具有特色的乡村（镇）。由于交通、接待、组织等方面条件的限制，这类赛事一般规模不大，参与人数不多，赛道志愿者、观众也偏少，一般以半程马拉松为主。乡村道路奔跑体验独特，与田园风光融为一体，吸引了不少马拉松赛事旅游爱好者的积极参与。在乡村振兴的背景下，各地也纷纷举办乡村马拉松赛，加强赛事与旅游的融合，展示乡村建设新风貌，如武胜乡村马拉松赛（四川）、瑞昌乡村马拉松（江西）、西湖兰里乡村马拉松（浙江）等都是其中的代表。近年来，江苏省举办了多场乡村马拉松，如高邮卸甲美丽乡村半程马拉松、泗洪稻田半程马拉松、溧阳"1号公路"半程马拉松等。其中"1号公路"半程马拉松举办地、全国全域旅游示范地溧阳市，近年来通过举办多场体育活动，展示出溧阳"生态、创新、科技"的活力形象及丰富的体育休闲旅游资源。它将乡村旅游公路、乡村旅游资源、体育运动和马拉松高度融合，打造出了特色鲜明的乡村马拉松。

景区马拉松是体育与旅游融合得最为直接的一种形式。随着全域旅游的发展，景区的概念也不断拓展，越来越多的景区呈现出开放式的特点。因此景区马拉松在一定程度上与城市马拉松和乡村马拉松有一定的交叉。景区马拉松的打造一般是以特定景区为基础，融合当地的生态、自然、文化、遗址等要素，有的是在一个景区举办马拉松活动，有的是通过线路串起多个景区。如成都双遗马拉松、张家界武陵源生态马拉松、江苏金坛茅山半程马拉松、江苏常熟尚湖半程马拉松等，都是其中的典型代表。其中，成都双遗马拉松拥有首个连接世界文化遗产和世界自然遗产的马拉松赛道，包括世界文化遗产都江堰和青城山，还包括世界自然遗产四川大熊猫栖息地，赛道设置秉承体育与文化、旅游相结合的理念，既有现代建筑又有历史遗迹,为跑者打造了"跑步回到公元前"马拉松之旅,因此成为马拉松赛事旅游的经典。

2. 赛道类型

马拉松赛最原始的形态就是路跑赛事。根据世界田联竞赛规则中对于项目的描述,"马拉松"就是"路跑"。也就是说,狭义的马拉松赛事就是路跑赛事。从马拉松赛事旅游的角度出发,则可以不断拓展马拉松赛事的外延,除了保持马拉松赛事的本质和严肃性外,还可以衍生出更多样的马拉松周边和相关赛事旅游产品。其中,多样化的赛道设计就是拓展马拉松赛事旅游边界的重要方式,逐渐演变出越野马拉松、垂直马拉松、超级马拉松等形态。

越野马拉松是一种在野外自然环境中的小径上跑步与徒步的运动。它和公路跑或场地跑的区别在于,跑者线路通常会经过山地,可能出现较大起伏。越野马拉松也称作"山径越野跑"或者"跑山",比赛中赛道一般距离较长,距离也不必完全等同于马拉松的标准距离。越野马拉松具有体验独特、景观层次丰富等特点,适合具有马拉松参与经验的选手参加,近年来发展迅速,成为众多马拉松运动爱好者的新选择。同时,越野马拉松具有挑战风险更大、成本更高、赛道环境更复杂等特点,单场的参与人数与常规路跑赛事相比偏少。

垂直马拉松起源于1978年攀登美国帝国大厦(86层楼,1 576级台阶)的大众体育运动,如今全球有数百万人参与,成为一项跨越年龄、性别,不受场地、时间、天气限制的国际流行的健身运动。赛事一般在当地地标性高层建筑内进行。2013年,我国首次引入国际垂直马拉松赛事,并在北京国贸大厦打响了中国垂直马拉松的第一枪。随后,各地的垂马赛事如雨后春笋般出现。截至2015年,全国已举办了60多场垂直马拉松赛事,垂直竞技跑者的足迹遍布全国一、二线城市的摩天大楼。

3. 参与者属性

随着马拉松赛事旅游市场不断细分,不同群体对马拉松赛事的个性化需求日益增加,不少企业和组织也开始利用自身的渠道和平台推广马拉松赛文化,并开展了针对特定群体的马拉松赛事,如女子马拉松、校园马拉松、企业家马拉松、亲子马拉松、马拉松精英赛等多个类型。其中，校园马拉松以高校为主，举办地点一般在校园内，参与对象主要为校园内师生和校友等。江苏省大学生马拉松联赛是近年来我国校园马拉松的代表，跑步里程和线路根据各校具体情况设置，涵盖了江苏省内的多所高校，受到社会各界广泛关注。经过几年的精心运营，江苏省大学生马拉松联赛已发展为展现高校师生无限活力、学校精神风貌的重要平台，成为一场关于运动的青春盛会。企业家马拉松赛整合赛事、旅游、商业、公益等多种元素，以赛促商，以旅促赛，互动交流，成为特色马拉松的重要内容之一。部分地方举办的精英马拉松赛事，满足大众选手中成绩优异者，通过设置更加利于创造成绩的赛道和服务，帮助这类选手实现个人成绩的突破。面对同样的马拉松赛事旅游的参与者，因其职业、经济、个性、文化背景、审美、跑步状态等各方面的差异，市场逐渐细分出多个小众的系列产品，丰富了马拉松赛事旅游产业的业态和结构。

4. 赛事主题

随着马拉松赛事与各地文化和旅游产业融合更加紧密，依托地方文旅资源和形象，打造基于景观和文化主题的马拉松赛事不断兴起。如依托地方地理和文化主题的大运河马拉松赛事，不少运河城市还组建了大运河马拉松系列赛联盟，赛道和线路也与大运河文化紧密相连，让参与者在参赛的同时也能近距离感受大运河的魅力。类似的还有城墙马拉松（南京、西安），海岬马拉松等。此外还有根据当地的自然景观和季节风情开展的特色马拉松赛事，如油菜花马拉松、稻田马拉松、湿地马拉松、冰雪马拉松等。这些赛事最大的特色就是赛道周围的环境和风景，与当地的乡村旅游、历史文化、生态风光等高度结合，给马拉松赛选手以独特的参赛体验。

需要说明的是，以上对马拉松赛事的分类不是绝对的。实际上，现在许多马拉松赛事都非常注重主题、地点与特色的融合，如城市马拉松也是景区马拉松，乡村马拉松也是稻田马拉松。对于选手来说，良好的赛事体验是其参与的动力；对于举办方来说，多重属性的叠加和主题的提炼，也有利于强化赛事的形象识别，对于促进马拉松赛事旅游与其他各领域的融合也具有强烈的现实意义。

(三）马拉松赛事品牌大幅提升

1. 赛事品牌体系建设不断加强

随着马拉松赛事活动的增多，大众参与者对赛事品质的要求不断提高。为了提升马拉松赛事运动的竞技性与体验性，进一步发挥马拉松赛事的社会价值和功能，世界田联和中国田径协会分别出台了马拉松赛事品牌评价指标，构成了马拉松赛事及关联产业的品牌矩阵。

国际田联（IAAF）2008 年推出全新的路跑赛事评定系统，根据赛事组织、赛道丈量、计时系统、交通设施、安全保障、医疗服务、药检系统、广告宣传、赛事推广、保险服务、赛事奖金、媒体服务等多个方面指标，分为金标、银标、铜标三个等级[①]，分全马、半马和其他赛事三个类别，世界各地的路跑赛事都可以申请。值得一提的是，评价指标既包含了对赛事水准的要求，如邀请的国际优秀运动员的数量——这些优秀运动员本身也是成绩优异且经过国际田联备案的，也体现了对大众参与者的关怀和与社会公众的和谐沟通。我国的北京马拉松、厦门马拉松是首批国际田联金标赛事。2012 年，扬州鉴真国际半程马拉松被授予国际田联金标赛事，也是截至目前我国唯一入选的金标半程马拉松赛事。

国内对马拉松赛事的品牌建设非常重视。从 2012 年起，中国田协开始对各城市举办的各类马拉松赛事以金牌、银牌、铜牌三个标准进行等级评定[②]。第一批获得认证的金牌赛事有 7 个，包括北京国际马拉松、上海国际马拉松、厦门国际马拉松、扬州鉴真国际半程马拉松、黄河口（东营）国际马拉松、重庆国际马拉松、兰州国际马拉松等。此外，中国田径协会还出台了 A、B 两级赛事认证制度，其中 A 级又分为 A1 和 A2 两级，也成为马拉松赛事品牌的重要标志。根据马拉松赛事发展的情况，我国也建立了中国马拉松大满贯（China Marathon Majors）体系，这是由中国田径协会创建并主办的中国最高等级的马拉松系列赛事之一。大满贯赛事通过

[①] 2020 年变为白金标、金标、精英标和标牌四个等级。
[②] 据 2024 年 2 月 4 日发布的《关于征集 2023 年路跑赛事典型案例的通知》，该评定体系因国家政策原因不再继续沿用，待公布典型案例之日起原等级评定标识停止使用，新赛事评估体系和标准将另行发布。——编者注

全新的会员体系，为跑步者提供丰厚的奖金回馈和物质激励，激励中国籍参赛跑者积极训练，创造更好的竞技成绩；同时将建立并完善跑友交流平台，为大众跑者提供更多优质服务以及更多成员赛事参赛机会，对于提升我国的马拉松赛事旅游品牌具有重要意义。

2. 赛事口碑形象逐步建立

除了官方通过对马拉松赛事进行等级认定的方式来建立赛事品牌形象，大众的参赛体验和经历，也在通过口碑的方式，逐步形成赛事品牌形象的另一维度。在马拉松赛事日益增多的情况下，大众跑者在同一时间面临着多场赛事选择，特色鲜明、品质优良、赛事专业、服务周到的赛事成为大众跑者的首选。不少跑者连年参加同一赛事，成为该赛事的忠诚粉丝。赛事口碑的形成，除了来自官方等级认定，更多地取决于大众跑者对赛事的全过程体验。而大众跑者本身也存在多元化的特点：从赛事成绩上说，有快有慢。一场专业的马拉松赛事，不仅要把光环照向那些赛场上的领先者，更要把普遍性的关怀投向每一位大众参与者。大众参与者是现代马拉松赛事服务的真正检验者。与一些特邀专业运动员不同，大众跑者亲身参与赛事活动的全过程，在赛场上的服务需求更多。随着大众跑者对马拉松赛事服务品质需求的提升，越来越多的赛事从旅游服务的视角下，通过科技手段赋能赛事组织，强化赛事中的人文关怀，关注每一位跑者的感受，并认真对待每一位选手的反馈和意见，因此形成了一批历史并不悠久的口碑赛事，无锡马拉松、武汉马拉松等就是其中的代表。

3. 精品赛事旅游项目日趋崛起

近年来，为了打造一批有代表性、有影响力的体育旅游精品景区、线路、赛事、目的地，促进体育与旅游深度融合发展，评选了多批次的精品体育旅游项目。在赛事类的精品项目中，马拉松及相关赛事是最重要的组成部分，厦门马拉松、重庆马拉松、成都马拉松、西安城墙国际马拉松赛等多场赛事名列其中。其中，厦门马拉松树立了精品赛事旅游项目的典范。厦门马拉松创办于2003年，是国内领先的马拉松赛事之一，获得过世界田联（WA）、国际路跑协会（AIMS）、中国田径协会（CAA）三大权威顶级认证，入选"国家体育产业示范项目"，获评首批

"国家体育旅游精品赛事",也是亚洲首个获得国际路跑协会"绿色环保奖"的马拉松赛事,连续多年获得"中国田协金牌赛事"的荣誉,并于2021年升级为"世界田联精英白金标赛事"。厦门马拉松自创办以来,以竞赛水平高、赛道风光美、群众参与广、配套活动多和跑者服务人性化等特点,受到了国内外马拉松参与者的广泛好评,牢牢占据中国马拉松品牌赛事的第一方阵。在创新与探索中,厦门还相继推出了海沧半程马拉松、鼓浪屿日出女子跑、摄影大赛等一系列赛事和活动,将原来仅有一天的马拉松赛事拓展为覆盖一年四季和厦门各区的马拉松旅游系列活动,把一场专业路跑赛事打造成一个全民参与、形式丰富的体育嘉年华,在推动体育与旅游的融合、赛事与城市的融合、选手与市民的融合等方面树立了榜样。

二 马拉松赛事参与者情况

伴随着马拉松赛事规模的扩大和场数的增加,马拉松赛事旅游活动的参与者人数也呈现快速增长态势,从2010年到2019年的10年间,参与人数从30万人次增长到712万人次,增长了20多倍(图2-3),体现了大众旅游和全民健身时代下,大众对马拉松赛事旅游的热衷,也表现出马拉松赛事等体育赛事旅游巨大的吸引力和发展潜力。

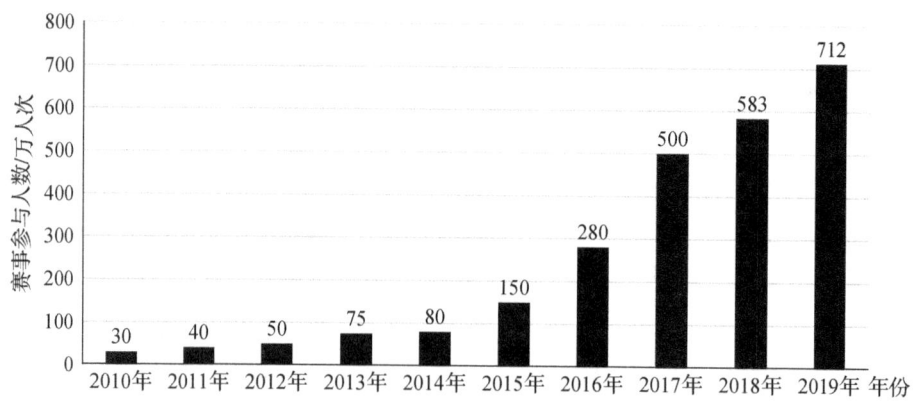

图2-3 近年来我国马拉松赛事参与人数

在参与者特征和结构方面,根据2019年中国马拉松大数据分析报告,在半程马拉松和全程马拉松方面,2019年男性跑者占比74.63%,女性跑者占比25.37%。从年龄结构看,2019年马拉松项目中,男子在45~49岁年龄段跑者最多，占比为18.30%；女子在45～49岁年龄段最多，占比达到21.05%。半程马拉松项目中，男子在30～34岁年龄段最多，占比为18.05%；女子在30～34岁年龄段最多，占比达到17.43%。

从赛事整体成绩上看，无论是马拉松还是半程马拉松，男子和女子的平均成绩最好的均为45～49岁的跑者，其次为40～44岁和50～54岁的跑者。马拉松平均成绩最差的跑者年龄段为24岁以下和65岁以上，半程马拉松平均成绩最差的为25～29岁的跑者。从2019年数据可以看出，中年群体是马拉松赛事旅游活动参与的主体。同时，随着马拉松赛事活动的发展，大众选手的赛事成绩也在不断提升。2019年马拉松项目的完赛跑者中，总计有9 703人次男性跑者跑进3小时，对比2018年增长了67.47%；女性跑者共计1 806人次跑进3小时20分，对比2018年增长了63.44%。马拉松赛事的竞技性和观赏型大大提升，也为全民健身提供了更多的动力和支持。

要特别说明的是，赛事参与人次不等于实际跑步人数，有不少参与者在一年中会参与多场赛事活动。依据2019年的数据，若重复率以1.5计算，参加各种比赛的跑者人数规模在475万～500万人，参加全马和半马的跑者人数规模在200万人左右。与我国人口基数对比，跑步群体数量还有巨大的增长空间。以单场马拉松赛事的数据来分析，以2019年北京马拉松为例，参加2019北京马拉松赛的选手共有30 031人，完赛29 491人，完赛率达到了98.20%。在总共30 031人中，男选手为23 925人，共有23 596人完赛，完赛率为98.62%；女选手共有6 106人，有5 895人完赛，完赛率为96.54%。总的来说，我国马拉松赛事旅游活动参与者呈现出人数不断增加、完赛率不断提升、赛事成绩逐步提高的发展特点。

三　马拉松赛事旅游产业情况

（一）"体育＋"产业形态日益丰富

马拉松赛事旅游涉及的人群众多，辐射范围广，能带动众多产业协同发展，具有极高的商业价值，吸引了众多企业和资本的关注，如体育用品企业、体育赛事运营商、智能硬件企业、地产企业以及医疗机构纷纷进入这一市场，成为推动马拉松赛事快速发展的重要因素。马拉松赛事的快速发展，从需求侧到供给侧，带动了一系列行业的融合和发展。除了赛事本身与旅游业的深度融合之外，从赛事的举办、组织、传播到参与者的训练、准备、参与、分享等各环节和流程，从线上到线下，各类与马拉松赛事有关的产业逐渐以跑步这项体育活动为核心，形成了逐渐成熟的产业链，并产生了巨大的关联和带动效益。以上海马拉松为例：2019年，上海马拉松赛带来直接经济效益3.28亿元，间接经济效益11.45亿元，税收收入6 794.09万元。2020年，虽受疫情影响，上海马拉松依旧带来4 943万元的直接经济效益，相关产业拉动效应达到1.4亿元。马拉松热也带动了相关体育产业投资热。根据天眼查获得的信息，截止到2023年1月，约有47万家体育赛事相关企业。近5年来，体育赛事相关企业年注册增速稳定在30%～40%，年注册量从2018年的4万家增长到2022年的11万家，增长速度可见一斑。

从产业流程视角看，马拉松赛事旅游上游产业包括赛事行政管理、赛事运营、赛事宣传、公关活动等；中游产业包括选手、运营和旅游地组成的马拉松赛事；下游产业为赛事赞助、赛事组织培训、场地运营、保险服务、医疗康复等（表2-2）。从具体产业形态上看，马拉松赛事活动涉及的范围和类型更丰富。

表2-2 马拉松赛事旅游相关产业

类型	相关产业
日常训练	运动服饰、训练装备、训练指导、培训课程、穿戴设备等
赛事组织	赛事运营公司、传媒、策划、计时、人员招募等
赛事传播	媒体、平台、广告、宣传、公关、品牌、营销、周边开发等
安全保障	赛事安全保障、保险、急救服务、补给服务、赛后康复等
线上服务	线上APP、论坛、短视频、线上马拉松、赛事服务中间商等
赛事纪念	比赛服饰设计、奖牌设计、完赛纪念品、摄像服务等
旅游服务	旅游交通、餐饮、酒店、旅游景区、旅游纪念品、旅游节庆等

除了实地参赛，在互联网和数字化的背景下，马拉松赛事也拓展了线上体育休闲空间，不少企业将目光投向了线上赛事。国内最大的线上健身

平台 Keep 自 2016 年起推出线上赛事业务模式。一开始是针对线下马拉松赛事未中签的人群而举办：跟北京马拉松、广州马拉松等金牌赛事合作，选手如果没有抽中线下赛名额，还可以通过线上赛这种形式来参与。线上赛对比线下来说不受地点的限制，时间也相对灵活，在特定的日期里完成即可，而不像在现场有严格的出发时间和关门时间，因此对很多没法现场参与的跑友比较友好。同时，线上赛可以进行更加灵活的赛事设置，如分次、分段完成等，降低了专业运动门槛。多变的赛事玩法与完成挑战后获得的极具设计感的奖牌，则带来了更多运动乐趣。近年来，根据 Keep 招股书，2021 年 10 月至 2022 年 5 月共推出三期线上主题跑步活动，参与活动的付费用户人数超过 110 万人，活动登记费产生的商品交易总量超过 5 000 万元，进一步拓展了马拉松赛事活动的产业链。

（二）"旅游＋体育"的马拉松赛事旅游业态形成

当把马拉松赛事作为一项体育赛事旅游活动来看待，马拉松赛的发展格局与视野也被打开，马拉松赛事旅游成为新时代下体旅融合的典范。从实践来看，不少地方举办马拉松赛事的动机之一就是宣传地方旅游城市形象，展示地方旅游资源，推动当地旅游产业发展。当马拉松赛事开始"卷"起来，就意味着赛事本身已成为旅游宣传的工具，其本身就是旅游产品。不少地方的马拉松赛事就是当地旅游节庆举办期间的重要内容之一，如扬州鉴真国际半程马拉松举办时间一般都在烟花三月国际经贸旅游节期间，南通马拉松本身就是中国森林旅游节（南通）的组成项目。还有更多的乡村马拉松成为地方乡村旅游节庆的核心，相关乡村旅游产品也得到了广泛的宣传：盛产西瓜的地区，西瓜成为赛道上的特色补给；盛产草莓的地区，草莓也成为赛场补给和赛后纪念。一场马拉松赛事活动，成了不少地区的旅游特产展示场景，如淮安马拉松的美酒、高淳马拉松的螃蟹、泗洪马拉松的大米，将当地的丰富特产与赛事旅游高度融合，给选手提供了独特的跑马之旅。

赛事与旅游节庆、旅游商品的结合仅仅是体旅融合的一个方面，实际上马拉松赛事活动现在已经呈现出"赛旅一体、高度融合"的状态。对于参与者来说，参加比赛就是参与一次旅行；作为赛事主办方来说，推出一场赛事就是打造一系列的旅游产品。在大众旅游不断推进的背景下，马拉松赛事旅游也将不断创新，成为推动体育旅游高质量发展和丰富旅游供给侧的重要力量。

（三）马拉松赛事对旅游业的积极影响更加深刻

一边"跑马"一边旅游，马拉松赛事逐渐被打造为城市名片、景区名片和旅游名片，体育旅游等发展空间刺激着整个马拉松产业链条的成型。以无锡马拉松为例，每年3万名选手参赛，吸引来到无锡观赛和旅游的外地游客达20多万人。2016年，无锡马拉松就为无锡带来直接经济效益约1.43亿元。东营通过"黄河口国际马拉松赛"这一重要名片，城市知名度大大提升，带动了当地旅游产业的快速发展。

从近年来马拉松赛事旅游的发展来看，赛事的举办对旅游地、旅游者、旅游资源、旅游行为等多个方面都产生了重要的积极影响。从旅游营销视角来看，马拉松给旅游地带来的一方面是软性收益，一个地区举办马拉松，实际上就是旅游地营销，借助赛事给旅游地开展融媒体宣传；另一方面是硬性收益，举办马拉松会吸引各地参赛者和旅游者，带动了吃住行等各个方面。对旅游地来说，赛事成为一种旅游地形象的传播载体，一方面是吸引大量赛事旅游参与者，实地感受和体验当地的旅游产品；另一方面通过赛事的传播，依托多种媒体和平台，立体式、全方位展示地方旅游形象。从狭义的角度来说，一场赛事的举办，能直接带动旅游交通、餐饮、住宿、景点、购物等多个行业的消费，实现旅游收入的迅速增加；通过开发赛事周边旅游产品和活动，还能进一步刺激参与者深度消费。赛事参与者本身就是旅游者，还能带动大量的观赛旅游、陪伴旅行。一人参赛、多人旅行的模式正在成为一种趋势。同时，赛事的举办也促进赛事举办地社区居民产生强烈的参与感和自豪感，大量志愿者参与其中，观众纷纷与选手互动，从而也促进了文化的交流，让人们体验旅游中社会交往的乐趣。新时代的马拉松已经超越体育本身，成为满足人民健身需求、提高人民幸福指数、宣传体育品牌形象、助力社会经济发展、推动城市文化繁荣、促进社会和谐、凝聚人心的综合性民生工程。

第二节
我国马拉松赛事旅游发展动因

马拉松赛事旅游的快速发展形成的"马拉松热",成为一个备受关注的社会现象。分析这种现象背后的原因,挖掘马拉松赛事旅游快速发展的动因,有助于从更加本质和核心的角度去分析马拉松赛事高质量发展策略。马拉松赛事旅游的快速发展是多种要素合力推动的结果,涵盖了经济、政治、社会、文化等多个方面。

一　扎实的社会经济奠定了发展基础

经济水平是社会发展的基础,马拉松赛事旅游的发展与中国经济和社会的迅速发展息息相关。当一个国家经济发展进入大众消费阶段时,服务业所占的比重会大大增加,人们会在旅游、休闲、体育、教育、卫生和社会保障等方面加大投资。当前,中国经济的发展已进入大众消费阶段,人们在健康休闲领域的消费急剧增加,这为马拉松的繁荣奠定了基础。近年来,中国经济快速发展,已经成为世界第二大经济体,GDP总量、人均GDP等"国富"指标不断上升,同时人均可支配收入等"民强"指标也不断提高,国家经济实力与民众消费水平同步提高,这为马拉松赛事旅游提供了坚实的物质基础。马拉松赛事旅游快速发展的10年,也是我国社会经济步入新常态发展的10年。生活水平的不断提升,使得居民有时间、精力和金钱投入锻炼健身中。大众需要相应的体育赛事和旅游活动。马拉松赛事旅游迎来了重大发展机遇。面对复杂严峻的国际环境和艰巨繁重的国内改革发展稳定任务,我国克服疫情带来的不利影响,2022年全年国内生产总值1 210 207亿元,比上年增长3.0%;全年人均国内生产总值85 698元,比上年增长3.0%,实现经济连续增长,展示了中国经济的强大韧劲和旺盛活力。2022年全国居民人均可支配收入36 883元,比上年增长5.0%,扣除价格因素,实际增长2.9%。居民收入水平的改善,使得人们的旅行意愿增强。宏观经济的持续向好发展,为体育、旅游等行业的持续发展和实现群众美好生活夯实了基础。

扎实的宏观经济基础催生大众化休闲消费时代的到来，旅游市场正处于观光旅游需求占绝对主体转为观光、休闲、度假并重的多样化、多层次旅游消费需求的转型时期。因此，更多有消费能力的大众追求健康的、有质量的旅游生活方式，旅游消费结构日趋高级化。在旅游消费结构日趋高级化的外在拉动下，旅游者的消费需求非常注重参与性和体验性，而体育旅游业恰好能满足这种消费需求，以高尔夫、马术、登山、滑雪、潜水、马拉松等为代表的区别于传统景点式观光旅游的体育旅游蓬勃发展。与传统观光旅游相比，体育旅游具有参与群体更广泛、消费需求更多元、客户黏性更显著等特征。基于体育行业与旅游行业高度的耦合性，两者在大众消费需求提升和转型的背景下，迅速进行了产业深度融合，逐渐形成了一种具有全新体验的产业形态，并逐渐形成了较为完整的产业体系，产业规模不断扩大。体育文化作为内容，旅游活动作为场景和载体，旅游业与体育业由单一化向复合融合化发展，如冰雪旅游、户外旅游、马拉松赛事、徒步旅游、自行车旅游、海洋和滨水运动旅游、运动休闲特色小镇等业态不断出现。在强大的需求带动下，一批以体育为内涵、以旅游为载体的旅游目的地多了起来，在带动旅游从传统的观赏性旅游向体验型旅游发展的同时，也成为旅游市场的新亮点。我国《"十四五"旅游业发展规划》提出："实施体育旅游精品示范工程，以北京冬奥会、冬残奥会等重大体育赛事为契机，打造一批有影响力的体育旅游精品线路、精品赛事和示范基地，规范和引导国家体育旅游示范区建设。"马拉松赛事旅游活动就是在这样的背景下，迎来了一个快速发展时期，成为旅游业和体育行业的重要力量。

二　积极的宏观政策注入强大推动力

在"全域旅游"和"全民健身"两大国家战略背景下，大力发展体育赛事旅游，是丰富旅游产品体系、拓展旅游消费空间和促进旅游业转型升级的必然要求，对于培育旅游经济发展新动能、拓展旅游经济发展新空间具有十分重要的作用。我国先后出台加强群众体育赛事的组织、扩大群众体育赛事的规模、促进群众广泛参与体育活动等多项政策（表2-3）。马拉松由于在促进城市建设和当地经济的发展方面具有较大的带动作用，因此也受到各地方政府的高度重视。各地政府纷纷出台相关政策支持马拉松赛事旅游的发展。在多项积极高效的政策带动下，我国马拉松赛事旅游快速发展。值得一提的是，2014年12月国家体育总局发布《关于推进体育赛事审批制度改革的若干意见》被誉为马拉松赛事旅游步入发展快车道的标志性事件。该意见指出，鼓励社会力量参与体育事业，充分调动社会各方面组织和承办体育赛事的积极性，按照深化改革的精神和创新行政管理方式的要求，进一步简政放权；除全国综合性运动会和少数特殊项目赛事外，包括商业性和群众性体育赛事在内的全国性体育赛事审批一律取消。

表2-3 近年来关于促进体育旅游发展的重要指导意见

时间	文件名称	相关内容
2014年	《关于加快发展体育产业促进体育消费的若干意见》（国务院）	积极拓展业态。丰富体育产业内容，促进体育旅游、体育传媒、体育会展、体育广告、体育影视等相关业态的发展。以体育设施为载体，打造城市体育服务综合体，推动体育与住宅、休闲、商业综合开发
2014年	《关于促进旅游业改革发展的若干意见》（国务院）	积极推动体育旅游，加强竞赛表演、健身休闲与旅游活动的融合发展，支持和引导有条件的体育运动场所面向游客开展体育旅游服务
2016年	《关于推进体育旅游融合发展的合作协议》（国家体育总局、国家旅游局）	培育体育旅游赛事和活动市场。举办国际性、全国性、区域性专项体育赛事，支持地方联合申办、举办或引进国际知名赛事，促进体育赛事与旅游活动的紧密结合。引导旅游企业在旅游市场推广体育赛事旅游
2016年	《国家旅游局 国家体育总局关于大力发展体育旅游的指导意见》	培育赛事活动旅游市场。支持各地举办各级各类体育赛事，丰富赛事活动供给，打造赛事活动品牌，重点发展市场基础好的群众性体育赛事活动，促进体育赛事与旅游活动紧密结合，引导旅游企业推广体育赛事旅游，鼓励旅行社结合国内体育赛事活动设计开发体育旅游特色产品和精品线路
2019年	《关于促进全民健身和体育消费推动体育产业高质量发展的意见》（国务院办公厅）	鼓励体旅融合发展，探索将体育旅游纳入旅游度假区等国家和行业标准。实施体育旅游精品示范工程，打造一批有影响力的体育旅游精品线路、精品赛事和示范基地，将登山、徒步、越野跑等体育运动项目作为发展森林旅游的重要方向

(续表)

时间	文件名称	相关内容
2022年	《"十四五"旅游业发展规划》（国务院）	加强文化和旅游业态融合、产品融合、市场融合、服务融合，促进优势互补、形成发展合力，推进旅游与体育等领域相加相融、协同发展，延伸产业链、创造新价值、催生新业态，形成多产业融合发展新局面。实施体育旅游精品示范工程，以北京冬奥会、冬残奥会等重大体育赛事为契机，打造一批有影响力的体育旅游精品线路、精品赛事和示范基地
2022年	《关于体育助力稳经济促消费激活力的工作方案》（国家体育总局）	认定一批体育旅游示范基地、鼓励发放体育消费券、创新体育消费业态等促消费内容，强调"训练场就是直播间""把更多赛事呈现到人民群众面前"等新理念
2022年	《关于推动露营旅游休闲健康有序发展的指导意见》（文旅部、中央文明办、发展改革委等）	产业协同、融合发展，推动露营旅游休闲上下游产业链各环节协同发展，延伸露营旅游休闲产业链。加强业态融合创新，推动露营与文化、体育等业态融合

三 全民健身与大众旅游的时代浪潮

（一）运动养生理念下跑步运动日趋普及

"生命在于运动"，这一运动与生活的理念已经成为一种普遍共识。科学研究表明，跑步运动对人体的作用比较全面，能有效锻炼人的心脏，增加机体的最大摄氧量，增强人体的活动能力。跑步能加速全身血液循环，调整全身血液分布，消除淤血现象，从而可预防静脉内血栓形成。跑步还能促进新陈代谢，控制体重，引起体内糖元素大量分解，减少脂肪存积。对于中老年人来说，跑步可以促使冠状动脉保持良好的血液循环，保证足够的血液供给心脏，从而可以预防冠心病等疾病。因此跑步成为广受人民大众喜欢的运动方式，也是最具有群众基础的大众运动项目。

跑步运动是一种相对简单、人人都能进行的运动项目，对场地、服装、器材的要求门槛较低：只要有一双合脚的跑鞋，就可以加入跑步这项运动。与篮球、足球、乒乓球等需要队友配合、与对手对抗的项目相比，跑步运动更加自由：跑步速度、里程、线路、时间都可以由自己掌控。有的人喜欢晨跑，唤醒一天的活力，有的人喜欢在忙完一整天的工作后夜跑，有的喜欢在公园跑步，有的喜欢在马路上跑步，有的喜欢在野外跑……多场景化的跑步方式，为看似枯燥的运动提供了多样化的运动体验。新时代下大众健康理念的转变和健康需求的提升，推动跑步走向更广泛、更普及和更丰富的道路，也为马拉松赛事旅游带来了最核心的群众基础。随着物质生活水平的提高，大众对健康方面有了更高层次的需求，除了获得运动本身带来的益处外，还渴望在运动赛事中获得更多心理上的满足，而马拉松赛事正好迎合了大众从跑道到赛道的愿望，这为马拉松赛事旅游的发展提供了广阔的市场基础。

（二）新时代下追求健康的休闲旅游新需求

旅游动机的产生首先是因为物质基础和经济条件，而动机真正转化为现实的旅游需求和行为，则要满足经济条件、闲暇时间和身体状况三个基本条件。新时代下大众旅游的新需求，融合休闲、娱乐、观光、美食、度假、体育等多种元素于一体，高品质的旅行活动逐渐成为市场新宠，对旅游主体和客体都产生了深刻影响。对旅游者来说，以马拉松为代表的体育赛事旅游活动，与传统的旅游活动相比，除了能满足体育赛事和运动体验的需求外，也能整合旅游、文化、观光、度假、美食等旅游要素，一边感受竞技的魅力，一边欣赏自然风光、感受旅游地风土人情。对于旅游目的地来说，通过推广和发展跑步运动，进而助推城市开展绿道、公园等城市体育空间规划建设，为大众提供高质量的跑步锻炼和体育健身场所，进一步提高大众的健身意识；同时，健身场所、跑步线路、运动场景等本身也成为一种旅游资源和载体，与城市公园建设、景区开发、旅游综合体建设等融为一体，融合生态、文化、体育、休闲等要素，成为一种特色化的体育旅游综合体。通过打造主客共享的体育旅游空间，既服务本地市民，满足大众运动休闲需要，也吸引外地游客，组织和开展体育赛事旅游活动，进一步丰富旅游供给侧内容，为推动旅游高质量发展奠定基础。

（三）精神愉悦下的跑步体验和体育社交

无论是单纯的跑步运动方式，还是具有综合体验的马拉松赛事旅游活动，它们给予大众的不仅仅是身体健康和活力，更是满足了人们心理上的一种高层次需求，使其在一定程度上实现了自我升华。从运动科学的角度来说，人在跑步过程中，大脑会产生内啡肽。内啡肽能使人在精神上获得一种愉悦感，有利于消除悲伤、愤怒、压抑等不良情绪。当跑步运动习惯升级为马拉松赛事旅游活动的体验时，它对于参与者心理上的积极性上升到又一高度。参与者为了以良好的状态顺利完成比赛，也会给自己的日常跑步训练增加动力和压力，即"以赛促练"。在这个过程中，参与者更容易保持更加自律的生活习惯，从身体状况到精神面貌都产生变化，从跑步运动中获得更多的满足。

当前中国社会处于转型时期，近代化与结构转型所引起的信仰真空、人性异化、主体危机、内卷加剧等社会焦虑普遍存在。马拉松运动能减轻压力和缓解焦虑，引导人们建立积极的价值观和人生观。马拉松赛事的参与过程比平常的跑步过程有更多的体验性、竞技性和娱乐性。赛事活动中的仪式感、氛围感和成就感，对跑者来说是一种独特的体验，可以获得更高层次的身心满足。跑步是一个人的运动，同时也是一项集体性的运动，赛道中的伙伴、志愿者、观众，周围的景观、氛围、活动等，都成为激励选手在赛场中坚持跑下去的动力。与他人分享赛事经历和旅游体验，也成为体育社交的重要方式。"以跑会友"成为不少跑步爱好者重要的社交方式。大家共同完成一次跑步活动后可以开展其他非跑步的社交活动，进一步拓展了体育社交的范围和价值。

四 良好社会环境形成赛事旅游发展土壤

（一）旅游地办赛积极性提升

在赛事举办条件日益宽松的政策背景下，各地举办马拉松赛事的热情和意愿也得到充分释放，通过举办马拉松赛事来带动一系列产业发展的积极性不断提升。各地体育主管部门为了迎合大众对体育赛事和马拉松旅游的需求，结合当地的体育旅游资源特色，策划和举办相关的马拉松赛事，从一城一赛逐步发展到一城多赛的局面。以南京市为例：南京马拉松作为城市马拉松的代表，赛事线路主要集中在主城区一带，在下辖的其他区域内，各区都有依托当地特色的马拉松赛事。同时，马拉松是一场综合性的活动，绝不可能单纯由体育部门来完成。赛事的策划、组织、运营、传播、服务等，涉及城管、环卫、旅游、公安、交通、传媒等多个环节。出于对当地经济、文化、城市形象、旅游带动等方面的考虑，各地表现出举办马拉松赛的巨大热情，逐步形成了多层次、多元化的马拉松供给格局，进一步加快了马拉松赛事旅游的发展。从整体上来看，各地办赛的积极性加速了全国马拉松赛事旅游产业结构的不断丰富，从而推动了体育旅游供给侧改革持续走向深入。

（二）旅游消费环境持续改善

近年来，我国旅游业基础设施建设快速推进，旅游交通条件大大改善，航空、铁路、公路等交通方式大大提速，缩短了旅游地之间的通行时间和心理距离，这为很多选手到异地参与马拉松赛事旅游提供了重要的保障。尤其是在信息化、数字化发展背景下，智慧旅游得到更广泛的运用。在马拉松赛事旅游中，基于互联网的手段让赛事组织更科学、信息更透明、运转更高效，选手的消费过程更加便捷与顺畅。同时，伴随着我国依法治国战略的实施、依法治旅的有力保障、旅游服务质量提升计划的推进，我国各地的旅游消费环境大大改善，马拉松赛事旅游者出行更加便利、旅游更加贴心、服务更加友好，更多的选手更加乐意在参与马拉松赛事旅游的过程中，在旅游地放心地消费，享受旅游的乐趣。可以说，马拉松赛事旅游的良好体验与旅游地的旅游服务质量密不可分。在全域旅游不断深入的背景下，各旅游地也通过马拉松赛事等旅游活动，向旅游者展示出更立体和全局的旅游形象，从而也促进和带动更多人加入马拉松赛事旅游活动。

（三）新传播格局助推

媒介融合的现代传播格局，是助推马拉松赛事旅游快速发展的又一推动力。从赛事主办方来说，赛事本身就是一场传播的热点，通过电视、网络、广播、直播等平台和方式快速传播，对于提升地方的旅游形象具有直接作用，尤其是对于一些特色鲜明、旅游资源独特但知名度正处在上升期的旅游目的地，传播意义更加突出。对于参与者来说，广泛运用个人社交媒体分享赛场经历，丰富了个人的社交生活。现代科技手段的运用，让参与者、组织者、旅游地、居民实现了全景式的沟通和交流。以赛为媒，推动文化和经济等多方面的交流，对展示地方旅游品牌和形象起到了催化剂的作用。根据2019年马拉松赛事传播研究报告，综合新闻网站、博客、报刊、微博、微信等多个媒介平台数据，在地域全媒体热度上，前三名为江苏省、浙江省和广东省，该三省也是当年马拉松赛事数量最多的三个省份。同时，5G、VR等新技术应用则为马拉松赛事的传播赋能增色。马拉松赛主办地的营销推广离不开媒体行业参与。电视传媒的影像呈现、社交媒体的热议造势以及直播短视频等融媒介的运用，都使得马拉松赛及其所关联的城市属性被渲染拓展：赛事前夕借助商业媒体的造势宣传就已为展现赛事及城市形象预热；广播、电视及网络等城市主流媒体在赛事启动前就全力记录并报道该赛事，运用多种镜头语言、视频技术及解说词渲染赛事；赛事沿途风景名胜、志愿者服务、大量观众及城市历史文化等背景性描述加强了赛事的传播效果。

（四）马拉松精神的带动

新时代下的马拉松赛事已经不再是一项简单的运动，越来越多的人将它视为一种阳光健康、积极向上的生活态度的体现。当跑步这项运动延伸到马拉松后，尤其是大众也纷纷参与到这项极具挑战性的活动后，这项活动的感染力通过现代传播手段和丰富的社交媒体迅速扩散，越来越多的人被影响、被带动，从而也加入跑步运动和马拉松赛事旅游中。对于很多刚刚加入跑步运动的人来说，伙伴的影响和推动是最为重要的因素。以前觉得马拉松赛事遥不可及，而今就在自己身边，自己所在地举办马拉松，自己身边人也参加马拉松并完成赛事，这种来自身边人的冲击是强烈而直接的。当身边跑步伙伴越来越多的时候，共同的爱好和需求逐渐形成了一种团队组织，形成了各式各样的跑团；团队成员相互影响和激励，又激发了每位参与者坚持的动力。可以说，跑团的形成和发展，是对跑步这项运动的群众性的二次升华，构成了促进我国马拉松赛事旅游高速发展的重要民间动力。目前我国跑团形式多样，包括社会跑团、校园跑团和企业跑团等多种类型。为了加强跑团的凝聚力和组织性，国内的互联网跑步平台将跑团作为核心环节之一，推出了一系列具有游戏性和挑战性的机制和挑战，增加了用户黏性。同时，赛事和平台的合作，在赋能赛事营销的同时，也巩固着跑者和跑团市场的增长；反之，跑团的发展也反哺和推动了马拉松赛事的规模扩张和数量增长。

第三节
当前我国马拉松赛事旅游发展中的问题

在我国马拉松赛事旅游产业高速发展的同时，也陆续暴露出不少的问题，对赛事举办地、参与者、社会公众等各方面都产生了一定的影响。

一 马拉松赛事旅游供给侧结构有待优化

近年来我国马拉松赛事规模和数量快速增加，在全社会形成了一种马拉松狂热的社会认知。在这种热度的背后，需要进行冷静客观的分析。马拉松赛事的快速发展在一定程度上是基于举办赛事门槛的降低，这样也使得供给侧出现了良莠不齐的情况。如马拉松赛事旅游产品同质化现象比较突出，有的地方马拉松赛事缺少足够的准备、系统的设计和科学的市场分析，将别的地区的赛事模式直接生搬硬套到本地区，没有融合地方的特色和文化，没有对本地赛事进行准确的定位，缺乏长远的规划和考虑，从而忽视了大众参与者的感受。近年不少地方赛事出现了匆忙举办、体验一般、再无下文的情况，形成了一种"热闹一时、难以长久"的负面感知。因此，从马拉松赛事旅游供给侧的角度来说，在规模与数量快速增长的同时，内部结构的优化和赛事质量的提升是其面临的重要挑战。

另外，在庞大的赛事规模内部，也存在着赛事品牌断层、阶梯发展不足的情况。一方面，部分优质赛事参赛名额一票难求，不得不通过摇号抽签的方式来决定参赛选手资格。有限的参赛名额中还包括了高水平直通名额、商业手段分流名额等，真正用来进行摇号抽签的名额更少，使得普通大众获得参赛资格的概率更低。在这样的背景下，有的选手只能增加参赛成本，从第三方渠道获得参赛名额。对于这项具有大众性和公平性的体育项目来说，此举无疑在一定程度上影响了大众对赛事公平性的感知。与此同时，不少赛事还存在着实际参与人数与报名人数相差太多的情况，而主办方对此现象的应对明显不足。一边是中签了没去参与，浪费名额，一边是渴望参与却没有机会，这种参与者机会的错位，需要主办方以更加智慧的方式来应对，理解放弃者的行为，也最大限度发挥赛事的综合价值。另一方面，也有不少赛事的报名人数寥寥可数，实际报名人数与主办方预计数量相去甚远，实际参与人数可能更少，由此导致的赛事成本的增加继而影响到赛事服务质量，加大了赛事风险。两种极端情况的出现，反映出了赛事供给结构两极化的趋势。尽管赛事本身包含商业属性，与赛事的品牌、价值等方面高度关联，但对于一项具有高度融合性且高度依赖城市公共资源的体育赛事旅游项目来说，通过结构优化，满足多元化大众的需求，发挥更大的社会责任，是赛事组织方义不容辞的责任。

二 赛事组织的规范性有待提升

马拉松赛事作为一项参与者众多、时间高度集中、涉及公共资源较多的活动，科学的组织和服务直接影响到赛事活动的顺利进行。从我国马拉松赛事的组织发展来看，现在已经形成了"体育主管部门＋专业赛事运营公司"的运营模式，一些品牌赛事与专业的赛事公司合作，赛事组织管理整体较好。同时，在赛事快速发展的背后，还存在着部分赛事组织设计和实践不规范的情况，一些赛事运营机构缺乏经验、实力不足，有的地方还将赛事运营进行外包，导致赛事服务质量下降。部分赛事无视赛事管理制度，缺少田协、登协、体育局等官方和专业组织认证，误将降低赛事举办门槛当作没有任何条件，导致赛事处于监管真空，"方案美如画，执行烂成渣"，大大增加了选手的参与风险。有的赛事过分强化仪式感，无视赛事竞赛规则和章程。如某赛事在选手冲刺阶段强行递国旗，严重干扰选手节奏，严重干扰国际竞技赛事比赛秩序。还有的赛事在冠军冲出终点线后不等选手休息和缓冲，立即拉住选手要求合影等，这既不符合赛事规定也缺乏基本的人文关怀。

部分马拉松赛事缺少整体和全局服务的设计，形成赛事中的服务堵点。一场完整的赛事组织，从想法的形成到真正的组织实施到后续完善，是一个系统化的工作，涵盖了赛事活动中多个环节。而部分赛事只关注到了"比赛"这一内容，只关注了赛场跑步的组织，对于赛前组织、赛后服务缺乏足够的应对和安排，即使是在比赛的核心环节中，也存在着不少漏洞。如赛事起点区域的设计，部分赛事对于赛事规模停留在数字层面，缺少现场的验证，导致出发区域混乱，发生不同赛项人员之间的冲撞，存在一定安全隐患。有的赛事为了凸显参与者众多的场面，未对出发区域进行有效的分区规划，导致出发秩序混乱，出现互相碰撞摔倒受伤等情况。有的赛事的赛后服务环节存在诸多乱象，如选手完赛后，领取完赛装备花费太多时间，领取装备场面混乱，选手与工作人员发生冲突等。缺少全局化的服务设计，把眼光只放在赛道上而忽略赛前、赛后的全过程体验，严重影响参与者的参与体验和感受。有的赛事在基本服务设施方面存在缺陷，如公厕、垃圾桶设置不足，位置设置不合理，导致选手"如厕难"，进而发生一些不文明的如厕行为。

在赛事的最核心环节，赛道上的组织与服务同样存在诸多不规范的情况。某些地方赛事曾经出现发令枪响了后，选手已经跑出几百米开外，却被组织者要求返回重新发令起跑的乌龙事件，严重损坏竞赛严肃性。此外，还存在赛道未进行有效封闭，甚至和行人、非机动车等混行跑步的情况。有的赛事引导标识混乱，误导选手，导致选手出现跑错线路等情况。有的赛事在赛段后半程补给不足，甚至连基本的饮水都无法保证。有的赛事在安全保障方面应对不足，对可能面临的风险缺乏足够的评估，在遇到突发事件时无法第一时间进行补救和应对，甚至造成选手伤亡的情况。为了降低赛事风险，不少赛事对选手的参赛经历、锻炼基础和身体状况有基本的要求，如要求报名半程马拉松必须提供至少10公里的完赛证明，报名全马必须提供半马的完赛证明，或者选手在报名阶段要提交体检报告等。但部分赛事为了吸引更多人参与，参赛门槛一降再降，缺乏基本的提醒和个人信息验证，这无疑增加了赛事和选手的风险。

同样，在一些新形态的马拉松赛事中，赛事的组织难度和要求也不断提升。近年来，越野类马拉松活动发展迅速。为了增加挑战性，赛事的举办地一般在山区或地形复杂区域，赛事补给和配套服务压力较大。因此越野类跑步活动对选手自带装备有一定要求。但有的赛事赛前主办方对于装备的检查不够严谨，选手自带装备也不符合要求，双方都抱着侥幸的心理，导致安全风险增加。如某赛事发生了由于遭遇极端天气导致选手遇难的惨剧。我国马拉松越野赛起步较晚，赛事运营机构经验参差不齐，专业水平不尽如人意，赛事医疗救援和现场应急救治人员配备不够科学，对于多层医疗救护力量的布控没有实现闭环高效管理，这些组织上的漏洞都会转换为赛事活动中的安全风险。

三 赛事旅游服务水准参差不齐

成功的马拉松赛事活动不仅需要专业的团队运营，还需要有计划的组织和持续的跟踪服务，有效地控制比赛的每个环节。马拉松赛事作为一项具有体验性的服务产品，其本身就有一定的服务属性。当前我国马拉松庞大的赛事供给体系中，存在着服务水准参差不齐的情况。一方面是不少马拉松用心提升赛事服务，打造服务品牌。如部分赛事除了关注赛事本身之外，还以旅游服务式的理念来运营马拉松活动，营造出"除了不能帮你跑，其余都可以为你服务"的全服务模式，如江苏省无锡、常州等地的马拉松赛事推出商旅套餐，省去参与者在酒店预订、早餐准备、交通接驳、赛后返程等方面的精力和成本，一站式提供赛前和赛后服务。还有不少地方赛事与当地酒店达成协议，延长马拉松参与者的退房时间，方便选手在赛后得到休息。不少赛事在为选手服务方面不断推出创新之举，使选手充分感受到来自主办方、组织者乃至举办地政府和市民的诚意和热情。

然而与此形成鲜明对比的是，部分赛事始终没有把"服务"作为一项体育赛事旅游的重要内容来对待，有的赛事甚至毫无服务意识，认为选手对主办方提出合理要求是因为选手脆弱，认为马拉松本身是一种"吃苦"的运动，无需其他服务来支撑。实际上，马拉松赛事的参与者，只要不违反赛事规则，在这之外的合理要求都应该得到相应的服务。部分主办方缺乏服务意识，较少从参与者视角和服务细节出发，忽略大众参与者的服务需求。如部分赛事在赛前领取装备的过程中，领物 5 分钟，排队 1 小时，不合理的设置浪费大众时间。有的赛事追求大场面、专注大传播而忽略大众需求、漠视大众服务，直接导致在服务中出现明显短板。如有的赛事为了追求良好的传播效果，在电视直播、特邀选手、赛事奖金方面投入过多，极大增加了赛事成本。重视赛事营销固然不错，但作为一项具有广泛性的体育赛事旅游活动，若重心只在少数人身上，这种本末倒置的服务理念会直接影响赛事在公众心目中的形象。有的马拉松赛事完赛时间未到就开始撤离服务设施，有的赛事在后半程补给严重缺乏，有的赛事在赛后领取个人物品时发现物品遗失……虽然说这些情况在整个马拉松赛事供给体系中是少数，但对于遭遇此事的参与者来说，却是一次难以释怀的不愉快体验。

四 赛事参与者群体的不和谐行为

随着马拉松赛事活动参与人数越来越多，一些不太和谐的参与行为也开始暴露，部分看似细小隐蔽的不当行为在全景敞视的传播格局下，也会不断放大而受到全社会的关注。一些对马拉松赛事缺乏敬畏之心的参与者，丢失了基本的体育精神，把马拉松赛事当作一场纯粹的娱乐活动，缺乏足够的规则意识，漠视规则、轻视安全，最终损害了马拉松赛事品牌文化和体育精神。如部分赛事中出现选手抄近道、骑行代替跑步、接力跑、鞋系两枚芯片、不从规定区域起跑等现象；还有的人没有通过报名，未取得参赛资格，通过伪造号码布等方式混入赛道，违规占用赛事资源；更为过分的是，有的选手完成报名但由于各种原因不能参加比赛，私自将参赛名额转让给他人，组委会也未能审查到位，这样的替跑、蹭跑行为不仅破坏了赛场秩序，还存在严重的安全隐患。

赛道固然包容，但也有边界和底线。部分跑友对马拉松文化的理解不到位，过分放大了自己的权利。合理保持个性的底线，是赛场内外每一个人都要思考的问题。除了一些肆意破坏赛事规则的现象外，赛道上的不文明行为也屡有发生。部分选手过分升华参与马拉松赛事的自豪感，为了充分展示自己的个性，身着奇装异服已是常态，但若个性化过度、尺度太大，则会适得其反。一些赛场出现的赤裸上身、低俗标语、哗众取宠的动作，为这项充满阳光的运动抹黑不少，甚至让大众对马拉松赛事产生负面情绪。在赛场上，选手的行为也是一面镜子，照出参与者自身的素养。在赛道中，薅羊毛、占便宜等行为时有发生，赛道上"收获"的物品撑起了鼓鼓囊囊的腰包，此举无疑是赛道上不文明现象的缩影之一，也是对公共资源的浪费和对他人的权益的伤害。马拉松赛事的举办需要占用较多的公共资源，要协调安保、交通、医疗等多方面，尤其是对城市的交通和市民的出行产生直接影响。部分地区在赛事统筹方面不够科学，让马拉松蒙上了"扰民"的标签。由于组织不够科学，一场马拉松瘫痪一座城的场景不时出现。马拉松不只是一项体育活动，也是检验城市交通运转、医疗急救、市民包容度等方面的试金石。在这样的情形下，若参与者的行为仍缺乏文明礼仪，与市民的沟通不够和谐友好，会更加激化社区公众对马拉松赛事的对抗情绪。马拉松赛事的参与者，有责任共同构建和谐赛道、树立赛道文明，与其他跑友和谐共处、与市民和谐互动，这也是马拉松现代精神的重要内涵和要求。

第三章

马拉松赛事旅游者动机与行为研究

第一节
旅游动机概述

随着旅游业发展和民众需求的提升,旅游日渐成为人们生活中不可或缺的一部分。大众旅游步入了全新的发展阶段。旅游活动成为满足人民对美好生活追求的重要形式,在丰富大众生活、提升生活幸福感等方面发挥了重要作用。同时,大众对旅游产品和服务也有了更多更高的要求,旅游需求呈现出品质化、多元化、个性化等特点。源于不同的动机,大众在选择旅游活动、旅游地、旅游项目时有了不同选择。旅游动机的复杂性决定了旅游消费行为的复杂性。本章研究以马拉松赛事旅游为代表的体育旅游参与动机,对于更好满足旅游者需求、促进马拉松赛事旅游产业高质量发展具有重要意义。

一 动机

(一)动机的含义

人的一切活动和行为都是受到特定的内部力量支配的,这种力量持续激发和维持有机体的行动,并使行动导向某一目标,这种心理倾向或内部驱力在心理学上被称为"动机"。特定的动机往往伴随特定的行为。从动机与行为的关系角度来分析,动机具有动力性、隐蔽性、复杂性、指向性等特点。一般来说,动机具有激发个体产生某种行为、使个体的行为指向一定目标、使个体的行为维持一定的时间并调节行为的强度和方向等方面的功能。

(二)动机的产生

动机是在需要的基础上产生的。当人的某种需要没有得到满足时,它会推动人去寻找满足需要的对象,从而产生活动。动机作为一种内部的驱动力,是内部条件和外部条件综合影响下形成的。其中,内部条件表现为对特定事物的渴求，是个体在不平衡状态下产生的，是有机体得以健康成长的必要条件。心理学上所谓的"需要"，是动机产生的起点。关于需要与动机的理论中，最具代表性的是美国人本主义心理学家马斯洛提出的需求层次理论。他认为人的需求是不断由低层次向更高层次发展的，当基本的需求得到满足后，人们就会追求更高一层的需求。马斯洛需求层次理论将人的需求从低到高划分为生理的需求、安全的需求、爱和归属感的需求、尊重的需求、自我实现的需求五个层次。动机产生的外部条件为"诱因"，当个体在生理和心理上对某事产生渴求时，由于自身认识水平或者感知的缺失，这种内心的意识并不一定表现为明确的方向和目标，这时通过外部现象和行为的刺激，个体出现了唤醒和紧张的状态。外部诱因与内部需求的结合，使渴求的方向和目标更加具体，因此形成了清晰的动机。因此，动机的形成经过了需要意识、驱力状态、有目的的行为和目标实现这几个阶段。

在动机的产生理论研究方面，驱力理论是最具代表性的理论流派，深刻影响着动机的研究。驱力理论由霍尔（G. S. Hall）最早提出，伍德沃斯（S. Woodworth）提出行为因果机制的驱动力概念，而让驱力理论得以大力推广的是赫尔（C. L. Hull），他假定个体要生存就有需要，需要产生驱力。他认为驱力是一种动机结构，它供给机体的力量或能量，使需要得到满足，进而减少驱力。他强调人类的行为主要是由习惯来支配，而不是由生物驱力支配，经验在驱力形成中具有特殊作用，学习对机体适应环境有重要意义。驱力为行为提供能量，而习惯决定着行为的方向。有些驱力来自内部刺激，不需要习得，称为原始驱力；有些驱力来自外部刺激，是通过学习得到的，称为获得性驱力。

20世纪50年代以后，许多心理学家认为，不能用驱力降低的动机理论来解释所有的行为，外部刺激（诱因）在唤起行为时也起到重要的作用，应该用刺激和有机体特定的生理状态之间的相互作用来说明动机。例如吃饱了的动物在看到另一个动物在吃食，将会重新吃食物，这时的动机是由刺激引起的。人类经常追求刺激，而不是力图消除紧张使机体恢复平衡。诱因理论强调了外部刺激引起动机的重要作用，认为诱因能够唤起行为并指导行为。诱因论关注外界诱因（目标刺激、奖惩等）在行为激起中的作用，如何引导行为的发生，与驱力论相对应。诱因论主要包括巴甫洛夫（Pavlov）行为主义者的有关研究，特别是斯金纳（B. F. Skinner）的强化理论。诱因是个体行为的一种能源，它促使个体去追求目标。诱因与驱力是不可分开的。诱因由外在目标所激发，只有当它变成个体内在的需要时，才能推动个体的行为，并产生持久的推动力。

二　旅游动机

　　旅游动机是旅游消费者行为的起点，一直是旅游学科研究的重要内容之一。随着旅游行业的发展和社会环境的变迁，旅游动机的研究也呈现出更加多元化的特点。托马斯（J. A. Thomas）是最早研究旅游动机的学者之一，他在1964年发表的《是什么促使人们旅游》一文中，提出了文化教育、休闲娱乐、种族传统、社会交往4个方面的旅游动机，又将这几个方面的动机细分为18种类型。以社会交往动机为例，托马斯列举了天气、健康、运动、经济、冒险、参与盛会等。从当代的旅游产业形态来看，体育旅游、马拉松赛事旅游等属于他文中的社交动机类型。

　　国际上关于旅游动机的研究分类众多，根据各地旅游产业发展阶段、旅游资源类型以及研究者的视角不同，对旅游动机的研究也存在一定差异。如美国学者麦金托什（R. W. Mackintosh）将旅游动机划分为生理因素诱发的动机、文化因素诱发的动机、地位和声望诱发的动机和社会交往动机4个方面。丹恩（G. Dann）于1977年提出了旅游动机的推拉理论，他认为旅游动机受到推动因素和拉动因素的双重影响。推动因素即旅游者内心对旅游的主观渴望，拉动因素是指受旅游产品的吸引而参与旅游活动。在此基础上，丹恩提出了7种旅游动机，包括缺失与欲望的反应动机、目的地吸引动机、幻想产生的动机、基于共同爱好的分类动机、与旅游者类型相关的动机、与旅游者经历有关的动机和追求深层次自我认知的动机。

　　我国学者对旅游动机的研究也非常重视，研究视角更加偏向实践。不少学者依据不同的研究理论，选取特定的研究对象或结合不同形态的旅游产品和行为，通过实证研究方法，深度探究旅游者背后的参与动机，进一步为市场细分、产品开发、服务提升等方面提供依据。有的学者依据年龄维度，研究青年群体、中年或老年人的旅游动机。如陈春以"80后"为研究对象，采用理论研究和实证研究相结合的方法，对"80后"旅游动机与旅游消费行为关系展开研究，认为"80后"旅游动机包括情感交流动机、文化审美动机、实践动机、游玩和享乐动机、逃避动机、从众与炫耀动机六大类型[①]。除了传统的观光旅游、休闲旅游、文化旅游等外，我国的旅游市场也逐渐出现一些新的旅游形态和产品，如美食旅游、体育赛事旅游、冰雪旅游等，其背后的旅游动机也受到不少学者关注。王博以成都宽窄巷子和锦里美食街区为例，分析游客饮食消费动机产生的原因及影响因素。研究认为性别因素对旅游动机具有正向影响，美食旅游主体、客体和介体三个维度的旅游体验、旅游经历、目的地形象、目的地设施、目的地服务、社群影响、地理距离、网络口碑8个因素均对旅游动机具有正向影响，其中社群影响对旅游动机的影响最显著，是当下改进营销策略关注的重点，他据此也提出了一些提升和优化的措施[②]。总的来说，对于旅游动机的研究，研究视角和内容不断丰富，涉及具体的研究对象和内容也呈现多元化的特征，进一步丰富和拓展了旅游动机及旅游消费行为研究的空间（表3-1）。

表3-1　近年我国旅游动机研究内容举例

研究视角	研究内容举例
游客特征属性	80后、90后、大学生、老年人、单身群体、打工旅游者、农民等
产品类型形态	体育旅游、美食旅游、博物旅游、医药文化旅游等
旅游目的地	山岳景区、公路旅游、民族村寨等
游客个性心理	人格特质、冒险倾向、自我概念、挑战等
旅游消费行为	重游、夜爬、自助游、探险、背包客、志愿者、打卡等

随着社会变迁和旅游业发展变化，人们对旅游消费的态度和感知也发生了巨大改变，旅游动机也出现了一些新的变化，这也是当前旅游动机研究的重要领域。从整体上看，新时代旅游者的旅游动机包括了回归自然、追求健康、消遣娱乐、好奇探索、文化交流、经济活动、社会交往、自我实现等多个方面，并呈现出多重性、共享性、隐蔽性、复杂性和学习性等

---

① 陈春."80后"旅游动机与旅游消费行为关系研究[D]. 杭州：浙江大学，2008.
② 王博. 美食旅游动机影响因素研究：以成都市美食街区为例[D]. 贵阳：贵州财经大学，2022.

特征。从旅游行业实践来看，根据不同的旅游动机，在旅游产品的开发和营销中通过市场细分的方式，既为特定需求的旅游者提供了能最大限度满足需求的旅游产品，又为旅游行业的创新发展提供了全新的思路和机遇。也正是在这样的背景下，在健身娱乐、体育消费、极限体验等动机的驱动下，我国逐渐形成一定规模的体育旅游市场，并由此推动体育旅游市场业态日益丰富和内部结构不断优化，形成了以马拉松赛事旅游为代表的特色旅游项目和活动。

三 体育旅游动机

从产业形态上看，体育旅游是体育与旅游两大行业的融合，相对于其他旅游形式，体育旅游的动机更加复杂。体育旅游的体育属性，是体育旅游动机产生的第一动力。旅游的形式很多，但选择体育旅游的重要原因是自身对体育项目的认可和接受。以参与型体育旅游来说，参与者的属性是运动员（不一定是专业的）和旅游者的结合，因此体育、运动、锻炼等和体能相关的动机是产生体育旅游需求的首要要素。同时，对于具体体育旅游项目、目的地和内容的选择，旅游地的形象和服务感知又是最终促成动机达成的重要因素，如选择一个具体的赛事旅游项目，赛事举办地的旅游资源、旅游形象、服务品牌等，都会影响到旅游者最终的旅游决策。

体育旅游动机实现的前提之一是体育动机，也可以理解为体育锻炼动机、运动动机等。这种动机是日常生活中激起人们去从事或参加某项体育活动的心理驱动力。肯雍（G. S. Kenyon）在1968年得出可以用来解释人们进行身体锻炼的理论模型，该模型建立的基础是对运动参与动机进行详细而系统的分析。他从6个方面解释人们进行身体锻炼的原因，分别是为丰富社会经验而锻炼、为强身健体而锻炼、为消遣和寻找刺激而锻炼、为丰富审美经验而锻炼、为精神发泄而锻炼、为磨炼意志而锻炼。该理论对于理解和研究当代体育旅游动机具有一定参考意义。由于体育运动项目类型多样、内容丰富，因此不同的体育项目参与动机也存在一定差别，研究不同的人群、参与不同项目的动机，成为体育动机研究的重要方向。如陈国兴研究了中学生参加篮球运动的动机，包括刺激娱乐动机、项目特色动机、自我完善动机、健康舒适动机、友谊发展动机、解压放松动机、追求卓越动机、表现自我动机等①。杨蕾对北京市高校自行车社团成员参加自行车赛的动机进行调查,得出参赛动机包括健身健美动机、人际交往动机、舒压放松动机、项目特质动机、刺激娱乐动机、完善自我动机、学习发展动机、自我表现动机、竞赛成就动机九个方面,其中健身健美动机最为强烈②。马毅坚等以游泳运动项目作为研究内容,以推拉理论为基础,研究群众参与游泳赛事的动机行为,认为大众参与游泳体育赛事的推力动机包括"探索与社会化""能力与健康""社交与公益""追求与成就"四个方面,拉力动机包括"赛事形象与影响"和"赛事组织与环境"两个方面,参赛者动机在不同性别、年龄、受教育程度以及不同群体均存在显著性差异,并据此提出了通过探索与社会化、提升赛事形象与影响等方式来推动大众参与游泳赛事动机的路径③。

基于马拉松赛事旅游活动参与者的广泛性和规模性,也有学者开始关注和研究马拉松赛事参与者的动机,如针对特定的一场具体马拉松赛事活动,通过集中调研的方式获取信息;结合赛事举办地的旅游形象、城市旅游、社会文明等方面,研究大众参与该项马拉松赛事的动机和行为。如武泉华以太原高校参加马拉松赛的学生为调查对象,分析他们参赛的原因,通过研究得到参赛的主要原因有锻炼身体、满足好奇心、体验马拉松这个过程、培养意志力以及挑战自我、获得荣誉等方面④。章情以徐圩马拉松为例,对马拉松跑者的性别、年龄、学历、收入等人口学特征进行描述性统计,对具有不同人口学特征的参与者的参与动机进行分析;研究认为健康动机分别影响了马拉松参与者的跑龄以及跑马次数,外貌动机则对马拉松参与者的跑量有显著影响。对不同性别的参与者的参与动机差异也进行分析,研究认为年轻女性参与者主要是为了保持体型,更重视外貌,而男

---

① 陈国兴. 昆山市中学生篮球运动参与动机的研究 [J]. 考试周刊, 2011 (41): 131 - 132.

② 杨蕾. 大学生自行车运动参与动机、自我认同的研究:以北京地区为例 [D]. 金华:浙江师范大学, 2013.

③ 马毅坚, 温宇红. 基于推拉理论的我国群众性游泳赛事参赛者动机与特征研究 [G] //第十二届全国体育科学大会论文摘要汇编:墙报交流(体质与健康分会). 日照:中国体育科学学会, 2022: 307 - 309.

④ 武泉华. 高职学生参加太原国际马拉松比赛动机调查 [J]. 运动, 2012 (6): 48 - 49.

性参与者对他们的跑步能力有很高的要求，对跑马拉松的成绩有很高的期望值[①]。焦慧敏以马拉松大众跑者为研究对象，重点分析参赛动机的性别差异，在目前特殊的社会环境下，大众跑者传统的金字塔形参赛动机被逐渐打破，新的需求层级逐渐形成，在不同的观察条件下，男性跑者的动机水平易于呈现负相关，女性跑者的动机水平则趋向于正相关；研究提出要尊重不同跑者群体间存在的客观差异，综合实行差异化策略和无差异化策略，打造定向推送个性化的线上赛事活动等措施，同时提出结合赛事特色为其不断打造展示自我的平台，形成"赛事＋个人"的双重肯定循环机制，逐渐引导跑者树立健康积极的参赛动机，具有一定的现实意义[②]。由于马拉松赛事旅游活动的特殊性，马拉松赛事旅游活动的参与者不仅仅有参赛选手，还包括志愿者、观众、市民等，因此研究马拉松赛事旅游活动志愿者的参与动机的内容也逐步增加。对于马拉松赛事旅游多主体、多维度的参与动机研究等方面还有待进一步加强，也是今后赛事旅游研究的重点内容之一。

第二节

马拉松赛事旅游者参与动机研究

在我国旅游业发展进入新时代的背景下，大众参与马拉松赛事的势头不断攀升，一度被视为极限运动的项目也开始步入寻常百姓家。作为一项极具挑战性的运动，马拉松为何在短短10年时间里迎来高速发展？为何越来越多的普通人也开始纷纷踏入马拉松赛道？马拉松作为一项特殊的体育旅游赛事旅游项目，究竟是什么样的力量吸引着越来越多的大众？本节将从大众旅游者视角出发，研究马拉松赛事旅游参与者背后的动机。

---

①章情. 2019徐圩国际马拉松跑者参与动机研究［D］. 南京：南京体育学院，2020.
②焦慧敏. 马拉松大众跑者参赛动机的性别差异研究［D］. 上海：上海体育学院，2022.

一 研究设计

（一）研究对象选择

根据研究内容的特性和问题指向，确认选择江苏省作为研究范围。2019年江苏省各类马拉松及路跑相关赛事合计185场，居全国第二位。丰富的赛事活动对于推动当地马拉松赛事和体育旅游的发展具有重要意义。根据江苏马拉松赛事举办情况及参与者分布特点，调研对象主要来自扬州、南京、无锡三市。该三市为江苏省开展马拉松活动较早的地区，赛事规模、参与人数、赛事等级在全国都具有一定的影响力，选择这几个地区的马拉松赛事参与者，具有一定的典型意义。

由于马拉松赛事旅游活动的特殊性，本研究所指的马拉松赛事活动，不单是参与马拉松赛事比赛环节，还包括为了参与马拉松赛而进行长期的准备活动和赛后一系列的旅游、社交、娱乐等各类活动。为了确保研究样本的典型性和代表性，笔者对调研对象的马拉松赛事活动参与经历进行了筛选，确保调研对象有足够的参与马拉松赛事经历，最后确定2017—2021年参与过半程马拉松或全程马拉松等赛事5次以上的参与者为访谈对象。

（二）数据收集与整理

结合相关研究基础，通过访谈方式获取研究数据。访谈主要以面对面的形式进行，少数研究对象通过视频电话进行访谈。访谈时间为2021年6—10月，受到疫情等原因的影响，7—8月的部分访谈通过线上方式进行。访谈的情境结合不同访谈对象而确定，如与访谈对象一同跑步锻炼、喝茶用餐、散步休闲、专门访谈等。与每位受访者的访谈时间一般为60分钟左右，并提前征得受访者的同意进行录音。

访谈主要分为两个阶段。第一阶段为开放式访谈，主要包括受访者参与马拉松活动的经历、感受、动机、收获、期待等，还包括家人、朋友的态度，其中还重点询问了印象最深刻的参与经历。第二阶段为半结构式访谈，访谈的主题是理论论述尚不够充分的问题。

问题包括但不限于以下内容：

1. 是什么样的情形和心理状态让您首次参加马拉松的？主要了解受访

者参与马拉松的最初动机。

2. 经常参与马拉松的背景下心理状态有哪些变化?主要了解受访者参与马拉松赛事活动的动机和心理变化过程。

3. 您选择参加哪一场马拉松赛事的主要影响因素有哪些?主要了解不同环境状态下老年朋友对马拉松赛事旅游的选择行为。

4. 其他关于参与马拉松赛事活动的特殊经历、感受与愿望等。

此次研究共访谈58人,其中男性41人、女性17人,受访者年龄最大的82岁,最小的为22岁(表3-2)。为了便于资料整理,对每位受访者进行编号,依次为F_{01}、F_{02}、F_{03}、…、F_{58}。提前与访谈对象进行沟通,确定访谈时间、地点和方式。部分访谈者表示为了更好配合访谈,特意做了一些准备,如回顾了这些年的马拉松赛事经历,包括翻看完赛证书、查阅照片、朋友圈记录、参赛游记等。通过对自身参赛经历的回顾,比较系统地梳理了自己的参赛经历和心路历程,在访谈中也更容易表达出真实情感。由于一些客观原因,为了保证访谈的完整性,提升访谈资料的信度,对部分受访者进行了二次访谈。

表3-2 受访者年龄分布图

年龄分布	人数	百分比/%
25岁以下	3	5
26~35岁	11	18
36~45岁	17	29
46~60岁	15	25
60岁以上	12	23

根据相关研究基础,对被访谈人员的属性进行了归纳和整理,如参与者的职业特征,若是退休人员,则进一步了解退休前的职业情况,以此与访谈内容进行深度关联研究,从而更好地剖析参与者属性对马拉松赛事旅游动机的影响。

二 研究过程与方法

研究基于扎根理论方法,通过与参与者的深度沟通,从受访者视角出发,了解大众跑友参与马拉松赛事旅游的动机;从建构主义视角出发,试图从研究对象中寻找大众参与马拉松赛事活动的内在逻辑。笔者在访谈结束后将录音等资料进行整理，随机开始编码。由于访谈的时间跨度较长，通过一边访谈一边编码的方式进行，编码过程包括初始编码、聚焦编码和理论编码三个过程。

（一）初始编码

在初始编码阶段，尽可能全面、客观地对访谈资料进行收集和描述，采用访谈中原始语句的浓缩版，以保证编码信息的原真性和浓缩度。通过对访谈资料的全面整理，共得到309个初始编码（如表3-3所示）。

表3-3 初始编码示例

初始编码	原始访谈资料
追求身体健康	自从开始跑步，身体状况明显好转，慢慢地就保持了跑步的习惯
获得运动乐趣	以前想都不敢想我居然也能跑马拉松，尝试跑完一次后，就真的爱上这项运动了
期望得到肯定	很多人一听说我能跑马拉松，都表示敬佩和赞叹
减压	有时候心理压力太大，就去跑步，跑完后心情好多了
运动特性	跑步这项运动，很自由，随时随地，可以和朋友一起跑，也可以一个人跑
旅游	我喜欢和跑友们一起出去跑马拉松，就相当于一起出去旅游了一趟
愿望和期待	我给自己定了个目标，跑遍全国，全国各省（自治区、直辖市）都要去跑一次马拉松
社交	跑马拉松让我认识了很多朋友，我的社交圈子也扩大了
集体活动	我加入了一些跑团，跑团经常组织活动，大家可以经常交流，互相学习
自我激励	报名一场马拉松，就有了坚持跑步的理由，这也算是以赛促练吧

（二）聚焦编码

聚焦编码是在初始编码的基础上，对信息进行进一步筛选，挑选重要性更加突出的、出现频次较高的初始代码。在这个过程中，逐步发现和建立概念类属之间的各种联系，以表现资料中各个部分之间的有机关联。通过比较数据、综合分析等，发展出与数据契合的类属，为接下来的理论编码做准备。根据大众群体参加马拉松活动的动机主线，一共得到126个聚焦编码，在聚焦编码的基础上，对已发现的概念类属进行系统分析，进一步提炼28个次类属和5个"核心类属"（表3-4）。

表3-4 聚焦编码

类属	次类属	聚焦编码
身心健康	身体健康	强身健体、帮助睡眠、精力充沛、充满活力
	预防疾病	降三高、保持体能、运动式养生、心肺功能
	提高生活质量	改变身体状况、更放心地饮食、一种生活方式
	保持体重体型	保持体型、跑步减肥、燃烧脂肪
	心情愉悦	保持心情愉快、享受运动快乐、释放奔跑天性、保持积极心态
	减压	宣泄情绪、调节情绪、消除纠结、与自己对话
挑战极限	相信自己可以	人老心不老、迎接更多挑战、自我证明、坚持
	实现目标	任务式挑战、数量型目标、活动愿望和计划
	享受挑战过程	痛并快乐着、磨炼意志、有一定竞技性、完成比赛后的满足感
	体验各种生活	挑战不可能、我也可以、小目标、不一样的生活
	榜样的力量	受名人影响、同龄人带动、身边朋友帮助、特殊经历影响、我也可以
旅游体验	跑步即旅行	跑步看风景、赛道风景、旧地重游、旅游打卡、好玩
	独特旅游体验	旅游、城市魅力、城市风光、旅游福利、仪式感
	赛事举办地	网红旅游地、一直想去的地方、很向往、旅游城市
	感受地方文化	城市景点、历史遗址、境外马拉松、特色景观、美食
	结伴出行	和跑友一起、热闹、相约出行、带上家人、氛围热烈
	赛事品牌吸引	好赛事、跑得很舒服、服务好、重复参赛、组织很好

(续表)

类属	次类属	聚焦编码
社交休闲	改变习惯	少看电子设备、走出家门、形成运动习惯、互相交流、不落伍
	社交	社交圈子、互相鼓励、与跑友交流、跑步技能学习、交朋友、告别单身
	跑团活动	社团活动、约跑、聚会、融入社会、充满期待
	丰富生活	带动他人参与、收集奖牌、记录参赛经历、收集完赛证书、游记
	打发时间	打发时间、留下记忆、记录过程、不刻意追求成绩
	分享经历	朋友圈分享、群分享、录视频、点赞、新鲜事
自我实现	获得认可	媒体采访、成为新闻人物、成就感、荣誉
	形象管理	减肥、瘦身、好身材、气质提升、充满活力
	追求圆满	大满贯、跑遍全国、完成×个马拉松、跑到××岁
	自我成就	自我激励、回忆、自律、跑过才会懂、一种信念
	心灵升华	打开心结、放空自己、自我启示、生活激情、思考

（三）理论编码

在完成上述编码后，下一步进行整合性的理论编码。这一步主要是挖掘类属之间的深层逻辑关系，促进研究和分析更加连贯自然。按照一定自然的逻辑类属关系，逐步推演具有一定概况性的理论。依照参与动机主线，同时结合参与经历的丰富程度作为次变量，分析大众群体参与马拉松赛事的动机及变化过程。通过反复比较、整合、提炼和验证，形成大众群体参与马拉松活动的动机激发和形成过程模型。

（四）理论抽样与饱和度检验

"理论抽样"是扎根理论研究方法的核心程序之一，意在从资料出发，形成关于资料的常识性想法，借由进一步经验来探究检验这些想法，并从发展不充分的类属中找到下一阶段的抽样样本。在编码过程中，一边访谈一边编码，当访谈至第45名受访者时，已经没有新的观点和内容出现。除了进行逐一编码外，在访谈中也对访谈者采用分阶段进行的方式，通过阶段性的编码总结和反馈，不断修正自己的访谈方式。对部分受访者进行了二次访谈，也同少数访谈者的家人进行了交流，从不同角度来验证受访者提供的信息和访谈效果。

三　参与动机剖析与研究

（一）健康动机

健康动机是大多数马拉松参与者跑步的原始动机。在像大学毕业初入职场或是刚刚退休等重要阶段，很多人由于生活方式的改变，身体状况也发生了一些变化，出于健康的考虑，开始选择跑步类运动。如："我刚退休时那会儿，天天打麻将，很少运动，后来发现身体越来越差，赶紧要动起来。""我大学的时候经常和同学打球，工作了以后很少有时间打球，就抽空跑跑步。"健康动机的激发既有主动性，也有被动性。如有的人是由于得到身体警告的信号而开始跑步运动的，有的则是主动追求更好的健康和形象。如："我以前很胖的，体重总是降不下来，开始加入暴走队伍，后来觉得强度不够，开始坚持跑步，减重效果非常明显。""我习惯晚上跑步，跑完后睡觉都特别香。"

马拉松备赛过程就是健康锻炼的过程。很多参与者一开始跑步，并不是直接奔着参加马拉松赛的目标去的，而是随着跑步锻炼经历的丰富，基于对自身身体状况的了解和自信，然后才步入马拉松之旅的。如："我以前也经常跑步，但跑量都很少，每天五六公里，我总觉得很不错了，后来马拉松赛事开始多起来，我抱着试试的态度，每天加大跑量，后来发现马拉松也没那么困难。"从一个跑步锻炼者到一个马拉松参与者，是信心的提升和对身体健康的肯定。"马拉松不在于赛场的努力，更在于长期的训练和准备。""我报名了一场马拉松，就有了坚持训练和跑步的动力，通过赛事来促进训练。"同时，很多选手非常注重科学跑步知识的学习和实践，从辩证的角度提出了自己的看法。"马拉松，尤其是全程马拉松，其本身对人体是有伤害的，所以不能跑得太多、太密，偶尔体验一下即可，关键是通过马拉松来督促自己平时要坚持跑步。"

健康包含了身体和精神两个方面。坚持跑步和参加马拉松活动，不仅有益于身体健康，在丰富精神文化生活方面也有积极意义。一方面表现为主动体验马拉松运动带来的乐趣，如"享受运动快乐""保持心情愉快""释放奔跑天性"等，还有部分选手对此观点提供了科学依据，如"人在运动的时候可以促进大脑多巴胺的分泌，从而可以保持心情舒畅"。另一方面表现为被动式体验马拉松运动的减压功能。他们认为通过跑步运动可以"宣泄情绪、调节心情、消除纠结""在跑步的过程中与自己对话，时常放空自己，陷入沉思都可以""有时候心情烦闷了就去跑步，跑过后很多事情就放下了"。在全民健身的时代背景下，大众对身体健康格外关注，也非常注重精神生活的调节。参加和准备马拉松赛事，对提升大众的生活质量有重要意义。

（二）挑战动机

马拉松不是一项简单的运动，常常与"坚持、挑战、毅力、极限"等词语联系在一起。在传统认知中，这项运动与大众无缘，能完成的绝非一般人，但在马拉松赛事蓬勃发展的时代，大众群体走到了马拉松赛事的前沿。有的是受到榜样的影响，如："我看到新闻上说有80多岁的人跑完全程马拉松的，我才60多，难道不能试试？""我的一个朋友近年开始跑步，参加了不少马拉松，看上去很享受的样子。"还有的群体受到异地生活经历的影响，开始加入马拉松大军的队伍。如："我之前在外国待了一段时间，发现那里跑步氛围很浓，老少皆宜，马拉松赛也非常多，回国后我也开始练习跑步和参加马拉松。"别人可以，我也可以，这样不服输的心理促使很多人开始进行跑步锻炼。尤其是老年群体，虽然不能改变年龄，但可以改变状态，这样不服老的心态在很多老年朋友身上得到体现。如："人老心不老，我觉得完全可以去挑战一下。""我想要证明自己，我一样可以完成马拉松。"当挑战完成特定目标后，很多跑友又开始树立新的目标，如："我一年至少要完成××个马拉松。""我一年跑量要达到××公里。""我想体验一下超级马拉松。""我要跑遍全中国。"挑战完成后带给大众参与者极大的满足感，挑战动机也成为大众参与马拉松赛事旅游的核心动机之一。

马拉松赛事与日常跑步训练存在相互关联、互相促进的关系。日常训练是参与马拉松赛事的基础，马拉松赛事又能促进日常训练活动的进行。如："马拉松赛事就是一场痛并快乐着的活动。""跑马拉松对我来说更重要的是磨炼意志,当完成马拉松后,我觉得很多事都不是事了。"与一般的体育旅游项目不同,马拉松这类参与性体育旅游项目,还融合了竞技性的特征,每场比赛有严格的竞赛规程,首要的就是完赛时间,这无疑增加了挑战的分量和意义。"马拉松赛事也是一场严肃的竞赛,要在规定时间内完成才算真正完赛。"马拉松赛事是一场群体的狂欢,每个人都可以按照自己的节奏奔跑。对于挑战动机的外在表现,很多选手明显表现为"不必计较跑得有多快,关键是要跑得开心"的心态,这也反映出了大众在参与马拉松赛事时尽管有着强烈的挑战动机,但总体上保持着理性的态度。

(三)旅游动机

参加马拉松赛事活动就是一场旅行,这是所有访谈对象的看法。同样是跑步,去异地参加一场马拉松赛和在家门口的公园跑步相比,马拉松被赋予了旅行的意义。"跑步即旅行"成为几乎所有马拉松参与者的共识。一场马拉松赛,真正在赛道上跑步的时间并不长,但体验这几个小时或由这几小时而衍生出来的经历,是很多大众马拉松参与者更加在乎的过程。"跑马拉松其实就是旅游,只是旅游的方式有点特殊而已。""选择马拉松,要么这个地方很吸引我,要么这个赛事很好,总有吸引我的地方。"选手在报名一场马拉松赛时,就是在计划一场旅行。有的赛事报名火爆需要通过摇号抽签,有的赛事参与者寥寥,这就是以赛事为核心的旅游吸引力所导致的差异。仪式感、赛事氛围、赛道景观也成为马拉松旅游的重要内容之一,如:"在马拉松赛道上有一种很神圣的仪式感,这与平时自己跑步完全不一样。""马拉松的线路一般经过了一个城市代表性的人文景点和自然风光,在这样的赛道上跑步心情很好。"在实践中,体育与旅游的融合逐步加深,体育赛事的举办带动了更深层的旅游消费。"很多地方为马拉松参与者提供了旅游优惠,如公共交通免费、景点免门票、餐饮优惠等措施。""我去××跑马拉松,赛场跑了5小时,前后共玩了5天。"还有一个跑友开玩笑式地算了一笔账:"我上次到××参加马拉松,一共花费了4 200元,如果按马拉松距离来算,相当于每公里100元。"以马拉松的名义或借着跑马拉松的契机,到一个城市或地区去旅游,正在成为大众群体参与马拉松赛事旅游的新时尚。

结伴参赛、出行和旅游是大多数大众参与者的主流方式。在选择马拉松参与地时，从报名前到报名后，一件很重要的事情就是相约出行，通过组群商量出行交通、住宿、旅游等方案。选手选择和伙伴一起出行，一方面是出于安全和便捷的考虑，如："有专人为大家服务，比如包车、安排酒店等，我觉得很省事。""和伙伴一起出去，有经验丰富的人为我们安排行程，我很放心。""参赛旅途中有什么问题，我能及时得到帮助。"另一方面则是由于情感和氛围的主动需求。如："和大家一起出去才热闹。""我参与的外地的马拉松，都是和跑友一起去。""如果我想去的地方没有人陪同，我可能会放弃，我一个人去，觉得没啥意思。"如果由于某种原因缺少同行伙伴，部分跑友会带着家人和朋友一起出行，尽管同行人并不参加马拉松，但却承担了旅游陪伴的功能。旅游伙伴是当代旅游中的重要内容，人们既重视旅游目的地也重视旅游伴侣，在马拉松赛事旅游中也同样如此。

（四）社交动机

参加马拉松赛事活动是一种独特的社交方式，能丰富自己的社交圈，会遇到不同的人、不同的事，体验不同的地域文化，让自己的业余生活更丰富，这种身体力行的社交方式与当代的"云社交"存在较大区别。如："我加入了很多跑团和跑友群，群里经常会组织一些活动，只要我有空就会参加。"跑步活动的社交意义在于，遇到一些有共同爱好的人，拥有共同的话题，可以就参加马拉松过程遇到的问题、旅游经历进行分享和讨论。同时，在真正的赛场上，伙伴的价值尤为重要。不少选手的参赛经历中，有跑友全程陪跑完成比赛的情况。顺利完成一场马拉松除了自身训练基础和坚持外，跑友的鼓励和支持也非常重要。如："我刚刚接触跑步时，由于不太懂，成绩提高不了而且老是容易受伤，后来我找了跑圈前辈带我，效果很明显。""我第一个全程马拉松是 70 岁时跑的，当时我的朋友（60 多岁）全程陪我跑，最后我们顺利完成比赛，我很感激他，可以说，如果没有他的陪跑，我很有可能完成不了那次比赛。"一起历经艰难、完成比赛，这也成为很多马拉松参与者刻骨铭心的记忆。

除了跑步社交本身，还有由跑步延伸出的更多丰富的社交行为和活动。如："跑步让我认识了很多朋友，一起跑步训练，一起去参加马拉松，平时还一起打牌、吃饭、旅游等，生活很丰富。"马拉松社交行为还拓展了交往的年龄层次，不少老年人表示现在和年轻人接触较少，通过跑步和延伸社交，与年轻人保持交流很有必要。如："跑步能让我们遇到一些年轻人，和他们交流能让自己不跟社会脱节。"绝大多数选手在完成马拉松赛后都会通过微信朋友圈或微信群分享自己的参赛照片、视频等，还有少数人会详细完整地用文字记录这趟旅行，然后分享到相关的论坛、网站和网络群等。与这次马拉松有关的纪念品也成为自己休闲运动生活的重要见证。如："我目前已经拥有了50多块马拉松奖牌，我很乐意和朋友分享每块奖牌背后的故事。""对于我所有的奖牌，可以说如数家珍，每段经历也是历历在目。"还有些选手不仅喜欢收集奖牌和纪念品，更乐意分享实物。如："我的很多马拉松参赛服根本没穿，都是全新的，我都送人或捐了。""有的朋友很喜欢我的一些马拉松奖牌，我也愿意赠送，分享比拥有更有意义。"

（五）自我实现动机

大众时代下的马拉松，保持着"完赛就是英雄"的理念，参与但不冲动，坚持但不盲目，能顺利、平安完成比赛就是完成了自我挑战。马拉松参与者人数众多，真正在意比赛成绩的是少数；就算在意，也是希望不断突破自己，在力所能及的情况下，跑出更好的成绩。如："我对成绩没有要求，我的理想就是一直跑下去，能顺利完成比赛就好。""随着年龄的增加，对比赛成绩的要求越来越低，但这并不重要，重要的是我还能一直在马拉松赛道上。"尤其对于老年群体来说，能跑马拉松这件事本身就是对自我的肯定和认可。同时，老年人跑马拉松也更能获得大众和媒体的关注。在调研访谈的老年人中，有7位的事迹先后被电视、报纸、网络、自媒体、企业宣传等平台报道，这种来自他人和社会的肯定所带来的成就感和荣誉感，让老年朋友感受到了马拉松运动带来的丰富社会价值。

参与马拉松的过程，也是一次内心的自我审视过程。不少选手从哲学和人生的角度感受到了马拉松的意义。如："马拉松对我而言，又爱又恨。""当我跑马拉松时，似乎忘记了时间，我沉浸在这个过程中。""跑步中，我时常放空自己，尽管外面的世界很吵闹，但我的内心却出奇的平静。"从这个意义上说，马拉松运动被赋予了更丰富的内涵和更深刻的意义，选手通过跑马拉松的方式与世界对话，表达自我。有的还给自己定下了目标，如："要跑到××场马拉松。""跑到××岁。""跑遍全国。""到国外参加马拉松。"从目标的制定到实现，都以马拉松活动为载体，不断增加自我满足感和成就感，提升自我价值。同时，受访对象都普遍表示，自己也非常乐意做马拉松志愿者服务工作，如果因为某种原因不能参加所在地的马拉松，肯定会积极报名志愿者，并在生活中推广和宣传马拉松文化，为社会、为他人奉献自己。

四 参与动机的外部驱动因素

在分析大众参与马拉松的几种主要动机的同时，不得不考虑外部环境的影响。马拉松运动作为一项具有高度挑战性的运动项目，从只有专业选手到大众广泛参加，其本身也是全民健身和大众旅游发展的缩影。居民生活水平提高、健康状况提升、健身理念转变，加上城市建设、旅游交通、服务水平、互联科技等各方面的发展，在一定程度上为大众参与马拉松运动注入了强大的推动力，不仅促进越来越多的人跑起来，还促使他们跑的距离更远、时间更久、地方更多（表3-5）。

表3-5 参与马拉松外部驱力

外部推力	高频表述含义词汇
科技促进	跑友群、运动类APP、智能穿戴、交流方便、了解健康知识
服务吸引	安全保障、赛事品牌化、培训指导、赛事运营专业、赛事福利好
经济推动	运动门槛低、赛事数量多、花费少、交通方便、旅游促销
环境感染	城市公园、绿道、跑道、校园开放、特色公路
社会引导	全民健身理念、科学健身指导、社团培训、社区活动、跑步协会

五 大众参与马拉松的动机模型

大众参与马拉松的动机主要包括健康动机、挑战动机、社交动机、旅游动机和自我实现动机五个方面。其中：健康动机贯穿全过程；挑战动机在参与初期表现比较强烈，随着参与经历的丰富和跑龄的增加，该动机有所降低，表现类型和方式有所转变；社交动机、旅游动机、自我实现动机逐渐成为大众参与马拉松赛事的主要动机。马拉松成为大众与社会、和他人交往的方式，也是更好实现自我价值的一种生活哲学。大众参与马拉松，是内部动机与外部环境共同作用的结果。社会进步和发展是大众踏入马拉松赛道的重要时代背景，马拉松活动融合了体育、健身、旅游、社交、娱乐等多重属性，为大众的休闲生活提供了更加丰富的体验。

在综合分析大众参与马拉松行为的深层动机后，结合外力影响因素，同时结合大众参与马拉松赛事的经历，对动机的演变过程进行了分析。大众在参与马拉松运动初期，健康动机是原始动机。为了健康而开始跑步，跑到一定程度后渴望通过马拉松进行检验，内心开始有了比较强烈的挑战动机。这个阶段很多人对参赛成绩比较在乎。而随着参与赛事数量的增多和跑龄的增加，健身动机成为一种长期固定的习惯保持下来，而旅游动机和自我实现动机则更为强烈。通过参与马拉松与这个世界交流、与自己交流，对赛事的成绩感知比较平淡，更在乎参与马拉松活动的整个过程的心理感受和旅游体验（图3-1）。

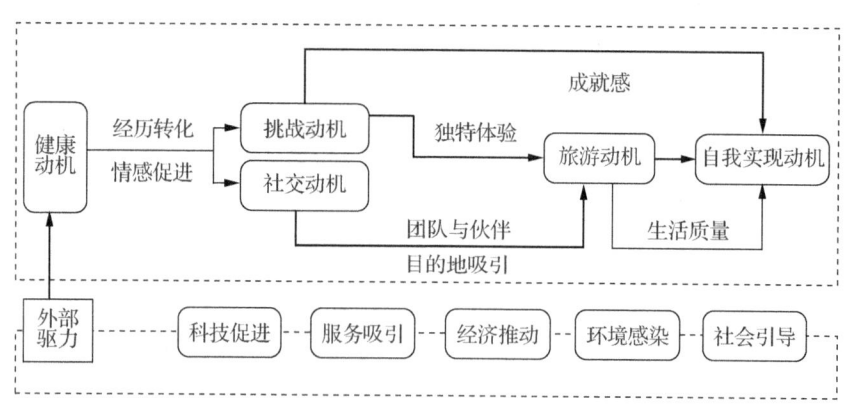

图3-1　大众群体参与马拉松赛的动机模型

第三节
马拉松赛事旅游参与动机比较

一 研究概述

结合访谈对象的属性，参考国内多场大型马拉松赛事的参赛大数据统计报告，发现中老年参与者在赛事参与者中比重较大，且比赛成绩明显高于青年群体。以 2023 年厦门马拉松为例：总参赛人数 30 397 人，完赛人数 28 918 人，完赛率 92.77%，平均完赛成绩 4 小时 28 分 32 秒。结合参与者的年龄分布情况，成绩最好的为 45~49 岁的群体。按照 2023 年中国田协路跑赛事大众选手精英级达标人数分布来看，50~54 岁男子达标人数为 389 人，女子达标人数 62 人，为各达标人数最多的年龄分布段。笔者整合了近年来北京、广州、上海等马拉松赛事的数据，也发现了同样的情况。中老年群体是马拉松赛事旅游参与的主要群体，不仅表现出对参与赛事旅游的强烈意愿，也在赛场上表现突出，即不仅"爱跑"，而且"能跑"。

与此同时，马拉松赛场和赛事旅游活动更加丰富，参与者属性更加多元化。结合近年来对马拉松赛事参与者年龄结构的分析，发现年轻跑者的比重也在逐渐增加，越来越多的青年人加入马拉松赛事活动中。一方面是中老年群体对马拉松赛事的执着和热爱，另一方面是青年群体的加入和汇聚。不同年龄群体的参与者共同分享赛道，感受马拉松赛事活动的运动乐趣，体验马拉松赛事旅游。在马拉松赛事旅游强大的包容性下，以年龄视角为切入点，对青年群体与中老年群体参与马拉松赛事活动的动机进行比较研究，进一步发现大众参与者的需求和意愿，促进马拉松赛事旅游的高质量发展。

二 不同群体的体育旅游现状

（一）老年体育旅游

近年来，我国老龄化程度不断加剧。截至 2020 年 11 月 1 日零时，全国 60 周岁及以上老年人口 26 402 万人，占总人口的 18.70%；全国老年人口抚养比为 19.70%，比 2010 年提高 7.80 个百分点。与此同时，我国的老龄化还呈现出高龄化的特征。伴随着家庭规模小型化，人口总抚养比大幅提升，养老负担正不断加重。在医疗条件进步和生活质量改善的背景下，老年人对健康养老更加重视，老年群体的休闲活动和方式也日益受到关注。旅游是深受老年群体喜欢的休闲活动。随着旅游供给侧改革深化和旅游高质量发展的推进，我国老年旅游的方式、行为、特点也发生了较大改变。随着休闲体育活动体系的建立、场地设施的升级完善和相关科学指导，不少老年人把体育锻炼、健身休闲与旅游生活高度融合。体育旅游，如参加马拉松等各类大众性体育赛事活动，受到越来越多老年人的青睐。长期以来，马拉松运动总是给人以"极限运动"的印象，往往属于专业运动员参与的项目。随着全民健身的开展和大众健身意识的增强，马拉松运动也开始走入普通大众。即使如此，这项体育赛事往往是与年轻、强壮等符号相联系，与老年人的社会形象不太吻合。而实际上，近年来我国参与马拉松赛事活动的老年群体人数不断增加。以 2023 厦门马拉松为例：参赛报名的男性最大年龄为 79 岁，女性最大年龄为 76 岁。根据赛后的成绩统计，达到中国田径协会大众精英级的 2 250 名选手中，55 岁以上的人数达 372 人，这充分显示出老年马拉松跑者的活力和实力。老年群体是如何与马拉松这项运动融合到一起的？为何越来越多的老年人对马拉松运动表现出极大的兴趣和爱好？

老年旅游一直是旅游理论研究的热点之一，研究的主要内容包括老年旅游产品开发、营销策略以及服务措施等，其中对老年旅游者的心理和行为特征研究比较丰富。唐颖慧从结伴视角出发，研究结伴行为与老年人旅游幸福感之间的关系，认为结伴旅游是老年人为抵消自身面临的旅游限制因素而作出的调节策略之一，老年旅游幸福感受到体验价值、样本旅游距离、旅游频率和常住地类型影响，结伴旅游的目的是获取群体支持，该研究对老年旅游产品供给和服务策略提供了理论支撑①。车丽丽以山东某老年旅游团为研究对象，结合旅游偏好相关研究理论，分析老年旅游者偏好属性特征及其影响因素，并提出老年旅游产品提升开发的相关对策②。随着我国旅游发展环境的改善和旅游品质的提升，老年旅游也呈现出一些新的特征和变化，逐步从观光、休闲、度假等向养生、保健、养老转变，反映为越来越多的老年朋友对健康的重视。老年旅游产品更加丰富，旅游的形式和方式更加多元，基于丰富的旅游经历和人生阅历，老年人也期待更多新的旅游体验和活动，如"候鸟式"疗休旅游、老年寻婚旅游、邮轮旅游等。总的来说，我国老年旅游的研究内容比较丰富，研究深度不断增加，但与庞大的老年群体的旅游需求相比，研究成果的转化略显滞后，老年旅游的满意度有待提高。

与老年旅游研究的其他领域相比，老年体育旅游研究还处在起步阶段，这方面的研究内容偏少，研究深度不足。大多数研究从旅游产业和资源视角，立足宏观研究，分析老年体育旅游资源开发和营销策略。少数研究者对老年体育旅游进行初步的内涵分析和特征研究，如张相安等对老年体育旅游的内涵进行了分析，提出了老年体育旅游旅程持续时间较短、以集体组织为主要组织方式、具有明显的时间季节性等特点，并以河南省为研究对象，分析河南省老年体育旅游发展困境及对策③。随着马拉松赛事的兴起和老年人的积极参与，也有人对此进行了研究。赵文杰以西昌马拉松为例，分析老年参赛者对马拉松赛事服务的满意度，研究认为在医疗保障、志愿服务、赛道策划等方面老年参赛者的满意度较高，在风险宣传、信息传播、完赛服务等方面有待改进，赛事与城市旅游的融合还不够④。整体上说，关于老年人参与马拉松赛事旅游的研究目前还偏少，尚未形成

---

① 唐颖慧. 结伴旅游与老年人旅游幸福感关系研究 [D]. 武汉：中南财经政法大学，2021.
② 车丽丽. 山东老年旅游消费偏好的调查研究 [D]. 蚌埠：安徽财经大学，2017.
③ 张相安，等. 河南省老年体育旅游发展困境及对策研究 [R]. 安阳：安阳工学院，2015.
④ 赵文杰. 老年参赛者对马拉松赛事服务体系满意度的调查分析：以西昌马拉松为例 [D]. 成都：成都体育学院，2019.

完整的研究体系。随着旅游产业融合的深入，越来越多人参与到马拉松赛事等体育旅游项目中。对于老年人的旅游心理、老年跑者的需求、适老体育旅游服务方面的理论和实践研究，亟待加强。

（二）青年体育旅游

关于青年群体的界定，从不同的视角有不同的结论。1985年联合国在全球开展的"国际青年年"活动中，将"青年"定义为年龄介于15~24岁之间的群体。此后联合国公布的所有有关青年的统计数字，例如联合国系统出版的关于人口统计、教育、就业和医疗卫生的年度统计年鉴，均依据这个界定范围。我国对于"青年"的定义也各有不同。《现代汉语词典》中"青年"的含义为"十五六岁到三十岁左右的人"；共青团章程中规定"年龄在十四周岁以上，二十八周岁以下的中国青年"为"团员青年"；而在国家统计局的标准中，15~34岁的人为青年。由此可见，在不同的视角和语境下，青年的范围也各不相同。从旅游学的视角来说，由于社会和文化环境等多因素的差异，一个人的精神面貌、身体状况、心理素质等，可以作为其是否算作青年群体的重要依据。以具体的年龄分段来定义青年或中老年不会有明显而直接的意义。

为了便于研究，结合研究对象的特点和年龄分布，本书将青年群体界定为35岁以下的群体。由于马拉松赛事对参与者年龄有基本要求，一般情况下，全程马拉松项目要求选手年满20周岁，半程马拉松项目要求选手年满16周岁，所以本书中所指的青年群体是指16~35周岁的人群。由于青年群体的特殊性，在16~35岁的分布群体中，包含了学生和职场人士两类，学生群体中，从高中生、大学生、研究生等阶段都有分布。不同的职业状态和面临的社会环境，使这类人群参与马拉松赛事的动机也呈现出多元化的特征。徐剑等运用文献资料等研究方法，解释了"马拉松热"现象之根源，剖析了"马拉松热"备受青少年学生追捧之缘由，主要包括享受快乐、释放压力、强健体魄、助力成长四个方面[1]。在学生群体参与马拉松赛事活动方面，有一些学者关注到大学生参与马拉松赛事的动机和行

---

[1] 徐剑，欧阳柳青. "马拉松热"现象对青少年学生体育健身促进的影响研究 [J]. 福建体育科技，2022，41（1）：11-14.

为，如杨细文等以北京市几所高校的马拉松跑者为调查对象，探究高校马拉松跑者运动成瘾问题，研究发现男生相对于女生更容易跑步成瘾，跑马运动成瘾者表现出运动持续时间长、周运动次数多，呈现一定的规律性①。王紫薇将大学生参与马拉松运动的影响因素分为主观因素和非主观因素，通过分析整合将主观与非主观因素细分为学生因素、家庭因素、学校因素、场地环境因素、体制和经费六个方面，并对某大学学生进行调查，分析影响该校学生参与马拉松运动的影响因素，并提出了促进教育部门、社会、学校和家庭形成支持马拉松运动合力，推动建立大学生参与马拉松运动的长效机制等建议②。此外，大学生群体除了以选手的身份参与到马拉松活动中外，还有相当一部分同学以志愿者或工作人员的角色参与其中，这也对大学生青年群体的马拉松赛事运动感知和体验产生了一定的推动和影响。如周葭萱等对南京某大学学生马拉松志愿服务现状进行调研，在分析当前志愿服务不足的基础上，提出了大学生马拉松志愿服务的提升策略，包括加强专业能力发展、开展联动培养方式、注重岗位技能培训、激励机制体现人文关怀、加强宣传推广等方面③。除了身处校园的学生青年群体，已经步入职场和社会的青年人也是马拉松赛事活动的积极参与者。工作对年轻人的时间安排、精神状况、收入状况等方面有直接影响，由此形成了多样化的马拉松参与动机和行为。随着赛事参与数量的增加，参与的范围不断增加，对赛事的感知和体验也产生了新的评价维度。

三 中老年人与青年参与马拉松赛事旅游动机比较

（一）健康动机表现多样性

研究发现，中老年人与青年都高度认可"生命在于运动"的理念。跑

---

① 杨细文，周建梅，李芳辉. 高校大学生马拉松成瘾问题研究 [J]. 牡丹江师范学院学报（自然科学版），2022（1）：65-68.
② 王紫薇. 大学生参与马拉松运动的影响因素研究：以西南财经大学为例 [D]. 成都：西南财经大学，2020.
③ 周葭萱，王进. 大学生马拉松志愿服务提升策略研究 [J]. 辽宁体育科技，2019，41（6）：12-16.

步被很多人认为是很简单的运动,对场地、装备、技术、团队的要求比较低,因此成为一项具有高度群众性和普遍性的体育活动,也是许多人健身锻炼的首选方式。跑步与马拉松虽说属于同一种运动类型,但其属性有巨大的差异。健康动机是大众马拉松参与者的共同原始动机。在访谈中所有人都谈到了跑步运动对身体健康的积极意义。更进一步研究则发现,部分参与者对马拉松运动和跑步运动区别对待,其中有一种代表性的观点是马拉松运动本身仍属于高风险运动,不宜多参加,但为了参加马拉松而进行的日常跑步运动则是非常有益身体健康的。跑步习惯的养成、跑步经历的增加和跑步兴趣的提升,自然而然地将跑者引向马拉松的赛道。马拉松赛事本身对于大多数跑者来说并非身体健康需要,更多的是一种活动参与、仪式感和特殊体验的需求。也就是说跑步是一种体育运动,而马拉松则是一种旅行。

就健康动机本身来说,中老年与青年在动机起源、动机培养和动机转化等方面也存在着显著差异,这导致两者在具体的马拉松活动参与和日常跑步的行为不同。在参与马拉松的初始健康动机中,中老年对于跑步运动的选择受到个人健康观念、生活习惯、时间支配等方面的影响,健康动机具有一定的主动性,也就是说中老年人参与跑步和马拉松运动更多是出于主动需要,认识到运动对于健康的意义并乐于付诸实践。从个人生活来说,中老年对时间的支配更加自由,有参与跑步运动的客观条件。这些因素都促使中老年人主动加入到跑步运动中,并逐步将马拉松运动作为一项生活的常态。青年群体与中老年相比,参与跑步运动更多地表现出被动性,如青少年运动训练要求、身体状况导致需要通过运动来调节等。同时,由于学业、职场等因素的影响,青年人的时间相对不如中老年自由,因此进行跑步运动和马拉松活动的频次、数量不如中老年群体多。研究发现,大多数中老年人喜欢晨跑,而很多青年人喜欢在下午或晚上跑步,这也从一个侧面体现了不同群体的时间自由度对体育休闲行为的影响。

跑步运动不是大众群体体育锻炼的唯一方式。访谈的58位马拉松赛事参与者中,90%以上的人有除跑步外的其他运动爱好。按照年龄来进行区分的话,中老年人的运动项目主要表现为游泳、骑行、徒步、乒乓球等,青年群体主要参与篮球、足球、网球等。不同属性的运动项目,反映了大众在体育运动中的个性需求。就马拉松赛事项目来说,参与者都需要进行长时间的准备,当跑步成为一种生活的常态,才能完成一次马拉松赛场的体验。从访谈和调研来看,中老年人更倾向于将跑步运动和参与马拉松赛事作为一项长期的运动和生活习惯,有不少人已经有了多年的跑步习惯,参与马拉松也成为一种融合了外出旅行、休闲、运动和社交于一体的生活方式。对青年群体来说,跑步更多表现为一种阶段性的表现,如在某一个阶段要达到一个特定的目标,比如减重、塑形、增肌,或是单纯地想体验一下马拉松赛事。当目标达成后,继续参与的动机受到目标的转移而变化,同时受到工作、家庭等方面的影响,跑步与参与马拉松表现为一种短期的行为。由此可见,中老年人倾向于先培养跑步习惯,然后参与马拉松,而青年群体则是一开始就把马拉松作为目标而去带动跑步,这也反映出两者在运动习惯的养成和健康动机上的微妙差异(表3-6)。需要注意的是,这种动机差异也会导致不同人群在跑步运动和马拉松赛事参与中的风险差异,这方面内容将在后续的研究中进行探讨。

表3-6 青年与中老年人参与马拉松的健康动机表现差异

动机表现	中老年人	青年
起源	主动	被动
时间	长期、持续性	短期、阶段性
目标	长期习惯养成	阶段性目标实现
其他体育运动	游泳、骑车、乒乓球等	篮球、足球、网球等

(二)社交动机的异质性

马拉松不仅仅是一项基于健康追求的体育运动,在丰富大众生活和社交体验方面也具有重要作用。通过访谈和调研发现,无论哪个群体都把参与马拉松作为社交生活的重要内容,这不仅仅体现在参与马拉松赛事活动本身,还涵盖了备战马拉松、参与感受交流、体验分享等多个方面。从不同年龄角度来看,中老年人与青年在参与马拉松赛事活动中的社交动机呈现出较为明显的差异:中老年人往往喜欢参与集体的跑步活动,"约跑"成为一种跑步的常态,在跑步和参赛的过程中,喜欢和伙伴进行交流和互动;而青年群体更喜欢一个人跑步,自由选择跑步线路、地点和方式。在很多的马拉松赛道上,一个有意思的现象是,年轻人往往喜欢戴着耳机,而中老年人则喜欢带着功放音响。当然，这种现象的差异也是基于多重因素和原因，如个人习惯、身体状况、个性心理等，但仍然能从整体上看出"社交动机"这一维度上不同年龄群体的差异。

通过进一步的访谈和沟通发现，出现这一差异的重要因素是生活社交的反向趋势。青年群体由于学业、事业、家庭等原因，面临着较大的压力，在日常生活中存在着大量的被动社交，职场沟通、学业压力、家庭角色等都促成了这一群体通过参与马拉松来获得反向的社交动力——逃避型社交。不少青年在访谈中表示，只有在跑步的时候，自己是孤独的，也是最自由的。在跑步中，自己可以选择自己喜欢的方式去跑，无需配合和迁就别人，速度快慢自己掌握，时间多少自己控制，线路地点自己选择。中老年群体，尤其是老年群体，"求热闹"的社交心态比较明显，乐于加入各种跑团，和伙伴一起跑步和参赛，在赛前和赛后也会与跑步伙伴开展其他社交活动，如聚餐、打牌、骑行、旅行等。参与马拉松成为一种拓展社交活动空间的渠道和方式。随着马拉松赛事举办的数量越来越多，以跑马的名义去旅行、探亲、社交的方式也开始出现，赛事成为吸引大众到该目的地旅游的重要动力，在增加大众赛事旅游的范围和内容的同时，也丰富了赛事旅游在社会交往和文化交流方面的功能和价值。

（三）自我实现动机的高度一致性

把运动当做生活，把比赛当做挑战，在一定程度表达了新时代下的大众群体渴望获得肯定和认同的动机，无论什么年龄的参与群体，这种自我实现的追求和动机都是促使其参与马拉松赛事的重要动力。对于老年群体来说，通过参与马拉松赛事释放出内心不服老的信念。很多老人希望改变传统社会对老人的印象，通过参加锻炼和参与运动，来证明自身的健康状况，不成为家庭的负担，不给社会增加麻烦。这种不断参与挑战的自我实现过程，是今后老龄化背景下老年人心理的重要表现之一。对青年群体来说，喜欢挑战和体验是一种内心常态。马拉松运动为青年群体提供了更加自由、个性又严格的挑战机遇。与中老年人的自我实现动机对比，二者的主要区别在于：中老年人对马拉松赛事的成绩的渴望不如青年人强烈，不少老年人把参与马拉松当作是日常跑步的特殊化，更乐意将其当作是一种特殊的旅行，以"完赛"为目标的心态成为主流。而青年群体由于身体技能和状态较好，在参与马拉松活动时，目标更容易从完成比赛转化为取得更好成绩、实现自我状态的突破。无论是中老年人希望跑得更久，还是青年人希望跑得更快，这种自我实现的动机对于大众参与群体来说具有高度的一致性，这种勇于挑战自我的精神，是激励大众的重要精神力量。

中年群体介乎青年与老年之间，在体育运动和旅游休闲方式上也存在一些个性化的特点。1957年，加拿大心理学家埃利奥特·雅克（E. Jaques）在英国精神分析学会上首次提出了"中年危机"。观点认为中年人会开始意识到自己的生命是有限的。在变老的过程中，人们会开始反省和反思时间的流逝，这个过程很容易引起焦虑，除了抑郁、压力和对生活的倦怠感，压力还在继续累积，然后我们会感到恐惧。从科学的角度来看，中年危机是否存在值得讨论，但基于心理减压、自我调节和状态改善的动机是中年人在自我实现方面的重要选择。

总的来说，不管什么群体，这种自我实现动机的也会随着参与者经历的丰富和外部环境的变化而变化。追求更好的成绩，渴望更多元化的赛事环境，体验更优质的赛事服务，也是一种自我实现的转化和升级。追求圆满的心态也开始在大众心中萌芽，如完成马拉松大满贯赛事、跑遍全中国、跑完100个赛事等具有特定纪念意义的个性目标，成为激发大众持续参与马拉松赛事的新动力。这种不断提升的自我实现动机，也促使马拉松赛事旅游供给和服务需要不断进行优化和提升，不断满足大众日益增长的赛事旅游服务需求，从而推动马拉松赛事旅游持续高质量发展。

五 研究讨论

在老龄化的时代背景下，老年群体的身心健康与休闲生活逐步成为全社会的重要课题，这不仅仅关系到老年群体本身，还关系到千家万户和全社会的发展。高质量的养老生活，对多元化的老年健康管理和休闲方式提出了新的期待。马拉松赛事本身兼具体育和旅游的双重属性，对参与者的要求不仅体现在赛场上的时间，更是对参与者长期的生活方式和习惯有一定的要求。从这个意义上说，马拉松作为一项具有强大吸引力的体育旅游活动，对老年人强化身体健康和自我身体管理，具有一定的积极作用。马拉松赛事对于老年人来说，是丰富生活经历和提升生活质量的重要方式。从赛事服务的角度来看，这也对赛事运营提出了更高的要求：在强化安全的基础上，从旅游体验视角出发，为老年群体提供更加周到、细致、贴心的赛事服务。马拉松赛事在发展过程中，其内容和内涵也更加丰富。一方面，赛事的挑战性、体验性不断突破，出现了诸如超级马拉松、越野马拉松等类别，这对老年人来说更具有挑战性。另一方面，赛事的主题和文化属性更加多元，如专门针对女性的马拉松、家庭马拉松、企业家马拉松、运河马拉松系列赛等，这无疑给马拉松组织者提供了一种思路和参考：结合群众体育赛事的经验，为老年人量身定做相关的跑步类赛事旅游产品。

无论是针对老年人还是针对青年人，把马拉松赛事当作旅游产品一样去运营，把参与者当作游客，把大众运动员当作消费者，是马拉松赛事大众化背景下的重要理念和思路。从老年群体马拉松参与动机的变化过程来说，更多的要从"体验"角度出发，强化整个比赛过程，提升办赛水平，强化赛事服务——这是马拉松赛事旅游的核心。另外，赛事举办地要通过营造良好的赛事氛围，强化旅游服务形象的提升，让赛事的美好体验与城市旅游的良好形象互相叠加，为老年人创造更加难忘的马拉松赛事之旅。

第四节
马拉松赛事旅游者行为研究

一　旅游行为研究概述

旅游行为通常理解为旅游者行为，是指旅游者在旅游活动动机产生后，从旅游产品的选择、购买、消费以及旅游后的一系列全过程的心理状态和身体行为。旅游者行为是旅游研究的重要内容之一，也是旅游学科的重要组成部分。从实践层面来说，研究旅游者的行为，对于推动和促进旅游行业的发展具有现实意义。

对于旅游行为的研究，理论依据众多，视角多元，总的来说可概括为两个方面。第一个研究维度是由内而外的研究，即从旅游者的内心出发，分析旅游者的心理状态，包括动机、学习、感知、态度、情绪等方面，进一步分析旅游者的旅游行为，包括对行为的预判、解释和说明。主要研究理论包括心理学、社会学、人类学、哲学等方面。如冯晓华等对旅游行为的根本内驱力进行深度解读和思考，从哲学的角度进行探讨，发现所有观点均指向对人性作用的认知和解释，各观点所主张的内在动力可能会独立存在，也可能会共同作用，可能以不同的组合作用于不同的个体[1]。赵莹等运用发展旅游场景下家庭时空行为的制约理论，讨论多人参与条件下及家庭关系旅游时空行为制约过程，进而更好地指导家庭旅游市场的健康发展[2]。陈祥从人类学视角出发，对我国长跑和马拉松现象进行了剖析和研究，认为这类现象与中国的经济、社会和文化发展有着隐匿且潜在的联系；与传统的跑步相比较，长跑在当前变成了一种新型的"身体技术"，这种"新"体现在跑者们可以很好地利用智能设备控制跑步数据来达到身体的舒适和愉悦，这从个体层面揭示出了长跑和马拉松在中国城市风靡的内在动因；研究认为长跑和参加马拉松作为当代都市中一种流行的生活方式，从社会层面揭示出了特定社会群体通过模仿和消费来建构和认同自身身份以及进行区隔的社会实践[3]。

第二个研究维度是从外而内的研究，即从行业发展实践和态势等外部环境出发，如某些社会现象、传播格局、营销行为等，研究外部力量对旅游者行为的影响，探讨旅游者行为的变化和特点，这类一般是从管理学、经济学、传播等视角出发进行的研究。在新的传播格局下，社交媒体及相关传播内容改变了人们互动和交流的方式，在游前决策、游中体验、游后分享等环节均发挥着重要作用。如梁诗斐结合荧幕旅游、旅游目的地形象、旅游行为意向三个研究领域，研究了综艺节目对旅游目的地形象感知

---

[1] 冯晓华, 黄震方. 旅游行为的根本内驱力：观点与思考 [J]. 地理与地理信息科学, 2022, 38 (4)：113-119.

[2] 赵莹, 柴彦威, 桂晶晶. 中国城市休闲时空行为研究前沿 [J]. 旅游学刊, 2016, 31 (9)：30-40.

[3] 陈祥. 长跑和马拉松风靡中国城市的人类学探析 [D]. 南京：南京大学, 2017.

的影响，进而分析旅游目的地形象的多维构成及其对旅游行为意向的影响①。刘东红等对抖音短视频传播对大学生旅游心理行为的影响进行了研究②。李梦媛等运用扎根理论，针对小红书用户开展了旅游行为形成机理研究③。曾玲以旅游者在国内主要社区网站发布的关于成都的网络游记为研究对象，提取游记中的旅游者行为信息，研究成都市旅游者的行为，并据此总结成都市旅游发展中存在的问题，提出成都市旅游发展的对策和建议④。近年来，心理学、社会学中的实验研究方法也逐渐渗透到旅游学科中，旅游情境下的眼动实验、声音实验等研究的数量也在近年来迅速增加，以感观营销为代表的营销理论被引入旅游消费者行为研究中。

二 大众马拉松赛事旅游参与特征与行为

为了比较全面客观地反映我国马拉松赛事大众参与者的画像特征，笔者采用访谈调研、问卷调查、第三方数据以及典型案例分析的方法，从多角度考察马拉松参与者画像特征。近年来大众马拉松参与者的总人数等宏观数据主要来自中国田径协会的官方数据，部分数据来自相关研究机构与官方组织联合调查结果。同时，在对马拉松参与群体的行为和特征进行分析时，会对不同年份的赛事情况进行比较。《2020年全民健身活动状况调查公报》和《2019年中国马拉松蓝皮书》数据显示，我国19~59岁成年人中跑步人口为5 000万~6 000万，参加全马和半马的跑者人数规模在200万人左右，跑马人口占跑步人口的比例为4%~5%。

（一）大众跑者马拉松水平的突破和超越

越来越多的大众跑者踏入马拉松赛道后，我国马拉松赛事的整体成绩水平也不断攀升。在2023年无锡马拉松中，我国选手何杰和杨绍辉分别以

---

① 梁诗斐．综艺节目对旅游目的地形象感知及旅游行为意向影响研究［D］．乌鲁木齐：新疆大学，2021．
② 刘东红，程方圆，李星汉，等．抖音短视频传播对大学生旅游心理行为的影响研究［J］．河北旅游职业学院学报，2021，26（2）：76-79．
③ 李梦媛，黄安民．小红书用户旅游行为形成机理研究：基于扎根理论的分析［J］．旅游纵览，2022（2）：1-5．
④ 曾玲．基于网络游记的访成都市旅游者行为研究［D］．桂林：广西师范大学，2022．

2 小时 7 分 30 秒和 2 小时 7 分 49 秒的成绩获得本届赛事亚军和季军，均打破全国马拉松纪录，大大提振了国人马拉松竞技精神。高水平专业运动员的成绩提升，是我国马拉松赛事蓬勃发展的一个缩影。与此同时，从大众参与者的角度来说，普通跑者的马拉松水平也在不断突破和超越。对于一个赛事来说，完赛率是衡量其整体水平的一项重要指标。以我国的全程马拉松赛事代表北京马拉松为例，结合 2015—2019 年的相关数据（2020—2022 年由于特殊原因，数据不纳入本次研究），2019 年北京马拉松通过起点人数为 30 031 人，其中 29 491 人完赛，完赛率达到 98.20%，为全马时代以来最高。其中，男子完赛率达到 98.62%，女子达到 96.54%。这是历届北京马拉松男女完赛率差距最小的一届。进入全马时代以来，北马完赛率总体呈现逐年提升之势，5 年增长了近 10 个百分点，这意味着 2019 年北马相比 2015 年多了 3 000 多名完赛选手（表 3-7）。

表 3-7　2015—2019 年北京马拉松完赛率

年份	完赛率/%
2015 年	88.23
2016 年	95.56
2017 年	95.51
2018 年	96.98
2019 年	98.20

除了完赛率，大众的整体成绩水平也在不断攀升，这点从完赛成绩上得到了直接的体现。以 2015—2019 年北京马拉松为例，选手完赛成绩逐年攀升（表 3-8）。2023 无锡马拉松，不仅实现了我国马拉松成绩的纪录突破，也是大众选手成绩的高光时刻。该场比赛共有 1 262 名选手成功跑进 3 小时，也是国内马拉松赛事首次千人跑进 3 小时。尽管大多数选手无意冲击奖金，但是自我成绩的超越和突破也是大众选手参赛的重要动机之一。全民健身理念下的大众身体素质不断提升，在赛道上自我实现的动机越发强烈，与良好的赛事服务和组织契合，形成了天时地利人和的比赛环境。大众一边享受马拉松赛事旅游的乐趣，一边实现了竞技维度的自我突破。

表 3-8　2015—2019 年北马选手平均完赛时间对比

年度	2015 年	2016 年	2017 年	2018 年	2019 年
男子	4 小时 38 分 53 秒	4 小时 34 分 25 秒	4 小时 27 分 05 秒	4 小时 22 分 31 秒	4 小时 11 分 25 秒
女子	5 小时 02 分 08 秒	4 小时 58 分 25 秒	4 小时 54 分 48 秒	4 小时 49 分 56 秒	4 小时 34 分 18 秒
全部	4 小时 42 分 52 秒	4 小时 38 分 35 秒	4 小时 32 分 31 秒	4 小时 27 分 18 秒	4 小时 16 分 00 秒

（二）大众参与者类型与角色多元化

从一个跑步者到跑者，从日常的跑道到马拉松赛道，从马拉松参赛到马拉松赛事旅游，是一名大众跑者通常的跑步轨迹和经历。在马拉松赛事旅游参与者数量不断增加的背景下，庞大的参与群体的内部结构变得更加丰富，内部的不同角色被赋予了不同的形象，大众跑者日益呈现出个性化、多元化、融合化的特征。同时，赛道的规则和马拉松文化又让具有不同需求和特征的跑者集合在一起，呈现出不同跑者互动融合的态势。

对于大众马拉松参与者的分类，最简单直接的方式是按照跑者的成绩来划分。为推动中国路跑赛事的普及与路跑竞技水平的提高，鼓励大众参加跑步健身活动，科学锻炼、检验成果，中国田径协会依照全国大众选手参赛大数据进行整理分析，结合国家体育总局《全国田径锻炼等级标准》以及国内外马拉松发展情况，发布了马拉松大众选手等级标准。这一标准成为目前大众马拉松选手等级区别的主要标准。简单地说，该标准分项目、分年龄段来划分等级类型。大众选手等级评定实施办法设置的项目为：马拉松（42.195 公里）、半程马拉松（21.0975 公里）、10 公里跑。等级设置：从高到低分为精英级、一级、二级、三级。年龄组别设置分别为 29 岁及以下组、30～34 岁组、35～39 岁组、40～44 岁组、45～49 岁组、50～54 岁组、55～59 岁组、60～64 岁组、65 岁及以上组，共 9 个组别。以 35～39 岁的群体为例，各等级及成绩要求如表 3-9 所示。

表 3-9　我国大众马拉松等级划分标准（35～39 岁）

等级	性别	全程马拉松	半程马拉松
精英级	男	3 小时 26 分	1 小时 36 分
	女	3 小时 50 分	1 小时 51 分
一级	男	4 小时 05 分	1 小时 53 分
	女	4 小时 27 分	2 小时 13 分
二级	男	4 小时 55 分	2 小时 16 分
	女	5 小时 19 分	2 小时 33 分
三级	男	6 小时	3 小时
	女	6 小时	3 小时

除了官方制定的大众马拉松选手等级的标准，各马拉松赛事、第三方机构以及其他组织也从不同角度对马拉松赛事选手进行了差异化区分。中国田径协会的标准可以理解为等级标准，选手的成绩是唯一衡量标准；而其他组织更倾向于类型差异，选手的成绩仅仅是标准之一，更多的则是从大众视角出发，关注马拉松赛事与普通人的生活方式耦合，如跑步经历与跑量、参与赛事数量、参赛频率、跑步体会等方面。如国内知名的跑步和马拉松研究机构慧跑发布了跑者分级体系，通过跑龄、累计跑量、每月跑量、平均训练配速、平均月跑步时间、完赛距离、完赛时间等要素进行综合考量，将跑者分为跑步新手、初级跑者、中级跑者、成熟跑者、高级跑者、大神跑者六大类，并针对不同类型的人群开发了对应的训练计划和马拉松参与指导。

近年来，在大众跑步群体中也开始出现"严肃跑者"的说法，指对跑步和马拉松赛事活动报以非常认真的态度，严肃对待比赛，不断追求自我突破，不肯轻言放弃的一类跑者。这类跑者相对来说跑步经历比较丰富，成绩比较领先。严肃是一种肯定的态度，但不严肃也是一种被理解的选择，更何况马拉松赛事本身有着严肃的规则作为底线，只要不破坏赛事规则，顺利完成赛事，不影响他人和公众利益，不违反公序良俗，每一个跑者的行为都值得肯定。不同的参与动机导致不同的参与行为，有的人通过不断创造更好的马拉松成绩获得自我满足和实现，而有的人则是体验参赛过程，完成一次特殊的旅行。正是这种多元化的动机促使了马拉松赛事旅游活动呈现丰富多彩的局面，也为实践中的马拉松赛事主题打造和赛事旅游开发提供了差异化思路。

另外,每一位马拉松参与者也对自我的参与角色有不同的认知和理解,选手类型的多元化催生了更加丰富的马拉松赛事旅游格局。我国马拉松赛事旅游从小众迈向大众,并逐步跑向分众时代。成绩动机在大众马拉松参与者中表现为一种短期动机,随着心态改变,对马拉松赛事的理解发生改变。以中老年群体为例,他们对马拉松成绩更多是抱着一种顺其自然的态度,跑得快和跑得久比较起来,更乐于选择跑得久。马拉松赛事是阶段性的旅游活动,而健康的身体和心理却是所追求的持续状态。此外,马拉松赛事旅游作为一项特色化的旅游活动,也被越来越多的马拉松参与者认可,不少跑者的行为开始从"完赛"过渡到"玩赛"。对于参与经历丰富的跑者来说,完成马拉松的挑战的目标早已实现,更多的则是转向在跑步和参赛中寻找快乐,获得独特的体验和经历。在实践中,不少马拉松赛事除了在赛事周边进行旅游化的融合,在赛道和赛事本身环节也融入了更多的娱乐要素,让跑步过程更有趣、更有意义。基于以上的分析,笔者也试图对大众马拉松参与者的类型进行初步分类(如表3-10)。

表3-10 大众马拉松参与者类型及行为特征

类型		主要行为特征
专业选手	竞技型参与者	追求成绩、名次和奖励,职业型选手,系统的训练和指导等
大众选手	挑战型参与者	追求跑得快:重视成绩并追求更好成绩、训练量大、准备充分、成绩水平整体较高、比赛中较专注、在意赛事等级(赛事成绩是否纳入田协系统)等
	体验型参与者	追求跑得多:以完赛为主要目标、重视比赛过程、注重赛事周边体验、会参与赛事多个周边旅游活动、能保持常规训练、喜欢参与多样化的赛事等
	生活型参与者	追求跑得乐:把跑步当作习惯、不刻意追求成绩、参赛+旅游+娱乐、跑步状态随性、注重马拉松赛事社交、喜欢和朋友一起旅行参赛、喜欢参与个性化的赛事等

(三)日常跑步习惯与马拉松赛事体验

作为一项高强度的体育旅游项目,马拉松赛道相比其整趟旅行的空间距离并不长:很多人跨越几千公里,只为去体验那独特的42.195公里。更重要的是，完成马拉松赛事旅游项目，并非有足够的勇气就可以，更是需要长期的训练和准备，以日常的跑步锻炼行为为基础，构建出良好的身体状态和心理素质。马拉松赛事作为跑步运动的升级版，其最常见的训练方式就是跑步。长时间和足够训练量的跑步，是参与马拉松赛事的基础条件。因此，关注马拉松赛事旅游者的行为，不能仅关注赛道上的表现，对赛前的日常准备行为进行分析是非常有必要的。

通过前期的访谈，结合各类研究文献和调研数据，发现大多数人跑步最难的阶段是起步阶段，尤其是从零开始的跑者，身体和心理的调适都需要较长时间。即使是有其他运动习惯的人，在刚开始跑步运动时也会经历一个磨合期。在跑步运动初期，选手要克服身体的疲惫和不适，还要应对跑步运动的独特属性——枯燥、单调。因此更是要求选手构建起强大的内心世界，保持跑步运动的常态，并从中寻找跑步的乐趣。基于这种情况，很多跑者会积极从外部寻找更多有力的支持，如依靠伙伴和团队的力量，加入跑团，与团队一起跑步，或者寻找可以帮助和指导自己的经验丰富的跑友。有的人则喜欢用更自由的方式，在跑步中听音乐、讲座、相声等，避免陷入跑步的孤独中，或通过运动类APP和穿戴设备，量化自己的跑步数据，通过可视化的方式呈现自己跑步的状态，并以社交化方式进行分享，不断激励自己。无论采取何种方式，只要顺利完成第一阶段，养成跑步的习惯，拥有了心理自我调节和坚持的动力，离马拉松赛道和赛事旅游就不再遥远了。

结合我国马拉松赛事举办的时间分析，每年的3、4、5月和9、10、11月是赛事举办高峰期。打造安全、适宜的跑步环境和条件，是马拉松赛事旅游的重要前提。从一场具体赛事的起跑时间来看，大多数赛事是在上午7~8点之间出发，也有部分赛事是在下午或晚上举办。与此相对应，跑者的日常跑步行为中，跑步时间是一个值得关注的内容和领域。和马拉松赛事旅游一样，真正跑步的时间并不长，但为此准备和后续完善的时间并不少。以日常跑步来说，并非说跑就跑，科学的训练包含跑前热身、途中补给和休息、跑后拉伸放松等方面。因此对跑者来说，需要对跑步时间进行更加科学的控制和优化。就调查情况来说，"晨跑"和"夜跑"是日常跑步的两大主要流派，其中，"夜跑"的群体越来越壮大，并逐步形成了一种社会现象，是当前马拉松赛事参与者的重要行为之一。根据笔者在

2023年初进行的关于跑步行为的问卷调查结果，整理出跑友经常跑步时间如图3-2所示。

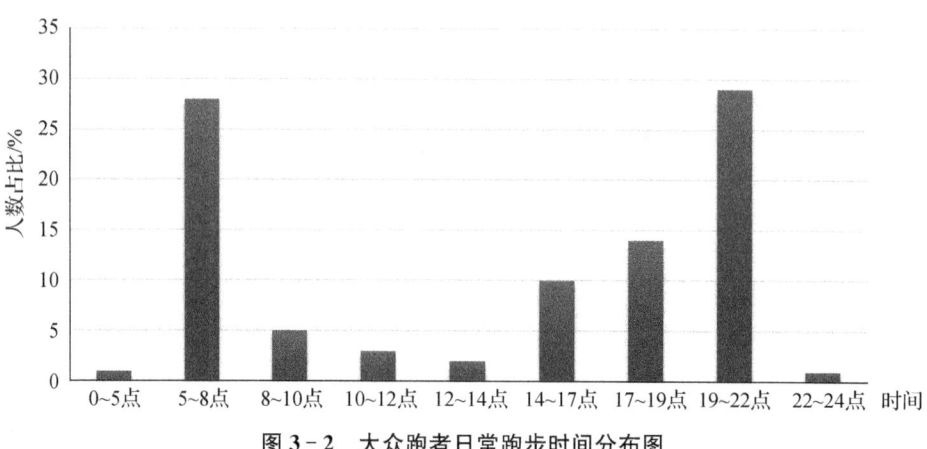

图3-2 大众跑者日常跑步时间分布图

可以看出，每天5~8点、17~19点、19~22点这三个时间段的跑步人数最多，占到总跑步人数的71%左右。需要说明的是，这个时间分析仅是对于大体状况的分析，并非完全与表格一一对应。有的人跨越了上述时间段中的两个区间，如有的跑者从4:30跑到5:30，在这种情况下，笔者依据主要的跑步时间所在区域进行分析。结合跑者的特点进一步分析，习惯晨跑的大多为中老年群体，尤其是老年群体，而且开始跑步的时间较早（在调研中涉及的跑友中，开始跑步的时间最早为凌晨4点多），且成为一种习惯。青年群体则更多选择下班后的时间，多在17~22点之间——这是跑步群体锻炼的高峰。这种夜跑行为的出现，是大众基于自身状况做出的合理选择，同时也反映了各地在打造体育友好型空间方面的成果，如城市公园、绿道、体育场馆等，为夜跑族提供了安全稳定的运动环境。

三 马拉松赛事旅游者的消费行为

（一）消费行为认知

当马拉松赛事的目光开始转向大众群体后，其赛事定位和目标也发生了相应的改变，在不影响赛事规则和体育竞技属性的基础上，大众的需求成为马拉松赛事产品开发的方向。马拉松赛在不断发展中，成为融合了体育、竞技、旅游、社交、文化等多重元素于一体的社会活动。从赛事的打造角度来说，其本质也是一种供大众体验的商品。大众参与者即消费者。关注和研究大众在马拉松赛事参与过程中的消费行为，对于推动马拉松赛事旅游产业具有重要现实价值。

随着马拉松赛事越来越多，大众参与者面临的赛事选择也越来越多，供给侧的丰富推动了需求侧品质的提升。马拉松参与者的角色和身份也出现了一些新的变化：从一开始的运动员身份发展到包含了运动员、旅游者、消费者、体验者、传播者等多重角色的综合体。在我国马拉松赛事旅游发展初期，赛事规模和数量、参与者都偏少，赛事定位也以官方体育赛事活动为主，参与者大都认为马拉松本来就是一种极限挑战，对赛事服务和周边延伸没太多期待。近年来，我国马拉松赛事越来越多，报名费不断攀升。经过对代表性赛事进行统计，全程马拉松项目的报名费一般在150~200元之间，半程马拉松项目一般在100~200元之间，越野马拉松、超级马拉松等特色型赛事报名费则更高。报名费尽管只占到赛事旅游全部消费的一小部分，但对于参与者的价格感知和消费体验有直接影响——对赛事的组织、服务和管理等有了更高的期待。当把马拉松赛事当作一种商品和服务后，大众作为消费者的属性就会更加强烈。跑者把自己当作消费者，付出了时间、精力、金钱等成本，在遵守赛事规程的框架内，理所当然要得到对应的回报和服务。这种理念对今后我国马拉松赛事的举办有持续而重大的影响，要求赛事主办方不断提升服务质量，以服务消费者的态度进行赛事活动的开发和组织。

(二) 主要消费内容

马拉松赛事旅游是一种特殊体验的体育旅游活动，大众参与其中的各类消费也是近年来颇受关注的内容。在传统意义上，跑步运动与其他运动相比是一项低成本的运动，对场地、装备、环境的要求不高。然而，当跑步和马拉松运动成为一种"跑步经济"现象时，也展示出了马拉松赛事旅游活动强大的消费市场和空间。

1. 运动穿戴类

马拉松活动作为一项体育项目，跑步类的运动装备是其核心的消费内容，在所有的穿戴和装备中，跑鞋成为最为核心的消费品，也是大众最为重视的穿戴用品。悦跑圈发布的《2021年中国跑步运动白皮书》显示，跑鞋是跑者消费的重头，83.3%的跑者一年购买了2双以上的跑鞋。根据不同场景、季节变换、赛训差异、装备升级等因素，大多数跑者同时拥有多双跑鞋，包括日常训练鞋、竞速鞋、越野跑鞋等多种类型，这也是消费升级在中国跑步人群中最典型的写照。跑者在选购跑鞋时，会考虑舒适感、缓冲性、品牌、价格四个方面。报告显示，300～900元的实际到手价，是跑者心目中跑鞋最合理的定价区间。近年来多个大型赛事中，也出现了专门对跑者跑鞋的研究和分析，也反映出供给侧和需求侧共同对跑鞋的关注度不断提升。跑步装备中，除了跑鞋，跑步的衣服、裤子、内衣、袜子等都开始迈向专业化细分领域，跑步过程中所需的帽子、收纳包、头巾、饮水设备等逐渐成为大众跑步的必备内容。跑步已经不再是说跑就跑，而是要经过科学的准备后再迈步，这反映出了大众对于跑步运动的更高追求，从运动科学的角度来说，也是安全健身的必备保障。

随着数字化的发展，科技与体育的融合加深。不用走进专业的体育测评机构，大众也可以借助智能穿戴设备提升自己的跑步体验。运动手表几乎成为跑步运动的必备设施，与相应的运动类APP交互，一方面通过可视化的方式，呈现运动过程的数据，让自己对运动过程有了更加直观的感受；另一方面，也通过各类线上平台交互运动数据，打造出基于运动体验的互联网社交模式。除此之外，线上平台也结合大众跑者的个性化差异，通过数据匹配与线上指导，开发了多样化的训练课程，指导大众科学运动、无伤跑步、提升成绩等，进一步拓展了马拉松赛事产业链条和大众马拉松参与者的消费空间。

2. 赛事参与类

马拉松赛事旅游的组织需要耗费一定的成本和资源，涉及多个区域、环节和流程，还要设置一定奖励，因此针对选手收取报名费成为通行的做法。随着赛事组织优化、物价水平的提升，马拉松赛事的报名费也不断提高，成为大众参与马拉松赛事的首要成本。然而在实践中，大众对赛事报名费的感知强度并不强烈，也很少把报名费作为是否参赛的重要依据，这是因为报名费仅仅是整个赛事旅游参与环节中的消费内容之一。通过调研发现，大众在选择马拉松赛事的时候，赛事旅游举办地和赛事品牌是重要的影响因素，参赛目标一旦确定，接下来的消费内容才是整个赛事参与环节的主体，包括前往目的地的交通消费、参赛地的酒店住宿、餐饮消费、市内交通等。

参赛地的距离直接影响交通成本。长距离中飞机、火车是常用的交通工具，消费金额也较高。近距离的地区，除了火车、汽车公共交通模式外，部分选手自驾前往，有的团队也通过集中包车出行的方式，在为大众提供方便的同时也在一定程度上节约了平均成本。酒店住宿也是马拉松参与者的一项重要成本。近年来一个值得关注的现象是，不少地区在马拉松举办期间存在酒店房价异常的情况。对于外地来的马拉松参与者来说，酒店住宿是刚需，尤其是靠近赛事起终点等位置的酒店，更是成为大众的首选。不少酒店商家深知大众的迫切需求，趁机提高价格，这无疑增加了大众赛事参与的成本，也影响到一个地区和城市的消费环境和旅游形象。

3. 旅游活动类

日益丰富的马拉松赛事为大众提供了更多的选择，"参赛＋旅行"的消费模式正在成为一种新的潮流。在选择参赛目的地的时候，当地的旅游产品和服务也成为影响大众消费决策的因素之一。除了本身参赛涉及的旅游交通、住宿等花费外，很多人在参赛之余，还会参与相关的旅游活动，如参观旅游景点、体验旅游活动、购买旅游纪念品、品尝特色美食等。一个比较突出的现象是，参与的赛事举办地距离自己的常住地越远，除了参赛之外，人们越乐意在当地花费更多时间进行旅行等一系列活动，有的选手还会更加细致地规划设计旅游活动。在一个地方参赛并旅游后，再到下一个地区旅行并参赛，这样以旅行的方式参与马拉松赛事活动，成为不少人的消费新方式。对于大众来说，管理自己健康的重要性越来越高，随着工作、生活压力越来越大，每次去不同的地方比赛，都会有跟旅游一样的新鲜感。"一人跑马，全家旅行"的模式正在成为一种备受青睐的旅游方式。夫妻跑、闺蜜跑、父子（女）跑盛行，让孤独无聊的赛事充满了家庭乐趣。瞄准这一市场，不少地区围绕马拉松赛事构建了一整套完整的商业链条。如重庆市南岸区在2023年重庆马拉松期间，举办了"重马国际消费节"，联动了重庆市174家餐饮企业、22家大中型酒店民宿、16家文旅体企业和12家主要商业综合体,构建了特色多元的消费场景矩阵。据官方统计,在为期7天的重马消费节期间,仅南岸区就接待游客69.78万人次,同比增长62.82%;过夜游客6.4万人次,同比增长58.92%;社会消费品零售总额达到6.9亿元,展示出了马拉松赛事旅游巨大的消费活力和潜力。

(三) 消费行为

1. 参赛前

与其他旅游活动相比,大众在参与马拉松赛事旅游之前要进行更多的准备和消费,赛前行为也表现出巨大的差异性。首要行为就是跑步训练。参与马拉松赛事并非一朝一夕可以实现,这种训练行为不仅需要足够的体能,还需要相当的时间作为支撑。跑步只有累积,没有奇迹。一般来说,从零起步到参与半程马拉松,大众跑者至少需要经过13周的系统训练。有的跑者为了早日实现完成半马的目标,还会选择一些训练课程和指导,进行科学跑步。有着丰富马拉松赛事经验的大众跑者,会根据自己的经验进行跑步训练。无论什么类型的跑者,坚持跑是其最基本、最重要和最核心的准备行为。在日常跑步活动中,跑者会与各类跑步装备进行适应和融合,从而选择最适合参赛期间穿戴的衣物。对于参赛目的地的选择,不同类型的跑者也有着不同的抉择行为,由附近到远方、从半马到全马是最为突出的参赛选择行为。随着参赛经历越来越丰富,跑者在选择参赛目的地时考虑的因素也越来越多,包括赛事吸引力、城市吸引力、服务水平、时间成本等各种因素。总的来说,参赛前的日常跑步训练是常态,而具体到什么地方参赛则是一种选择。

2. 参赛中

从消费行为的角度来说,"参赛中"并非从起点到终点的参赛过程,而是真正开始参与一场具体的马拉松赛事到完成比赛的过程。从马拉松赛事组织者的角度来说,一般是在比赛前3天开始发放参赛物品;从选手角度来说,从启程前往参赛地起,就进入了"参赛中"的阶段。这一阶段前期的消费行为主要包括交通出行、结伴同行、食宿安排等。顺利的行程、妥当的食宿是选手顺利参与赛事的重要保障。由于参赛当天选手都要很早起床、进餐并赶往赛事起点,因此在参赛的前一天,选手的消费行为也值得关注，既要有一定的运动量又要有足够的休息，保持最佳的状态以保证次日在赛场上的顺利。有的大型马拉松赛事举办前，会举办马拉松博览会等一系列的周边活动，也吸引了不少选手积极参与。商家在博览会上展示、宣传和销售商品，选手也可以进一步了解相关商品的知识，选购到合适的装备和纪念品等。

在参赛的核心环节，选手的行为内容相对比较单一，就是从起点跑向终点，但这种跑的行为也有着多维度的体验。由于大众的跑步速度、成绩目标和体验感受各不相同，因此在赛道上的表现也呈现多元化的特点。近年来，从观众和第三方视角来看，马拉松赛道上的奇装异服越来越多，各有特色，俨然把赛道变成了一个舞台。同样，对于参与者来说，赛道也不仅仅是一个跑道，更是一个舞台和景观带，除了沿途设置的各类补给站、医疗点外，还有很多加油的观众、文旅展示、艺术行为等。参与者通过与沿途观众互动，进一步感受到跑步之外的城市人文和赛道风景。此外，在跑步过程中，还有摄影服务供跑者选择。赛道摄影服务能真实记录选手跑步过程中的风采和状态，选手在赛后可以在相应的平台上检索预览自己的照片和视频，并通过支付购买的方式获得照片和视频的原件，为自己的参赛经历留下宝贵的回忆。

在选手顺利抵达终点后，赛事组织方提供的服务并未结束，选手还可以结合自身身体状况选择拉伸、放松等康复服务。在所有的环节和内容结束后，能比较便捷地离开赛场，离不开交通接驳等相关服务。让选手能顺利回到各自对应的地点，是赛事组织的关键收尾环节。

3. 参赛后

选手完成比赛后，通常会通过一定的方式记录和分享本次赛事的感受，微信朋友圈、微博、抖音等成为发布相关内容的主阵地。在新时代的传播格局下，大众会对马拉松赛事的服务、特色、组织以及举办城市、市民等各方面的内容进行点评，并以优缺点的方式呈现出来，进行广泛的传播。大众选手在分享参赛经历时，已经习惯对赛事进行不同维度的评价，这也会成为选手今后是否继续参与该赛事的重要评价指标之一。多样化的、大量的点评内容生成后，会形成一种对赛事整体的评价舆论和导向。因此这也是赛事组织方和旅游地需要重点关注的领域。

一边是赛后的分享和休息，一边是赛事旅游的延伸。有的跑者结合自己的时间安排，继续在赛事举办地或周边地区开展赛事之外的旅行活动——包括游览景点、参与娱乐活动、品尝美食、会见亲朋好友等。与赛前的旅行活动相比，赛后的活动更加自如和轻松。这种以马拉松赛事为基础的延伸旅游，正在成为一种趋势。不少地区也结合这种需求，针对赛事参与者提供了一系列的优惠和福利活动，如凭借号码布或其他参赛证明可以在规定时间内免费乘坐公共交通工具、免费游览景点、享受旅游活动折扣等。这种"跑马＋旅游"的活动是体旅融合背景下我国旅游业发展的重要方向，体现出了旅游业高度的融合性，也对新时代下大众旅游者行为产生了深刻的影响。

第四章

马拉松赛事旅游产品开发

第一节
马拉松赛事旅游产品开发基础理论

一 旅游产品概念界定

（一）旅游产品的内涵

由于旅游行业的高度融合性和主体的多元性，在旅游科学研究中，对旅游产品这一较为核心的概念也存在多种维度和视角的阐释。从研究进展来说，较多的是从需求侧和供给侧两个视角来对旅游产品进行定义，比较主流的是以林南枝、陶汉军为代表提出的观点：他们从旅游目的地角度出发对旅游产品进行了概念化，认为旅游产品是指旅游经营者凭借旅游吸引物、交通和设施向旅游者提供的用以满足旅游活动需要的全部服务[1]。在实践中，旅游业特征千变万化，内涵不断丰富，在对旅游产品的定义出现多维度、多视角的表达的同时，也出现了与"旅游产品"近似的概念比较研究——如"旅游商品""旅游业产品"等。曲玉镜从旅游需要、旅游购买以及旅游活动等方面分析后认为："旅游经历"不等同于"旅游业提供的产品"，旅游业提供的产品应该称为旅游业产品，而旅游者在旅游活动中创制的产品才是名副其实的旅游产品[2]。慎丽华认为，旅游产品是旅游经营者为让旅游者用货币交换而生产的实物和劳务组合，既具有使用价值——能给旅游者带来愉悦的旅游体验，又具有交换价值——旅游者必须花费一定的货币、精力和时间才能获得，所以更应该称为"旅游商品"[3]。有不少著作直接以此为名，如《旅游商品学》《旅游商品开发实务》等。

对于旅游产品、旅游商品以及旅游业产品等概念的表达，体现的是对

---

[1] 林南枝，陶汉军. 旅游经济学 [M]. 3版. 天津：南开大学出版社，2019.
[2] 曲玉镜. 旅游产品新论 [J]. 辽宁师范大学学报，2002（2）：25-27.
[3] 慎丽华. 旅游经济学导论 [M]. 北京：中国经济出版社，2002.

一个事物不同侧面的认识。本书对此不做深度研讨，而是力争从实践层面在某一个时间维度上进行尽可能全面的解读。在新时代发展背景下，旅游业呈现出一些新的特征，如近年来出现特种兵旅游、淄博烧烤、网红打卡、马拉松旅游、"村BA"等现象，已经无法单纯地用某种概念和定义去进行解释。旅游现象和行为外延的拓展，使得大众不断去思考旅游业的边界到底在哪里，或者是旅游业是否有边界——这又被称为一种难以解答的哲学之问。界定旅游产品的内涵和外延要把握住现实的可操作性、市场的认可度、可持续发展、全域系统性这几个方面。基于当前的时代背景和旅游业发展态势，笔者将旅游产品定义为：旅游产品是旅游经营者提供给旅游大众市场并引起消费者关注、获取、使用或消费的，以满足某种欲望或需要的任何事物。它包括各种有形物品、服务、区域、组织、活动、创意以及它们的组合，是一种具有商品属性的综合体验。

从旅游产品的提供者来看，旅游供给主体包括旅游目的地政府、旅游企业、旅游行业协会、旅游辅助服务商等。旅游产品供给行为更确切地说是"提供"而非"生产"。组织购买者虽然会购买旅游产品，但不是为了个人消费，而是充当旅游中间商的角色，所以旅游产品的真正购买者是"旅游者"。所有的旅游产品最终都是为了满足旅游者的需求。从这种意义上说，旅游产品呈现出多种形态，有"点""线""面"，有"静""动"，有"实""虚"，有"有形的"和"无形的"。从单项要素讲，旅游者一次旅游活动又是不同形态要素的组合，一切皆可体验的内容和事物都是旅游产品的表现形式。马拉松赛事活动更是典型的新时代的融合型旅游产品。

（二）旅游产品的特点

旅游产品作为一种以服务为主的综合性产品，无论呈现什么样的产品形态，除具一般物质产品的基本属性外，还具有独特的产品特点。

1. 综合性与融合性

旅游是一种融合了社会、经济、文化、科技等多种要素的活动，涉及人数众多，空间范围大，消费需求多元化——除了基本的吃、住、行、游、购、娱等旅游行业传统要素外，还出现了更丰富的需求空间。游客对于旅游产品的评价，也是基于一个更加宏观和整体的体验。在为旅游者提供旅游服务的主体方面，也呈现出典型的融合性：除了有直接为旅游者提供旅游服务的企业，还有大量的间接服务旅游活动的各类中间商。旅游产品的综合性也使得旅游产品开发中需树立全局观念，要密切配合与协作，处理好政府与企业之间、企业与企业之间以及企业与职工之间的利益分配关系，最终促使旅游业协调发展。"全域旅游""文旅融合"等新时代下的旅游业重要发展理念，从根本上契合了旅游产品的综合性和融合性，也是旅游产品开发的重要基础。

2. 非实物性与无形性

旅游产品的无形性表现在旅游产品的主体内容是旅游服务，只有当旅游者到达旅游目的地亲自感受到旅游服务时，才能切实体验到旅游产品的使用价值。而旅游者在选择旅游目的地时，一般见不到旅游产品的形体，旅游者心目中只有基于各种前期信息构筑的印象。进入旅游市场流通的旅游产品并不以实物形态出现，它是根据旅游生产部门所提供的各种信息来完成其交换价值的转移的。在这一转移过程中，多数旅游产品会出现使用权与所有权的分离：旅游者购买的仅仅是旅游产品的使用权，而其所有权仍停留于生产者手中。这就决定了旅游产品的生产以旅游者需求为依据，而旅游产品的消费则由于其地域限制而产生异地现象。也只有当旅游者消费时，旅游产品的价值才真正得以体现。

3. 不可转移和存储性

旅游产品是需要旅游者在旅游目的地现场消费的综合产品。旅游者在消费过程中得到的不是具体的有形的物品，而是一种感受或经历。旅游者购买任何一项旅游产品，都不是购买该旅游产品的所有权，而只是购买该旅游产品的使用权，都必须到旅游目的地去消费。旅游产品的构成特点，决定了旅游产品的不可转移性。真正转移的是旅游信息，从而吸引旅游者到目的地消费。消费者的转移代替了旅游产品的转移。

4. 生产和消费同步性

旅游产品的价值大部分是由生产者提供的即时劳务所构成，因而它决定了旅游产品的生产和消费具有同步性特征。如同商品是价值和使用价值的统一体一样，旅游产品同样是物质产品和劳务的统一体，而劳务具有一个最突出的特点——生产和消费同步性。旅游产品的这种同步性特征也决定了其自身的不可储存性。旅游产品的不可储存性最突出地表现在于它受时间和空间的双重限制。生产和消费同步性，要求旅游产品从生产到消费都和特定的时间环境关联，没有仓储和囤积的概念。任何具体的旅游产品都是建立在特定的时间和空间维度上的。

5. 敏感性与高弹性

基于旅游业的综合性，旅游业与地区产业之间存在密切的联系，旅游产品也呈现出高度的敏感性，在某些特殊的环境下甚至表现出一定的脆弱性。旅游业的敏感和脆弱来自许多方面，比如旅游资源的破坏导致吸引力下降、季节性强、淡季易失业、受自然条件和舆论影响大、受交通条件影响大等。而且与农业和工业产品不同，旅游产品的消费需要靠消费者自身流动来完成，当人的流动受到限制时，旅游业就无法开展。对于一个国家或地区而言，旅游业成为其支柱产业后，旅游业的脆弱就意味着国家或地区经济的脆弱。即使是在非特殊情况下，由于旅游产品满足于人类较高层次的需求，旅游产品也呈现出高弹性的特点，即旅游市场存在较高的需求弹性，具体表现在旅游者对旅游产品的需求强度小而且极不稳定，旅游消费受到政治、经济、文化、战争等各种因素的影响。这种高弹性的产品决定了人们的消费习惯具有较大的选择性。

(三) 旅游产品的结构

旅游产品是个整体概念，是由多种成分组合而成的混合体。基于整体观的旅游产品结构解读，是进行旅游产品开发的前提。整体观意味着任何旅游产品都是由多种要素组合而成的。旅游产品就是为了满足旅游者某种需求而精选组合起来的一组要素，这些要素包括旅游吸引物、旅游设施、线路（体验过程）以及交通、住宿等相应的服务。对旅游产品的组成认识，也存在不同学科背景和视角差别下的认识差异。如在营销学背景下对旅游产品的组成进行分析，更多的是基于产品开发，实现与市场需求的精准对接而进行的。在市场营销学中，产品是个很宽泛的概念，不仅指供顾客使用和消费的物品和劳务部分，而且包括所有能引起人们注意的产品特征，如包装、设计、特色、品牌、质量。前者是产品的核心内容，后者是产品的外部感官。

营销大师菲利普·科特勒认为旅游产品可以分为四个层次，即核心性产品（Core Product）、配置性产品（Facilitating Product）、支持性产品（Supporting Product）和扩展性产品（Augmented Product）（具体含义见表4-1）。产品的前三个层次确定了顾客可以得到的产品或服务内容，扩展性产品则确定了顾客是如何得到这些项目或服务的。

表4-1 菲利普·科特勒对旅游产品的内容划分

内容	表现
核心性产品	顾客希望满足的核心利益
配置性产品	顾客满足核心利益时所必须存在的物品或服务
支持性产品	产品或服务提供者为吸引顾客而追加的额外利益，它起到与竞争者相区别的作用
扩展性产品	可进入性、氛围、顾客与服务机构的互动、顾客与顾客之间的互动、顾客参与等

结合相关专家的研究和行业实践，笔者认为旅游产品的组成主要包括以下三个方面：一是旅游产品的核心部分。核心部分是指旅游资源及与旅游资源、旅游设施相结合的旅游服务，能满足旅游者开展旅游活动最基本的需要，是整个旅游产品的基本部分，从资源的维度说，也就是旅游活动的核心吸引力所在。二是旅游产品的形式部分。形式部分是指旅游产品的质量、特色、风格、声誉及组合方式等，是旅游产品特质向生理或心理效应转化的部分，属于旅游产品向市场提供的实体和劳务的外观和款式，如旅游地品牌形象、旅游饭店星级、旅游景区等级等。三是旅游产品的延伸部分。延伸部分是指提供给旅游者的优惠条件、付款条件及旅游产品的推销方式等，是旅游者购买旅游产品时所得到的附加利益的总和。

（四）马拉松赛事旅游产品的特征与结构

从产品角度来看，体育与旅游都包含了有形产品和无形产品。在有形产品中，体育用品与旅游纪念品存在融合，如球迷购买球衣、运动器材等作为纪念品。在无形产品中，旅游产品的综合性、无形性、生产与消费的不可分割性以及不可储存性等产品特征，与体育产品的特征具有较高的吻合性。体育与旅游,二者在产品特征上具有高度的相似,这种相似为体育和旅游相融合的产品设计提供了可能性。

根据体育运动的特点与功能,可将体育旅游产品分为情感性产品和功能性产品两大类。情感性体育旅游产品以参与者的个性化外在表现和运动项目的社会影响力为情感纽带,进行市场运作,产品形态表现为运动员的表现、赛事的知名度、赛场氛围等。功能性体育旅游产品主要以实现人们现代生活质量和运动需求等为设计基础,功能性旅游产品形态包括运动场所、体育设施和体育原生资源等。无论哪种形态的产品,都具有一定的经济效益、社会效益和文化效益,助推社会经济文化多重发展。

马拉松赛事旅游产品是体育旅游业态的重要组成部分,具有一般意义上的旅游产品的特点(表4-2)。如马拉松赛事旅游是文化、体育和旅游高度融合催生的一种产品形式,具有典型的综合性和融合性。举办一场马拉松赛,需要举办地交通、旅游、医疗、社区服务等多方面的配合和支持,还会占用很多的公共资源,体现了旅游活动的综合性。马拉松赛事旅游活动产业链整合了旅游、交通、食宿、服装、摄影、传媒等多个细分业态,它们共同支撑马拉松赛事旅游活动的顺利开展。旅游业的这种特征,也对马拉松赛事旅游举办地产生了全域和长远的影响。

表4-2 旅游产品的特点在马拉松赛事旅游中的表现

主要特点	主要表现
综合性与融合性	文、体、旅融合发展,城市、景区、生态、体育等多维度的融合,整合多种资源要素
非实物性与无形性	提供的是一段独特的跑步场景和经历,只有亲身参与才能体会
不可转移与不可存储性	参与感和现场感只有自己体会,无法转移,无法存储,别人无法代替
生产和消费同步性	在规定的时间和地点参与,进行跑步体验,只有在现场才能消费
敏感性与高弹性	特殊自然环境、社会环境等导致赛事延期、取消等,赛事报名人数攀升

二 旅游产品开发相关理论

(一) 旅游资源理论

1. 旅游资源及其开发

旅游资源是旅游产品开发的基础。在旅游产品开发的理论体系中,对旅游资源的评价、分类和认识是最为基础的一项内容。在部分实践场景中,有的直接将旅游资源等同于旅游产品,这反映了旅游资源对于旅游产品开发的重要性。实际上,旅游产品也是一个经济概念,交换是其存在的前提。旅游资源是一种具有潜在经济价值的客观资源,只有通过开发才能体现出来,从而具备通过市场交换的前提。按照国家标准《旅游资源分类、调查与评价》(GB/T 18972—2017)中的表述,旅游资源(tourism resources)是指自然界和人类社会凡能对旅游者产生吸引力,可以为旅游业开发利用,并可产生经济效益、社会效益和环境效益的各种事物和现象。依据旅游资源的性状,即现存状况、形态、特性、特征进行划分,旅游资源可分为八大类,即地文景观、水域景观、生物景观、天象与气候景观、建筑与设施、历史遗迹、旅游购品和人文活动等,并进一步细分为23个亚类、110个基本类型(表4-3)。

表4-3 我国旅游资源的分类框架体系

主类	亚类
A 地文景观	AA 自然景观综合体、AB 地质与构造形迹、AC 地表形态、AD 自然标记与自然现象
B 水域景观	BA 河系、BB 湖沼、BC 地下水、BD 冰雪地、BE 海面
C 生物景观	CA 植被景观、CB 野生动物栖息地
D 天象与气候景观	DA 天象景观、DB 天气与气候现象
E 建筑与设施	EA 人文景观综合体、EB 实用建筑与核心设施、EC 景观与小品建筑
F 历史遗迹	FA 物质类文化遗存、FB 非物质类文化遗存
G 旅游购品	GA 农业产品、GB 工业产品、GC 手工工艺品
H 人文活动	HA 人事活动记录、HB 岁时节令

除了旅游资源的评价方面，在对旅游资源配置和开发方面，也出现了多个理论研究视角。一种普遍的观点认为，旅游资源开发是一种综合性开发，要运用一定的技术手段，充分发挥人的创造性和智力资源，将存在于特定区域的各种现实和潜在的旅游资源先后有序、科学合理地组合利用和有效保护，使其能被持久永续地利用，实现经济效益、社会效益和生态效益的协调发展。只有对旅游资源进行合理规划和整合配置，才能最大限度发挥资源价值，促进旅游资源的科学合理使用和旅游产品功能最大化。

此外，共生理论是常见的旅游资源开发理论之一。共生理论最早源于生物学，不少学者将其引入社会科学领域，并提出共生的本质内涵即共同进化、适应和发展。依据该理论，在旅游资源开发中，通过给予旅游资源不同的功能定位，促进其优势互补；同时在旅游地之间通过利益共享和责任共担，实现整体利益最大化。除此之外，在旅游资源开发的研究中还有博弈理论、旅游资源非优区理论、梯度推移理论、系统理论、区域旅游发展理论、区域非均衡发展理论、区域均衡发展理论、区域联动理论、点一轴系统理论等多种理论，它们共同丰富了旅游资源和旅游产品开发的研究体系。

2. 体育旅游资源及其开发

根据不同的分类依据，可以划分出不同的类型，体育旅游资源也是如此。如按照资源的属性来分，体育旅游资源可以分为体育旅游自然资源和体育旅游社会资源；按照资源的开发程度来分，可以分为已开发的体育旅游资源和待开发的体育旅游资源；按体育旅游的特性来分，可以分为大众体育旅游资源和极限体育旅游资源。大众体育旅游资源主要包括健身、休闲、娱乐等活动，极限体育旅游资源包括探险、溯源、探秘等高难度和高强度的活动。根据《旅游资源分类、调查与评价》中的分类，涉及"体育旅游资源"基本类型的主要有 E 建筑与设施〔EAF 康体游乐休闲度假地、EBD 独立场、所（具有观赏、游览功能的文化、体育场馆等空间场所）〕、F 历史遗迹（FBF 传统体育赛事）、H 人文活动〔HBC 现代节庆（当地定期或不定期的文化、商贸、体育活动等）〕几项内容。也有相关学者在此基础上进一步细分，提出了一套更为详细的体育旅游资源分类体系，包括 2 大类、8 种主类、34 种亚类和 105 种基本类型，并对每一种类型给出了释义。此外还有两分法——将体育旅游资源分为自然体育旅游资源与人文体育旅游资源,和三分法——将体育旅游资源分为康体型体育旅游资源、观光型体育旅游资源和赛事型体育旅游资源。不同的划分方法基于不同的视角,在行业实践和发展中的具体应用场景也略有差异。如三分法是对体育旅游的产品形态进行倒推分类,比较广泛地用于体育旅游产品的开发与营销方面。对资源进行分类研究,是资源开发和产品设计的基础。在旅游学科的融合性不断加深的背景下,尤其是在旅游资源学成为旅游学科门类中的一项重要学术内容后,体育资源的理论和实践也开始受到广泛的重视,出现了体育旅游资源学的研究方向。体育旅游资源学研究从资源学的角度,研究人们的体育旅游行为和隐藏在其背后的资源载体,研究体育旅游资源发展的一般特征和规律,解释体育旅游资源的内在逻辑结构,并且借鉴文化比较学的研究方法,比较不同地域之间体育资源和文化之间的差异点和共同点,从中寻找规律。

(二)体验经济理论

1. 体验经济概述

体验经济最早提出是在阿尔文·托夫勒1970年出版的《未来的冲击》一书中。托夫勒通过预测的方式从宏观视角指出体验经济将成为未来社会经济的支柱。而真正推动体验经济理论的人物是约瑟夫·派恩二世。他在《体验经济》一书中对农业经济、制造经济、服务经济与体验经济进行了比较,认为"体验经济"是服务经济的更高层次,以创造个性化生活及商业体验而获得利润。随着体验经济的不断发展,从消费心理学、经济学、管理学等多角度与体验经济融合的研究和实践越来越深入。吉尔莫根据消费者的参与程度与环境因素将体验分为娱乐体验、教育体验、遁世体验和审美体验四种类型,这对后来的体验经济研究产生了较大影响。在当下的生活中,无论是使用手机、网上购物,还是参加聚会或开展旅行,抑或是休闲度假和参与体育赛事活动,处处都给消费者不同的感受。这种感受就是一种体验,直接影响到人们的满足程度和消费意愿——这就是体验经济使然。体验经济注重追求顾客感受性满足的程度,重视消费过程中的自我体验。经济视野下的体验,指企业以服务和商品作为舞台和道具,围绕广大消费者的需求,创造出值得消费者回忆的活动,而这个体验设计与消费的过程，就是顾客融入其中的过程。

我国关于体验经济与旅游的研究中，谢彦君较早地提出了"旅游体验"的命题，他认为"旅游体验"是旅游个体通过与外部世界取得联系从而改变其心理水平并调整其心理结构的过程[①]。这一定义侧重于旅游者自身的内容感受和心理活动过程。徐林强等认为体验旅游就是游客通过与旅游产品间的互动，获得畅快旅游体验，实现自我价值[②]。近年来，关于体验经济与旅游产品的设计、旅游资源的开发等方面的研究不断增多，如吴文智等以宏村、西递古村落为例，对旅游产品体验化的开发与创新进行了研究，提出了旅游产品体验化设计的步骤[③]。田建以沂蒙红色旅游文化为例，从体验化视角提出了主题性聚集建设模式为主、情景再现为辅的发展模式[④]。从研究的内容上看，越来越多的研究者以一个特定区域或者特定的文化背景为研究对象，从旅游体验的角度对旅游资源的开发、旅游产品的设计以及旅游营销的创新等方面进行研究；也有少数学者开始关注智慧旅游背景下的旅游体验提升，这也是今后旅游体验研究的一个重要内容。

2. 体验经济与旅游业

我国《"十四五"旅游业发展规划》提出，要顺应大众旅游多样化、个性化消费需求，创新旅游消费场景，积极培育旅游消费新模式。从消费层面看，场景不仅仅是一种产品或服务，还是一种感觉，一种情绪上、体力上、智力上甚至精神上的高品质体验。场景体验让旅游者得到高质量的满意度，是旅游业高质量发展的方向，也是解决现阶段旅游发展不平衡、不充分的路径。

(1) 旅游需求的本质是追求体验

从旅游的本质看，体验是旅游的核心属性之一。旅游需求的产生受到旅游者所处特定社会环境的激发，包括经济实力的改变、可自由支配时间

---

① 谢彦君. 旅游体验研究：一种现象学视角的探讨[D]. 大连：东北财经大学，2005.
② 徐林强，黄超超，沈振烨，等. 我国体验式旅游开发初探[J]. 经济地理，2006 (S2)：24-27.
③ 吴文智，庄志民. 体验经济时代下旅游产品的设计与创新：以古村落旅游产品体验化开发为例[J]. 旅游学刊，2003 (6)：66-70.
④ 田建. 体验经济视角下的文化旅游开发模式研究：以沂蒙红色旅游文化为例[D]. 济南：山东大学，2009.

的增加以及个人身体状况的调整等,其中任何一个要素的重大改变都会导致旅游需求的改变;而无论需求本身是何种类型和层次,它都是旅游者内心追求独特体验的外露。如城市化进行的加快,使得人们对乡村风景田园生活充满了憧憬和想象,这种生活方式对城市居民来说就是一种值得去体验的方式,旅游需求由此产生。人们基于各自的情况,会产生多种多样的体验需求,如健康疗养、体育休闲、赏花观鸟、户外探险、体育参赛等。正是因为这些生活不是消费者平时的常态,但又是一种特定环境下的需要,所以对这种体验的追求转化为了旅游动机和旅游意愿,旅游者最终通过实际的旅游活动完成了体验,在身心方面都得到了满足和升华。

(2) 旅游产品的功能是满足体验

旅游者追求体验的需求最终能否得到满足,是旅游企业所重点关注的内容。传统的旅游开发往往是就地取材,有什么就开发什么,这在传统的旅游模式下,能在一定程度上满足旅游者的需求。但随着旅游者需求的转变和体验个性化增加,旅游产品也面临转型升级。旅游产品的内容、结构、价格等多个属性都影响着旅游者的体验程度。旅游者要考虑为了追求想象中的旅游体验所付出的成本和价值,会充分计算自己付出成本后获得的最大收益——尽管这种收益不一定是以货币形式来衡量,成本也并非只有货币成本。旅游产品的评价直接的来源就是旅游者的评价,而大多数的评价都是直观的、感性的,是旅游者体验旅游产品后的真实情感流露。旅游产品是旅游业产品发展的根基,但这种根基也是建立在与旅游者的需求契合的基础之上的,这也使得旅游产品和旅游企业肩负了满足旅游者旅游体验、丰富人们情感世界乃至提升民众素质等功能。

(3) 旅游产业的使命是提升体验

当旅游体验的需求足够多,庞大的旅游市场形成,越来越多的旅游产品进入了供给市场。理想模式下需求与供给数量与结构正好契合,旅游者收获完美体验,旅游企业获得经济回报。而事实上,旅游产业的主体仅有供需双方是不够的,还需要第三方介入,为实现双方各自的利益提供保障。如旅游城市的公共服务、安全管理、法治建设等,都会影响到旅游者的旅游体验,继而影响对旅游产品的评价和形象传播。旅游业发展到一定阶段后,旅游体验的过程也被拉长——从过去的旅游过程本身延伸到旅游前的体验、旅游中的体验以及旅游后的体验三个阶段。除了旅游企业提供服务外,旅游公共服务和旅游管理能力也是极其重要的因素。比如对文明旅游的倡导和管理，从根本上说正是为了完善和提升旅游体验必须采取的措施之一。

（三）产品生命周期理论

产品生命周期（product life cycle，简称 PLC），是产品的市场寿命，即一种新产品从开始进入市场到被市场淘汰的整个过程。产品生命周期理论是由美国经济学家弗农于 1966 年提出的。他将产品看作是一种投资，并将其生命周期分为五个主要阶段：开发阶段、增长阶段、成熟阶段、衰退阶段和消亡阶段。同其他产品一样，旅游产品也有其发生、发展、衰退和消亡的过程。旅游产品的生命周期受到服务与设施因素、环境因素、自然因素、社会因素等多方面的影响，如一条旅游路线、一个旅游活动项目、一个旅游景点、一个旅游地开发大都遵循一个从无到有、由弱至强，然后衰退、消失的时间过程。研究旅游产品的生命周期，有利于旅游经营者针对不同的市场生命周期阶段采取不同的策略，针对市场需求及时更新产品，生产适销对路的产品，以便延缓衰退期的到来，延长生命周期。产品生命周期理论在实践中的运用非常广泛，如针对旅游目的地、具体的旅游景区、旅游专项产品开发、旅游产品营销等方面。如杨效忠等通过旅游地生命周期理论研究普陀山景区的发展，认为该景区已走过探索阶段、参与阶段，正处于发展阶段，成熟阶段是今后理想演进阶段[1]。杨振之认为一个旅游地的生命周期是可以进行人为控制和调整的，并通过案例比较，对如何评估旅游地所处的生命周期的阶段提出了相应的参考指标，为开发者及早发现旅游地存在的问题提供了对策[2]。张建忠等运用旅游地生命周期理论，以 1986—2010 年乔家大院旅游人次、游客增长率以及指数模拟曲线等指标系统分析了大院旅游的生命周期，认为乔家大院已经进入"衰退期"，需要进行资源整合营销，改善旅游环境，同时深挖文化因子，实行产品差异化策略，提升大院旅游地体验性[3]。此外还有不少基于生命周期

---

[1] 杨效忠，陆林，张光生等. 旅游地生命周期与旅游产品结构演变关系初步研究：以普陀山为例 [J]. 地理科学，2004 (4)：500-505.
[2] 杨振之. 试论延长旅游地生命周期的模式 [J]. 人文地理，2003 (6)：44-47+43.
[3] 张建忠，孙根年. 山西大院型民居旅游地生命周期演变及其系统提升：以乔家大院为例 [J]. 地理研究，2012，31 (11)：2104-2114.

理论的针对乡村旅游、生态旅游、体育旅游等方面的研究。近年来，随着数字文旅和传播格局的变化，网红旅游地和相应旅游产品发展迅速，也逐渐成为生命周期理论研究的重要视野。

（四）可持续发展理论

可持续发展来源于生态控制论里面的持续自生原理，后慢慢演变成了国际化的术语，在范围上包括自然、环境、社会、经济、科技、政治等多方面内容。只要与人类的生产相关就有可持续发展存在。广义上说，可持续发展就是既能满足当前人们生活的需求，又具有发展性的能力，为人类的发展起着重要的作用，不断在限制需求中满足需求，以达到平衡的过程。可持续发展与人类的生存环境密不可分，是生态与社会共同发展的需求。可持续发展是针对传统发展模式的弊端而提出的一种新的发展观，这种新发展观是为了促进人类社会更好地发展而不是限制发展。

旅游是社会可持续发展的一个组成因子，旅游资源的开发应促进区域的可持续发展。旅游资源的强度与可利用的潜力是区域旅游发展的基本动力。以资源为导向的旅游开发应在保护旅游资源的前提下进行；以市场为导向的开发要协调自然、社会环境的发展；以可持续发展理念为前提进行旅游资源的开发有利于保护旅游资源，促进旅游业的可持续发展，实现经济效益、社会效益和环境效益的共同实现。旅游业作为综合性极强的产业，经济效益波及面广，社会带动能力强，因此旅游可持续发展一直是学者们关注的重点。国内旅游可持续发展研究以宏观为主，在相关研究热点中，包含了生态文明、农村旅游、休闲旅游等关键词。从内容上看，旅游可持续发展的研究主要围绕生态环境保护展开，近年来也出现了如"循环经济""低碳旅游""低碳经济"等新方向。立足生态文明研究视角，是当前我国旅游可持续发展的重要特点，针对旅游可持续发展的相关建议也主要是从生态保护方面提出。实际上，旅游业的可持续不仅仅体现在环境与自然方面，在旅游服务、品牌建设、形象推广等方面同样具有可持续发展的需求和体现。在旅游场景和体验不断丰富多元的背景下，旅游可持续发展理念具有更广泛的应用空间。

第二节 基于 RMP 理论的马拉松赛事旅游产品分析

旅游产品的开发是相关理论与实践结合的产物。理论指引行业发展方向，而实践是最好的检验手段。在众多的旅游产品开发研究理论中，RMP 理论是以我国旅游发展环境和特点为主要依据的理论，在多个旅游产品的实践中得到了有效的检验。RMP 理论对包括马拉松赛事旅游在内的体育旅游及其他多个旅游业态的产品开发具有重要指导意义。本节以 RMP 理论为基础，结合我国马拉松赛事旅游发展情况，对马拉松赛事旅游产品开发进行探讨和分析。

一 RMP 理论概述

（一）理论内涵

RMP 分析又称昂普分析模式，是针对旅游开发中面临的问题提出的区域旅游开发理论，由我国著名的地理与旅游学者吴必虎于 1999 年提出。RMP 理论从资源（Resource）、市场（Market）和产品（Product）三个方面进行论证，即以旅游产品为中心，进行 R 性分析和 M 性分析，以此为基础进行 P 性分析，最终提出既有资源特色又能满足市场需求的产品开发和规划框架。RMP 理论是我国的本土分析模型中具有代表性的理论之一，广泛用于多个旅游产品开发的理论研究和实践中（如图 4-1）。

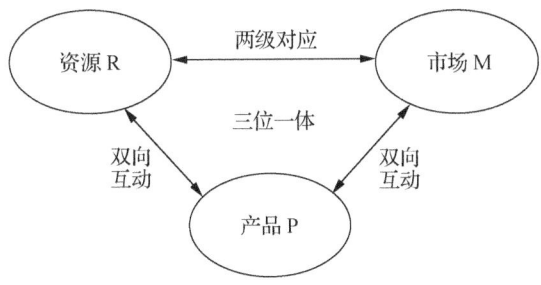

图 4-1 RMP 模型三维度内在逻辑关系图

(二) 相关研究与实践

RMP 分析模型在协调旅游地旅游资源、旅游市场、旅游产品的基础上，从科学把握这三者之间的互动关系出发，意在为游客提供更高满意度的旅游体验。旅游产品的开发，从宏观上表现为旅游目的地的开发，即将一个区域打造为一个宏观的旅游产品。据此理论，在旅游目的地开发设计过程中需要在客源市场调查分析的基础上，通过双向选择，实现旅游资源的优化配置，进而实现旅游产品的巧妙组合。高质量的旅游资源是旅游目的地开发的基础，而旅游市场又是充满变化的领域。基于此理论，将旅游资源与旅游市场进行对应性分析，进而持续增强旅游产品的吸引力，对推动旅游产品设计、创新、升级等具有现实意义。

RMP 分析模式自提出以来，受到了国内不少学者的关注，他们纷纷借助该分析模式对旅游案例地或者特定旅游业态进行实证研究。在中国知网上以"RMP"并"旅游"为主题进行检索，共有 600 余条结果；再以"博硕士学位论文"为条件进一步检索，共有 200 余条结果：这体现了该理论在我国旅游学术研究中的广泛应用性。如郑丽鑫通过对闽西客家文化旅游进行 RMP 分析，提出了闽西客家文化旅游产品开发的战略和当地发展客家文化旅游的对策措施[1]；张卫卫以 RMP 分析模式为基础，对徐州市工业旅游的资源存赋、市场构成以及产品开发进行全面分析，并由此挖掘出当地发展工业旅游的潜力[2]；刘笑天以 RMP 分析模式为理论依据，对新区海岛资源进行了重新整合和评价，对客源市场进行分类重构，针对海岛旅游的可持续性发展规划提出旅游产品和线路开发思路[3]；郑宇采用 RMP 分析模式对甘孜州山地体育旅游开发在资源、市场、产品等方面存在的问题进行了探讨，并提出相应的开发建议[4]。整体来说，RMP 理论对于分析我

---

[1] 郑丽鑫. 闽西客家文化旅游 RMP 分析研究 [D]. 福州：福建师范大学，2007.
[2] 张卫卫. 徐州老工业城市的工业旅游开发分析：基于 RMP 理论 [D]. 扬州：扬州大学，2012.
[3] 刘笑天. 基于昂谱模式的舟山群岛新区海岛旅游产品开发 [D]. 舟山：浙江海洋学院，2014.
[4] 郑宇. 基于 RMP 理论分析甘孜州山地体育旅游产品开发 [D]. 成都：成都体育学院，2017.

国旅游业发展过程中的产品开发具有一定积极意义，其研究对象也从旅游区域、旅游目的地逐步扩展到新兴旅游业态、旅游＋、文旅融合、全域旅游等方面，同样也涉及"旅游＋体育"领域，对马拉松赛事旅游同样具有指导意义。

二 马拉松赛事旅游的R（资源）分析

任何旅游产品的开发都依赖特定的旅游资源，如果没有旅游产品出现，要么是没有旅游资源作为基础，要么是旅游资源没有开发到位。尽管马拉松赛事旅游是旅游产业中的一个很小的类别，但同样具有高度的融合性和共享性，其他领域的资源会成为马拉松赛事的开发基础，马拉松赛事中的资源也会被整合和利用到其他领域，这体现了旅游资源的高度共享性。首先，需要对马拉松赛事旅游活动和日常的跑步活动加以区分。从产品开发角度来说，不同属性的活动尽管其内容上高度关联，但本质上却存在着较大的差异，由此也导致其涉及的资源基础不尽相同。如果仅仅是跑步运动，那么对场地、器材、装备等的要求比较随意，但如果上升到比赛，那么赛事成绩、竞技体验、参与挑战等会成为主要的要素。若上升到赛事旅游，跑步的空间演化为一种体育旅游的场景，赛事的成绩变成一种自我实现的过程，更多的则是对于参与过程的体验和亲身感知。跑步运动容易，但参与马拉松赛事不容易；举办竞技比赛容易，但开发群众赛事不容易。这种不容易，成了马拉松赛事旅游活动提升和进步的动力。基于对当前国内外马拉松赛事活动举办和旅游行业发展情况的分析，马拉松赛事旅游活动资源基础和内容主要包括以下几个方面。

（一）地理与自然资源

体育赛事旅游活动首先依赖特定的自然条件和地理空间，如体育场馆、运动设施、广场公园等。与其他赛事活动相比，马拉松赛事具有空间的延展性和地理条件的复杂性。马拉松赛事都是在户外举行，且不是在特定的场馆空间，而是呈线性空间。马拉松线路较长，涉及的地理资源也更加丰富，赛道空间不仅仅是一条跑道，还融合赛道及周边区域形成了一条赛事旅游带。马拉松赛事与特定地理环境和自然环境结合，从而形成了特定的赛事主题和特色。

一方面，自然环境是马拉松赛事活动举办的基础资源之一。如适宜的温度是开展马拉松赛事旅游活动的重要前提。马拉松赛事有个气温的舒适区，一般来说5~15℃是大众参加马拉松最理想的温度范围，温度太高或者太低都会对跑步者的表现产生负面影响，并增加受伤或患相关疾病的风险。在极冷的温度下跑步会导致肌肉僵硬和血流量减少，在极热的温度下跑步会导致脱水或中暑等情况。根据近年来我国马拉松赛事举办的时间来分析，大量的马拉松赛事集中在3月、4月、9月、10月这几个月份，6—8月正值夏季，举办的马拉松赛极少。也正是因为如此，在通常的炎热或寒冷季节，由于特殊的地理环境，对某些地区而言反而形成特殊的赛事资源，与大多数赛事形成时间上的差异和错位。如由于所在地特殊的地理环境，贵阳马拉松、兰州马拉松等均在6月举办；有着"中国凉都"之称的六盘水，则在7月举办马拉松，成为夏日马拉松的典型代表，也极大地促使了"中国凉都"的城市旅游形象的传播；拉萨半程马拉松在8月举办，其作为高海拔地区的特色赛事与高原风景结合打造的体育旅游活动，也吸引了不少跑者的关注和参与。

另一方面，恶劣的自然条件和地理环境形成的高难度挑战，也促使不少地区据此开发出了具有独特体验的马拉松赛事活动。如有着"北极圈马拉松"之称的格陵兰马拉松，成为世界上最冷的马拉松。赛事举办期间，格陵兰平均气温为−9℃，大部分赛程是积雪覆盖的沙砾路，小部分直接位于北极圈冰盖上。参赛者必须遵循跑道标记，否则可能跌落冰缝。与常规的马拉松赛事活动相比，这种高风险的赛事也吸引了不少跑者的参与。我国疆域辽阔，地理特征多元，层次丰富，这也为打造不同体验的赛事奠定了重要基础。在冰雪旅游不断发展的背景下，以冰雪为主题的马拉松赛事旅游活动也开始出现。如长白山冰雪马拉松赛以长白山漫长雪期的独特魅力，吸引全国各地选手以及冰雪爱好者们积极参与。基于特殊的地理资源和气候环境，我国东北三省多地举办了与冰雪景观和文化相关的马拉松赛事。这种赛事活动与冰雪旅游的形态结合，进一步拓展了冰雪旅游的体验场景。

除了气候和温度方面的自然资源差异，还有基于不同地形的马拉松赛事活动，最常见的是山地马拉松、越野马拉松等。这首先依赖于一定的山地资源。以浙江省为例，浙江省规模赛事数量多年来位居全国前列，是我国马拉松赛事举办较多的省份之一。这一方面是由于浙江省赛事旅游产业基础较好，马拉松赛事旅游市场潜力巨大；另一方面，浙江地理环境也促使了马拉松赛事活动的多样化。浙江山地和丘陵占 74.63%，平坦地占 20.32%，河流和湖泊占 5.05%，有"七山一水二分田"之说。浙北地区水网密集的冲积平原，浙东地区的沿海丘陵，浙南地区的山区，舟山市的海岛地貌……山河湖海无所不有。因此，浙江的马拉松除了常规的城市马拉松外，还有山地马拉松、越野马拉松、海滨马拉松、湖泊马拉松等多个类型。多样化的赛事不断丰富着浙江马拉松赛事旅游的格局。

（二）文化与景观资源

马拉松是一项长距离、长时间但过程比较单一的运动方式，因此跑步过程中的环境感知和心理状态对参与者有直接影响。在马拉松赛事活动中，除了赛道本身的地理和环境因素外，赛事举办地的文化和景观资源对马拉松赛也有深刻的影响。当马拉松不再是一项单纯的体育运动项目，而是被赋予了文化、旅游、社交等多重属性的社会活动后，将举办地的历史、文化、景观等要素与赛事结合，成为新时代马拉松赛事产品开发的重要手段。

国内知名的马拉松赛事，均是对当地文化和景观资源高度整合的典范。如上海马拉松的赛道经过外滩、东方明珠、上海大剧院、复兴公园、龙华寺、中共一大会址等点位；选手一边奔跑，一边感受城市的变迁和社会发展。北京马拉松以天安门为起点，强烈的民族认同带来的仪式感，为跑者注入强大的精神动力；沿途经过国家大剧院、水立方、玉渊潭公园、国家速滑馆、鸟巢等，一路人文景观层出不穷。杭州马拉松沿着风景如画的西湖、茶园和钱塘江风景区举行；厦门马拉松大部分的赛道在沿海的环岛路上，依山傍海、风景如画，厦门二十名景中的八大景点缀其间；扬州鉴真国际半程马拉松通过线路优化，打造了"唐宋元明清，从古跑到今"这一赛事文化形象。文化与景观资源为马拉松赛事持续赋能，是马拉松赛事旅游内涵提升的重要路径。

一些新举办的马拉松赛事不断总结和吸收其他地区的赛事经验和做法，尤其是在"文旅融合"的时代背景下，将地方的历史和文化通过可视化、可体验、可感知的方式融入马拉松赛事中。如 2023 年的苏州马拉松，尽管是苏州市真正意义上的第一场城市马拉松，但因为成功将苏州深厚的历史文化与赛事高度融合，首届赛事就获得了广大跑者的口碑和赞誉。苏州马拉松赛道整合城市文化和自然景观，一路有独具特色的自然人文景观相伴，沿途经过护城河、大运河、金鸡湖等重要水系，寒山寺、西园寺、平江路、东方之门等古今苏州地标，石路、狮山、苏州中心、李公堤、圆融时代广场等繁华商业区，犹如一幅古今辉映的城市"双面绣"，让跑友们全程沉浸式地奔跑在江南春色中。此外江苏省内的如金鸡湖半程马拉松、常州西太湖半程马拉松、常熟半程马拉松等，都与当地的特色自然风光整合，形成了赛事的核心吸引力。

除了常规的景观赛道设计与优化，马拉松赛事与工业旅游等领域的创新融合，打开了马拉松赛事产品开发的新视野。如2023年长城汽车智慧工厂马拉松赛，赛事地点设置在长城徐水整车制造基地，参与者跑进工厂，穿越车间，跑过厂区试验场，一边跑步一边目睹汽车自动化生产线的真容，切身感受机械臂挥舞所打造的科幻视觉冲击。这场罕见的可以零距离跑进汽车工厂的马拉松赛事，为跑者们带来更多全新的体验。从这个意义上说，马拉松赛事赛道资源的开发和利用拥有无限的空间，只要可以提升体验，具备与马拉松赛事旅游融合的基础，都可以通过赛道资源的优化，为参与者提供多样化的赛事体验和旅游经历。

（三）商业与资本资源

在大众旅游时代，基于市场需求的商业资源成为马拉松赛事的又一重要影响因素。如何盘活赛事中的各类要素，激发大众参与，整合商业资源，直接影响到一场马拉松赛事活动的水平。从实践来看，马拉松赛事旅游活动商业与资本资源主要包括赛事运营商业资源、赞助商业资源、展销商业资源、营销商业资源等，这些也是商业资本进驻的重要领域。

从严格定义来讲，赛事运营是指组织体育赛事或获取赛事版权，并进行赛事推广营销、运营管理一系列商业运作的运营活动，主要包括职业赛事运营、大众赛事运营和综合性赛事运营。赛事运营是马拉松商业与资本资源的重要基础。以往不少赛事仅仅把马拉松活动当作一场赛事去运作，过多依靠政府和公共资源——在马拉松赛事举办初期阶段，这样确实能保证赛事的基本运转。但随着赛事数量增多，竞争格局变化，参与者对服务和品质的需求也持续增加，新时代的马拉松赛事运营已经不再是一场单纯的体育活动，同时也是一场文体旅商业活动推广和营销盛会。专业的赛事运营公司不仅是赛事成功举办的基本保障，也是提升和推广马拉松赛事旅游品牌的重要动力。近年来，我国体育赛事经营公司数量不断增加，与体育赛事相关的企业也迅猛增长。截止到2023年1月，我国共有近32万家体育赛事相关企业，其中2019年和2020年注册量最多：2019年注册量为7.4万家，2020年注册量为7.8万家。

赛事与运营商形成合作格局，可以在马拉松赛事发展中融合聚力、品牌互助。高水平的赛事运营商能提升马拉松赛事的品牌价值，反之，马拉松赛事也能促进赛事运营企业核心竞争力的提升，并吸引资本市场的关注和加入。如北京卡路里科技有限公司获得腾讯投资、时代资本、高瓴资本多轮融资，江苏常奥体育管理有限公司有青枫投资、瑞源创投以及常州政府投资基金的加盟，文旅类上市公司曲江文旅也在2021年通过收购马拉松赛事运营的头部企业之一无锡汇跑加入跑步大军。随着我国马拉松产业发展的势头越来越强劲，前景越来越光明，会有更多的资本进入赛事运营和服务领域，最终通过提升服务品质惠及广大马拉松赛参与者。

对赛事来说，企业赞助是赛事举办的重要资金和物资来源，直接影响到赛事服务的质量和办赛水平。对于赞助商来说，则是希望通过与赛事合作，展示企业和产品形象——也是一次与体育旅游融合的新营销。基于马拉松赛事的强大宣传和品牌效应，众多企业积极参与到马拉松赛事中来：房地产、银行、汽车、食品饮料、保险等领域的众多知名品牌纷纷为马拉松提供赞助服务；咕咚、Keep等APP也都以跑圈为载体，进行广告推送和电商销售业务；智能手环、智能手表等硬件产品，也依托跑圈形成了商业生态。马拉松赛场也是赞助企业营销的战场，怡宝和特步是国内赞助马拉松最早、最多的两家企业。怡宝近10年来累计赞助了1 000多场马拉松比赛，标志性的小绿瓶，仅在近3年内就被志愿者递给运动员3 000多万次，品牌知名度和名誉度大幅提升。特步在马拉松及路跑赛事领域的重点投入，促使了品牌旗下鞋类和服装类营收整体提升。同样，安踏、361°等运动品牌也频频出现在各大马拉松赛事现场。

马拉松赛事的赞助商业行为，也随着赛事特点、发展情况以及地区环境等，呈现出不断变化的趋势，尤其是冠名商这类的赞助企业，与马拉松赛事的持续合作现象相对较少，然而一旦双方建立紧密的合作关系，则会构建出商业资源的新价值和新品牌。如厦门马拉松的冠名赞助商为建发集团，自2003年起作为厦门马拉松高级合作伙伴，2005年起作为总冠名赞助商，一直持续至今。建发集团将其在厦马的投入精炼为"发现坚持的力量"，企业与赛事20年不遗余力相扶相携，成为我国马拉松赛事领域企业品牌与赛事品牌共同携手发展的最佳典范，也为其他地区的赛事发展与企业合作提供了成果范例。通过对近年来各赛事情况的梳理发现，参与赞助的主体从传统品牌、房地产转变为新消费品牌和金融公司。此外，传统品牌的赞助形式多以提供物资为主，相比之下新兴消费品牌更有深度参与和资金投入的意愿。怡宝和特步的变现路径相对直接——这得益于其行业属性，但从实践来看，赞助马拉松给品牌带来的收益大多难以量化，因此赞助商在马拉松比赛前后的宣发重点都落在了马拉松赛事精神和品牌调性的关联上。比如金融机构和车企热衷于马拉松，一方面由于业者本身就属于高净值人群，有相当比例的从业者是马拉松赛事的受众；另一方面则希望能够借马拉松传播品牌影响力，建立潜在用户的品牌认知。

（四）政策与公共资源

一场马拉松的举办，除了要依托赛事组委会的能力，更多的还要依靠政策和公共资源的保障。马拉松赛的顺利进行，是举办地对交通、医疗、文旅、社区、志愿者等各项公共资源优化整合和高效利用的结果。马拉松赛事所依托的公共资源，狭义上包括政策支持、交通服务、医疗保证等基础方面。要通过当地社区支持、志愿服务、文旅配套等方面来提升赛事水平，通过政策兜底、文明提升的路径，让公共资源在马拉松赛事活动中发挥更大价值和意义。

政府在马拉松赛事活动中扮演了重要角色，如果没有政府参与，很难实现对道路、交通等硬件设施的使用和管理。在一些马拉松赛事旅游活动非常成熟的国家，很多赛事是由俱乐部、体育协会、专业公司、基金会等机构运作的，市场化程度较高，对公共资源的占用会通过商业活动进行补贴。我国马拉松赛事正处于快速发展期，市场化程度还不高，因此更需要政府的参与和政策保障，这样安全、医疗、交通方面的公共资源也更有保障。如在医疗保障方面，需要根据线路、里程、赛道特点等设置多个医疗站，并配备流动医疗车；医疗保障会在赛前与交管部门提前演练，以确保比赛中如出现意外，能第一时间让选手得到治疗。马拉松赛事举办期间会对当地的交通等状况构成一定影响，交通作为最重要的公共资源，如何处理社区居民出行与赛事交通管制之间的矛盾，考验着赛事组织方的智慧。许多举办比赛的城市都面临这样的问题。如何在比赛期间分流市民，使其合理出行，将比赛造成的不利影响降至最低？这在一定程度上考量的是城市管理的水平。

此外，赛事志愿者也是马拉松赛事中必不可少的公共资源。很多旅游城市越来越重视旅游志愿服务在城市旅游发展中的积极作用。马拉松赛事也是如此。马拉松志愿者是马拉松精神和志愿服务精神的体现与弘扬者，是赛事中不可或缺的重要角色，也是马拉松赛事顺利开展、赛事井然有序的重大保障。要根据马拉松赛事活动所涉及的流程和环节，分别招募不同类型和岗位的志愿者，保证赛事志愿服务全覆盖。马拉松赛事志愿者的来源一方面是面向社会召集，另一方面则是定向招募，如所在地的高校就是马拉松志愿者的重要来源。马拉松赛事志愿者类型多样，分布于赛前、赛中、赛后各个场景：只要是有参赛者出现的地方，就有志愿者的身影。因此志愿者服务作为赛事举办的重要公共资源之一，对赛事活动的成功举办有十分重要的影响。为了确保志愿服务的水平，志愿者都会经过培训，内容一般分为通用培训、专项培训及岗位培训。培训内容包括但不限于志愿服务的礼仪与纪律、院前急救技术、密集场所人群管理、突发情况的现场应急处理等。通过培训的志愿者将根据服务岗位和主办方要求，开展服务工作。

需要特别说明的是，志愿者的身份和角色还可以与参与者重叠，即某些人既是比赛的运动员，也是赛事志愿者，这也是马拉松赛事活动包容性的体现。如赛道上的医疗跑者，他们本身是马拉松参与者，全程在赛道上奔跑，通过醒目的衣着、服饰等标识，亮明医疗跑者身份，当周围的运动员遇到意外情况时可第一时间向其寻求帮助。马拉松赛道上还有一群人，他们按照设定好的配速，带领着有不同目标的人完成比赛，他们就是赛场上的配速员，是赛道上忠实的跑步陪伴者和带领人。志愿服务的内涵与领域远远不止于此。在2023年扬州半程马拉松的赛道上，6名视障人士也实现了完成半程马拉松的目标。他们在陪跑志愿者的带领下，一步一步完成了比赛。一人身上写着视障跑者，一人身上写着陪跑员，一根细绳将两人系在了一起。他们步调一致，动作相同，视障跑者在陪跑员的带领下，奔跑在马拉松的赛场上。视障跑团也收获了满满的爱心，一路不停有人陪跑、握手、打气，这种精神也感染了赛道内外的许多人。

（五）媒介与传播资源

马拉松赛事的成功举办，一方面要聚焦参与者需求，注重产品开发和服务提升；另一方面，作为节事旅游的重要形式之一，其活动场景的展示和形象传播同样重要。要通过相关媒体和平台，从不同视角和维度全方位展示马拉松赛事盛况，让非现场参与者可以通过相应的平台对赛事及赛事举办地有不同程度的形象感知，从而进一步促进赛事旅游和区域形象的深度传播。在当前全新的媒介传播格局下，媒介融合促使马拉松赛事旅游不断迎合趋势，整合各类媒介资源，扩大传播效应，推进赛事旅游的品牌提升。

从近年来马拉松赛事的传播来看，电视转播成为一种非常主流且极具影响力的传播方式，特别是比赛进行中，电视媒体呈现了实时的、原生态的现场画面。不同层面的电视平台产生的传播效果也不相同。2010年4月，扬州鉴真国际半程马拉松赛第一次由中央电视台体育频道全程直播，当时扬马是唯一的国际田联银标半程马拉松赛事。2012年扬马升格为金标赛事，高质量的赛事转播和媒体传播起到了重要作用。随着我国马拉松赛事数量的增加，在中央电视台亮相的城市马拉松也越来越多，有的时段还同时有两场比赛进行转播。在中央电视台这样的平台进行直播，固然要花费一定成本，但回报也非常可观——对于城市形象、赞助商品牌等都是一次高效的传播。除了国家级的电视媒体，地方卫视频道也纷纷加入赛事转播和宣传中。如旅游卫视在2017年8月经国家体育总局授权，正式成为"国家体育总局电视宣传中心"，这标志着旅游卫视向体育卫视、"体育＋旅游"定位的转型。此后几年间，旅游卫视通过调动频道各项资源，对国内多个马拉松比赛进行了多角度、全媒体范围的宣传推广，包括赛事直播、赛事专题节目、新闻报道、宣传片推介、网络视频图文推广等。与此同时，一些马拉松赛事的传播范围不断拓展，走上国际化传播道路。如无锡马拉松和拉加代尔公司进行合作，在欧洲播出无锡马拉松赛况。2018徐州国际马拉松，通过拉加代尔在15个以上线上平台和2个卫视频道直播，同时在ESPN和FOX官网同步直播，2018兰州马拉松也通过拉加代尔在欧洲多个国家和地区播出。开展国际性的传播和宣传，也是对国际田联金标赛事的一项硬指标——电视机直播必须覆盖5个以上国家和地区。外部压力与内部动力，共同促进了马拉松赛事传播资源的高度利用和开发。

在数字化时代下，互联网催生自媒体等领域发展，加上赛事数量的增加与电视媒体直播时段有限性的影响，各类网络媒体成为赛事传播和选择的又一主阵地。全新的赛事格局，促使各赛事传播逐步构建立体化传播矩阵，融合国际媒体、国内权威媒体、门户网络媒体、本地媒体、新媒体平台等；同时还以融媒体为依托，打造全新直播模式，突破常规马拉松赛事直播模式，采用"电视直播＋网络直播＋国际录播"的国际化传播模式，拓宽了境外马拉松爱好者了解和参与马拉松的途径，不断提高马拉松赛事的国际化程度。以2023淄博文昌湖环湖半程马拉松为例，依托融媒体传播手段，该赛事新闻浏览量就超过730万，抖音、微博浏览量更是超千万。在持续的传播带动下，文昌湖的旅游人数创历史新高。2023苏州马拉松举办前一天，首都媒体跑团和苏州马拉松赛事组委会还召开了一场圆桌会议，以"品牌赛事为城市发展注入新动能"为主题，讨论了如何将苏州马拉松赛事打造成为具有全国影响力的优秀赛事，如何通过"赛事＋文化＋旅游"的融合发展、互补与共享，全面展现大型马拉松赛事为城市发展注入的新动能，助力中国马拉松运动持续快速健康发展。

三 马拉松赛事旅游的M（市场）分析

基于我国经济发展的稳步增长，大众全民健身和旅游需求持续提升，体育赛事旅游供给侧不断发力，各种要素共同推动了马拉松旅游市场不断升温。前瞻产业研究院发布的《2016—2021年中国旅游行业研究及市场投资决策报告》显示，当整体旅游产业每年增长额为3%左右时，体育旅游分支的增长率达到14%，是旅游市场中增长最快的领域。与体育融合的旅游产品中，风头最劲的为马拉松赛事旅游。笔者依据市场营销理论，针对马拉松赛事旅游的市场进行分析，从最基础的市场构成要素出发，关注马拉松赛事旅游参与群体规模、消费与参与意愿以及消费的促进因素等内容。

(一) 宏观市场广阔

1. 国民经济推动

近年来，我国社会宏观经济快速发展，构筑了强大的社会发展和市场繁荣的基础，面对风高浪急的国际环境和艰巨繁重的国内改革发展稳定任务，我国有效应对内外部挑战，国民经济顶住压力持续发展，经济总量再上新台阶，人民生活持续改善，高质量发展取得新成效，经济社会大局和谐稳定。以 2022 年为例，我国经济总量达到 121 万亿元，这是继 2020 年、2021 年连续突破 100 万亿元、110 万亿元之后，再跃新台阶。从人均水平来看，2022 年我国人均 GDP 达到了 85 698 元，比上年实际增长 3%，综合国力再上新台阶。同时，以满足人民日益增长的美好生活需要为根本目的，统筹发展和安全，建设全国统一大市场工作的推进，使得我国社会整体呈现出经济运行总体稳定、产业发展基础夯实、内需总量规模继续扩大、改革创新持续深化等特点。在这样的背景下，2023 年以来，包括文旅行业在内的多个行业快速复苏，体育赛事旅游快速恢复，马拉松赛事活动举办数量和参与人数迅速回升。

2. 产业融合发展

相关数据显示，我国有超 4 亿运动人口和 400 多万体育从业人员，年均大众赛事活动超过 50 万场，这意味着包括马拉松运动在内的体育赛事旅游存在极大的潜在市场规模。马拉松背后巨大的经济效益，引得资本争相入场。2019 年，中国体育市场的融资事件共有 87 起，总额达 39 亿元人民币；2020 年，中国体育市场的融资事件共有 53 起，其中披露投融资金额的共 40 起，总额约 30 亿元人民币。根据创业邦睿兽分析数据统计，中国体育旅游游客体验以参与型（62.8%）为主、观赏型（37.2%）为辅；在参与型的体育旅游项目中，爬山、马拉松、骑行、冰雪运动、徒步等是大众参与较为广泛的活动。同时，体育旅游促进了赛事举办地餐饮、住宿、景区等行业的大发展，尤其是人员密集地区的赛事更加聚拢了众多旅游者。在一些地方性的场所，除了餐饮、住宿、交通等服务之外，直接和间接从事体育旅游产业项目的参与者和单位就多达几万家，直接参与人员达几百万人，间接从业人员达上千万人。大型赛事的举办吸引了众多的游客,给赛事举办地带来了巨大的经济效益,也使得体育旅游产业日渐发展壮大。

3. 文旅加持赋能

马拉松不仅是一场体育赛事,还是城市全方位对外展示的平台,推动着马拉松赛道向文旅市场延伸。在实践中,不少城市利用马拉松赛事,在文体旅融合方面做足文章,以期带动当地消费增长。最为常见是把赛事线路打造成为展示旅游风光的平台,如浙江岱山海岬半程马拉松围绕"海岬"卖点,对线路进行优化,打造出一条完整的海岬风光赛道,21公里的半程线路几乎串起了岱山本岛上的所有标志性景点。重庆马拉松把重庆开埠遗址公园、法国水师兵营旧址等著名历史人文景观和地标建筑囊括进比赛路线。除此之外,开展马拉松赛事活动周边产品设计和配套服务也是文旅赋能的重要体现。以浙江岱山海岬半程马拉松为例,组委会推出了"岱马之夜"活动,有乐队演出、露天电影、非遗展演、露营烧烤等,丰富了赛事的文旅体验。重庆马拉松为了让跑者充分领略美景,拉动旅游消费,在赛事期间整合各类商旅文体资源,打造全域、全行业联动的"重马国际消费节",将赛事延展成为持续半个月的"消费季"。在一些中小城市的赛事特色不够鲜明、同质化竞争的背景下,越来越多的城市立足自身特色,在文体旅融合方面下足功夫,合理规划赛道、挖掘亮点,培育自有IP赛事,让赛事变成一场丰富的文化盛宴和美好的旅游体验。

(二) 大众消费市场增长

1. 消费意愿和动力不断增强

马斯洛需求层次理论将消费者的需求由高到低分为生存消费、享受消费和发展消费三个内部存在递进关系的层次。旅游产品的消费就是一种高级需求,它是在基础需求得到满足以后,以高层次需求的满足为驱动力产生出来的社会行为,属于精神需求为主导的范畴。随着经济的发展,个人和家庭可自由支配收入的增加以及消费者受教育水平的提高,旅游休闲类的消费需求不断增加。心理学家将新时代的消费行为解读为"符号消费",意指消费者在购买一件商品的同时也为商品本身所象征和代表的价值观、生活理念买单,而特定的价值观和理念就是商品的"符号"。马拉松运动就是一种这样的符号，参加马拉松不仅是出于自身体育健身的需求，也是一种高层次的休闲和精神体验。

随着社会的发展进步和人民生活水平的不断提高，人们的旅游观念和旅游方式向体验性和参与性的方向转变，旅游形式的多样性为体育旅游产业的发展提供了新的机遇。在欧美国家，体育旅游已经广泛开展，滑雪、冲浪、登山、潜水、野营等休闲体育旅游项目获得了众多的受众。体育旅游既能够亲近自然，又能起到健身休闲的目的，因此市场巨大。通过体育旅游，人、自然和体育项目完美契合，在休闲的同时又能唤起人们对自然环境保护的重视，因此体育旅游作为有别于其他旅游形式的新型旅游活动，成了新时代旅游发展的新方向。

2023年以来，随着我国社会经济和文旅行业的快速复苏，马拉松赛事旅游活动也快速回暖，不仅活跃了体育消费市场，更为各举办城市带来了新的经济增长点，进一步释放了周边消费潜力，并带动了相关产业发展。马拉松成为各地区和行业打造消费新场景的一个重要平台，各地纷纷通过马拉松赛事挖掘文旅消费潜力，不断融入文化、科技、娱乐等元素。马拉松经济不是单一链条，而是与运动装备、智能设备、健身培训以及营养健康等诸多行业紧密联系的网状产业链，各行业均可在这张大网中找准自己的位置，准确捕捉消费点，满足大众体育及相关消费需求。在马拉松赛事促进消费方面，有很多潜力可挖。

2. 消费能力和活力不断提升

调查结果显示，来自经济发达地区的马拉松赛事旅游游客数量明显多于其他地区。良好的经济基础使得消费者对马拉松赛事旅游的认知程度较高。根据对多个OTA（Online Travel Agency，在线旅行社）的数据分析，游客选择的马拉松赛事旅游产品大多为自由行，赛事的举办时间是固定的，而其余的行程安排则是自由的，给游客行程更大灵活度。从马拉松赛事旅游产品客群来看，大多为30~50岁的中产阶级，他们注重健康养生的同时"有钱又有闲"，不仅仅把马拉松当作赛事，更愿意在赛前或赛后进行一些休闲旅游活动，感受举办地的风土人情。对旅游地来说，马拉松赛事的路线也是举办地最想推介的旅游路线，将最具地标性的建筑或知名景点囊括在比赛线路中，也是一种常见的做法。2023年，复苏的赛事也激活了众多跑者。2023无锡马拉松吸引了来自37个国家和地区的11.5万名选手报名。从报名选手的构成来看，江苏省内，苏州市民对"锡马"报以了超高热情，报名占比达23.7%，其次为南京和常州；而在省外观众中，有25.6%来自上海，是占比最多的群体，其次为浙江和广东。赛事期间，现场有超七成的外地观众提前到访无锡，在餐饮、住宿、交通、旅游、展厅销售等方面为无锡带来了较大的经济效益，带动周边产业效益1.95亿元。其中，估算产生餐饮经济效益6 960万元、住宿经济效益11 661万元、交通经济效益600万元、旅游经济效益209万元、赛事展位销售额50万元。

以2023年上海半马为例，报名人数达到78 922人，比2019年（42 692人）与2021年（34 181人）的报名人数总和更多。同日鸣枪开跑的武汉马拉松参赛名额也同样"一票难求"：共有91 157名跑者争抢9 000余个武马名额，中签率约为10%。《2021年厦门市体育产业发展状况调查报告》显示，厦马自开始举办以来，参赛人数已超72万人次，全马完赛选手超22万人次，带来的综合经济效益累积达44.9亿元。《2019年上海市体育赛事影响力评估报告》显示，2019年，上海国际马拉松赛事经济影响力超11亿元。该赛事参与规模为38 000人，带动直接消费为3.28亿元。多个实例证明，马拉松赛事旅游者的消费能力和消费活力不断提升，为马拉松赛事旅游的持续发展打下了坚实的基础。

3. 消费场景和内容不断丰富

基于马拉松赛事活动的高度融合性和消费带动性，越来越多的地区和行业通过马拉松赛事挖掘文旅消费潜力，不断融入文化、科技、娱乐等元素。从产业链条来看，马拉松赛事带动了更多人运动习惯的养成，推动了体育产品和服务消费，还激活了上下游产业市场的需求与发展，尤其是体育赛事周边及增值服务，如保险、运动饮料、能量食品、医疗救治等多个细分领域。不仅是体育项目本身，马拉松运动周边领域也日渐扩张，文旅与体育赛事结合，推动了各种奖牌、奖杯以及奖牌架、奖杯托等文创衍生品的热销。马拉松赛事跑出了一个体旅融合的大市场。另外，随着人们对情绪价值的关注，越来越多的跑者抱着旅游、观光、健身的心态参加马拉松，跑马人群成为旅游消费的"潜力股"。科技发展也不断为马拉松赛事项目赋能，与运动相关的计时设备、赛事通信指挥终端、移动定位系统以及赛事衍生的文旅数字产品，都有巨大的发展市场，为消费者带来更加前沿丰富的产品体验。马拉松赛场还是观察消费升级的一扇窗口。随着人们对美好生活、品质生活的需求持续提升，对体育旅游用品的需求已经从功能性向时尚化转变，涉及运动服饰、个性服装、智能穿戴等多个方面。

而对赛事举办地来说，马拉松日益成为各地发力打造消费新场景的一个重要平台。借马拉松赛事火爆的东风，各地纷纷发力体育旅游消费的各种新场景。有的地方通过发放体育消费券来促进体育消费，如上海2023年配送体育消费券4 000万元，武汉市预计发放体育消费券1 000万元，市民领取后可通过线上及线下核销平台用于乒乓球、羽毛球、网球等各类体育消费场景。一场大型马拉松赛事，一日比赛多日停留、一人参赛多人消费逐步成为一种趋势，最直观的就是拉动了衣、食、住、行、游、购、娱等消费需求。以2023重庆马拉松为例，当地同时推出中国马拉松大满贯第二赛季颁奖盛典和"爱尚重庆·重马消费节"系列活动，举办2023中国成渝国际体育博览会暨第五届重庆市体育产业博览会、重马"火锅马"美食节、重马路跑精英论坛等配套活动，打造了丰富多元的体育旅游消费场景。

4. 马拉松消费综合效益提升

体育消费与旅游消费具有高度的相似性，都是建立在一定经济基础上的服务型消费。从消费的方式来看，两种消费都是在特定的场景和时空下的消费者亲身参与行为。体育与旅游消费的目标群体具有一致性，可以实现相互融合转化，进而为体育与旅游的融合发展奠定坚实的市场基础。从近年来的马拉松赛事举办情况来看，马拉松消费带来的综合效益呈现持续增长态势。以2023年江苏省的部分马拉松赛事为例：南京浦口马拉松参赛选手近1万人，常州西太湖半程马拉松1.5万人报名，南京溧水半程马拉松1.2万人参赛，苏州首届城市马拉松2.5万人奔跑，扬州鉴真国际半程马拉松赛事规模2万人……2023年，江苏多地的马拉松赛事规模均在万人以上，可观的人流量拉动了各地"吃住行游购娱"全链条增长。源于比赛所产生的餐饮、住宿、购物等消费，出售赛事转播权所带来的媒体收入，以及外延出的涵盖"吃、住、行、游、购、娱"等各方面的文旅消费，拉动了数百亿元的马拉松经济。

有的地方直接把马拉松赛事打造成了与跑者面对面的消费场景。如南京浦口马拉松赛前，浦口区在旅游集散中心布局 20 个农创展位、8 个赞助商展位、8 个户外潮流展位和 5 个文创非遗展位，同时印发浦口春季旅游护照，发放近 5 万张水墨大埝、西埂莲乡、珍珠泉、老山森林公园免费门票，大大促进了浦口的文旅消费。赛事现场还设置了"老山好集啦·起跑线市集"，选手完赛后即可参与市集互动，感受浦口的老山蜂蜜、桥林茶干等特色农产品及栀咖啡等潮流美食，开启返"浦"归真的微度假体验。丰富的马拉松赛事旅游消费活动，提升了赛事之外的综合效益，展示了马拉松赛事旅游活动强大的消费带动力和影响力。

四 马拉松赛事旅游的 P（产品）分析

从旅游产品角度分析马拉松赛事旅游，也就是要关注马拉松赛事活动能带给参与者什么样的旅游体验。42.195 公里的赛道是体验空间，赛道旁的环境、氛围、景观是体验场景。而赛事活动全过程不仅包括跑步过程的几个小时，还包括赛前的准备、赛后的过程等一系列内容。下面结合旅游产品理论相关知识，根据当前我国马拉松赛事旅游活动的开展情况，通过相关实地体验和市场调研，从产品维度对我国马拉松赛事旅游进行剖析。

（一）核心产品——赛事

马拉松赛事旅游的核心产品表现为赛事参与的核心环节。从狭义上说，表现为从选手踏上赛道开始参赛到比赛结束的全过程，也就是从赛事起点到终点的过程。从广义上说，核心环节包括选手前往参赛起点、赛前准备、赛中体验到比赛结束后的完赛服务、交通接驳、赛后康复、成绩服务等一系列内容。基于大众参与者需求品质的提升，从广义的角度去理解和打造核心产品，是马拉松赛事旅游高质量发展的基础。

赛事组织是赛事核心产品质量的根本保证。在这个环节中，赛事参与者主要看中赛事的体育竞赛属性。尽管每位选手的成绩各不相同，但无论是高水平的选手还是普通的大众选手，都在一场比赛中实现了自我的突破和超越，都应该获得赛事核心产品的细心关照和良好服务。下面按照赛事组织的流程，分赛前、赛中和赛后三个阶段，从产品的角度对赛事组织进行分析和解读。

赛前的准备阶段，从时间长短维度来说，是整个赛事活动中耗费时间最长的环节。从参与者视角看，赛事报名完成就可以理解为参赛活动的开始；对于组织者来说，赛事启动的时间则更早。从准备举办一场马拉松赛事开始，首先是制定赛事基本安排，其中涉及举办时间、地点、线路、项目、奖励设置、报名办法等基本内容，在此基础上进一步完善赛事规程——这些都是影响参与者报名与否的重要因素。当赛事规程确定，就开始进入报名环节。在当前的环境下，一些品牌赛事由于前期积累的口碑和形象，在市场拓展和营销方面相对比较容易，报名人数会远超额定参赛人数，这时会采取摇号抽签的方式来决定是否报名成功。而对于更多的赛事来说，则要进入残酷的"抢人大战"，尤其是在一些赛事举办密集的日期。对于一些影响力不足的赛事来说，积极开展营销是推动报名人数增长的一项重要工作。作为赛事主办方和运营方，则需要拓展营销渠道，通过各种平台积极开展赛事宣传，提升赛事旅游的吸引力。在新时代的竞合格局下，不少马拉松赛事纷纷亮出各种手段，在赛事福利、赛事服务、赛事特色等方面争夺大众参与者的青睐和关注。

在赛事规程确定的同时，赛道的走向和沿线固有的静态景观和文旅资源也基本确定。在赛事举办期间，赛道沿线的动态式的人文活动也成为赛事产品的重要组成部分，除了观众、志愿者、市民等，不少赛事整合地方的习俗、非遗、文创、艺术等要素，打造富有特色的展示场景，同时与赛道上的跑者形成互动。如2023年扬州半程马拉松，首次对线路进行了优化调整，改变了赛事的终点，这对广大跑者来说也是一次全新的体验；此外赛事组委会拓展赛道文化空间，结合特定地标和城市文化品牌，安排了多处文体展演展示内容，包括扬州地方文化特色的杖头木偶、古筝，还有彰显全民健身成果的太极拳等；特别值得一提的是，位于鉴真广场的鉴真东渡情景表演，生动诠释了马拉松运动和鉴真东渡高度契合的"永不言败、永不言弃"精神。整合赛道特色资源，进而开发出更加丰富的赛道核心体验产品，是新时代马拉松赛事旅游产品创新的路径之一。

从选手领取参赛物品开始，赛事活动就真正开始面临参与者的实地检验。许多大型赛事参赛人数众多，选手来自全国乃至世界各地，因此领取参赛物品的时间一般为赛前3天，其中以赛前1天领物的人数最多。

如何保证领物环节流畅，避免拥堵和长时间等待，是赛事组织者必须考虑的问题。在近年举办的多场马拉松赛事中，不少经验丰富的赛事也在这个环节出现了纰漏，在应对领物高峰、天气变化等方面应对不足，带给参与者不愉快的体验。这种感受会影响大众对赛事组织的信任度和赛事的满意度。

在比赛当天，科学有序的出发秩序管理也是一项重要考验。通过近年来赛事组织的经验积累，大规模赛事一般都采取了分区起跑的方式，这样既能避免大量选手同时出发带来的拥堵和安全隐患，也能最大限度地保证每位选手有一个相对自由的跑步空间，让大众都能在自己适合的节奏里创造更好的成绩。选手跑步的过程，更多是对前期服务准备的一种检验，如补给站、医疗服务、志愿者服务、计时服务、摄影服务、裁判等。这个过程中，安全是首要关注的内容——务必做好最充分的准备。

选手通过终点后，即完成了最核心的体验——完成马拉松赛，但对于组织者来说，服务还远远没有结束。从赛道终点到服务终点，是一条漫长的道路。领完赛物品、赛后康复、营养补给、领取存包、交通服务、成绩公布，部分成绩优异的选手还可能在现场参加颁奖仪式……每一个环节都需要组织者精心安排，考虑到各种情形下可能出现的情况。选手顺利完成比赛并离场，未完赛者合理善后，赛道顺利解封，交通恢复正常，各种特殊处置到位，赛事的核心环节才基本告一段落。

一场高质量的马拉松赛事，从赛事报名、选手领物、集结出发，到冲线完赛、赛后恢复、疏散离场、应急处置等各环节，需构建起全过程的闭环管理体系，确保赛事组织运营标准化、规范化和流程化。因此，重视马拉松赛事旅游的核心产品，同时树立全域产品、全局服务的理念，对于打造马拉松赛事旅游活动至关重要。

（二）配套产品——服务

除了强化"赛"的核心属性外，对于马拉松赛事旅游而言，围绕"赛"而开展的一系列配套产品开发同样重要。尽管说作为一场体育赛事，需要保持基本的严肃性，但作为一项大众参与的体育赛事旅游活动，若缺乏相应的配套服务，则会让马拉松成为纯粹的体育赛事，与大众旅游时代下体旅融合的趋势背道而驰，也会让大众的体育赛事旅游活动成为少数人竞技比拼的专业运动会。马拉松赛事旅游的配套产品，即是指在赛事举办过程中，在核心的赛事产品之外打造的基于全面提升赛事体验的系列服务产品。

  选手与赛事真正面对面接触，一般是从赛前领物开始的。从选手到达赛事举办地到离开赛事举办地，包含了赛事准备、文旅观光、参与比赛、赛后康复等多个方面的消费环节——也是马拉松赛事旅游配套产品打造的主要阵地。以领物环节来说，除了保证领物过程本身的科学、流畅之外，还要以此为机会，进一步丰富领物场景的多样化。典型的做法是打造马拉松博览会，尤其是一些参与人数众多的大型赛事，让选手在领物之外，还能体验到体育、文旅、科技、人文等多方面的集中展示，也能在精准的服务指引下进行高效消费，实现消费者与赛事供应品牌上的亲密接触。以中国马拉松博览会为例，它目前已成为路跑产业交流、沟通、发布的重要平台，是马拉松蓬勃发展过程中关于新技术、新产品、新理念的交流和展示会。赛事举办地及相关企业通过举办马拉松博览会，以马拉松精神、赛事影响力、跑友参与度为驱使，集广告、公关、品牌、活动等营销方式于一体，在一定的时间周期内，形成持续不间断的一系列整合营销行为。马拉松博览会不仅仅是面向选手的一场盛会，也向广大市民和游客开放，不少游客通过参加马拉松博览会，在了解马拉松赛事、精神及文化的基础上，与现场的赛事氛围形成互动，这进一步扩大了马拉松赛事旅游的大众认知度和影响力。

  赛事特色的打造，不仅仅是在赛事旅游营销的推动下形成的一种路径，也是当前马拉松赛事旅游发展中产品打造的必然选择。办一场马拉松赛事不容易，要办一场有特色的马拉松赛事更难。在保证赛事基本组织和运转的基础上，还要以产品丰富化、体验特色化为突破口，吸引广大选手参与，并提升大众参与的满意度。赛事特色产品从何打造？可以从当前我国马拉松赛事的举办情况中寻求一些案例以作参考。常见的做法是将城市与赛事进行融合，城市就是最大的特色，尤其是一些旅游发展基础较好、文旅形象突出的地区，在举办马拉松赛事的时候自带流量。但这类地区毕竟较少，绝大多数赛事还是以平凡者的角色进入了马拉松产业的浪潮。在这种情况下，就更要发挥赛事特色在产品打造中的积极作用。有的赛事在补给特色上做文章。如哈尔滨马拉松在赛道上提供红肠、大列巴、马迭尔冰棍、哈啤和格瓦斯等冰城特色美食。有的则是在完赛物品上做到特色化，除了常规的饮料、食物、毛巾、完赛服等物品外，不少赛事把地方物产特色纳入完赛包，给参与者满满的收获感和幸福感。如南京六合竹镇马拉松，每位参赛皆可获得一份精美的雨花石纪念品；南京高淳马拉松完赛后送高淳大闸蟹的超值福利，让不少跑友心动不已，也因此被跑者们亲切地称为螃蟹马拉松。除此之外，奖牌的特色化也是产品特色打造的重要阵地。通常情况下，奖牌整合了地方文化、地标、历史等元素，已经成为赛事标配。如何将奖牌特色化更进一步，让自己的特色化在全域特色化中更加独特，则有无限的空间可以挖掘。当前马拉松赛事的特色化打造已经进入高度内卷的状态，要进行全面创新也并非易事，关键是赛事主办方和组织者要有持续打造产品特色的意识和动力。特色不一定面面俱到，但至少有一个亮点，让大众发现和传播，继而被大众选择。

赛事旅游全流程服务和产品，依附于赛事参与主体多维度的需求，如交通出行、住宿餐饮、文旅消费等多方面。解决参与者参赛之外的其他需求痛点，推出"无忧参赛计划"，为参与者提供一站式的服务，也逐渐成为马拉松赛事配套产品的标配。如不少赛事主办方在机场、车站等地点设置马拉松赛事领物专用接驳车，参赛者凭借报名凭证免费乘坐公共交通工具等。不少赛事整合和推出马拉松商旅套餐，包含了领物交通、酒店住宿、餐饮服务、延迟退房、文旅消费等服务，解决了参与者的后顾之忧。除了不能帮跑者跑步，其余都可以给跑者服务到位，这样可以让选手省去很多行程上的安排成本，将更多的精力用于马拉松核心体验环节。将旅游产品的开发思路深度融入赛事产品，既是马拉松赛事自身高质量发展的必然要求，也是更好满足大众对赛事旅游高品质需求的必然路径。只有切身关心参与者的利益，释放出最大的诚意和善意，给跑者带来赛事之外的多样化的产品和丰富的服务福利，才能极大地提升赛事服务质量和大众的满意度。如2022年常州西太湖半程马拉松不断提升和优化选手福利，参赛选手可凭号码布及对应身份证免费游玩武进区七大著名景区，包括淹城春秋乐园、环球动漫嬉戏谷、中华孝道园、太湖湾露营谷、雪堰龙凤谷、嬉乐湾生态园和西太湖影视产业基地，同行一人半价优惠。此举不仅关注到了赛事参与者的服务需求，还延伸到了参与者的非参赛伙伴，是马拉赛事服务领域的一次突破。对选手而言，仅门票优惠这一项，已是赛事报名费的多倍,这种超出预期的服务产品是通过文旅赋能的最好体现。另外,马拉松赛事旅游服务空间的场景的拓展,也是全域旅游理念在我国的另一种生动实践。如浙江松阳作为国家全域旅游示范区,拥有100多个完整的传统村落。当地举办的松阳田园马拉松主打旅游牌,推出"早来一天""多留一晚""再来一趟"特色福利,多个景区赛事期间对选手免费开放,还有民俗表演,举办了跑者之夜、音乐市集等活动,赛后有运动市集,包括露营体验、美食补给、体育互动、农产品展销,把体育赛事和田园特色结合起来,大大提升了赛事服务的满意度,也有效地促进了赛事形象的传播和品牌提升。

(三)衍生产品——体验

我国社会发展已经进入新时代,从供给侧到需求侧都日新月异。不断变化的大众需求和市场特点,都激励着产品供给侧不断调整和优化自身的产品开发。核心产品高质量是前提,配套产品的完善是基本。越来越多的马拉松赛事旅游活动开始在衍生产品上不断发力,逐渐形成了全新的马拉松赛事旅游产品格局。围绕赛事旅游目的地进行系统性的赛事旅游产品开发,已经成为很多旅游地优化旅游产业发展格局的普遍做法。当把马拉松赛事本身当作一次旅游来看待时,主办方对旅游产品开发的视野和思路也逐步打开。如围绕旅游纪念这一方面:选手顺利完成比赛这个过程本身就是一种最好的体验和纪念,从物态层面看,比赛服装、完赛奖牌、参赛纪念品、完赛纪念品等都是赛事旅游纪念的有效组成内容。更进一层看,赛事的纪念品开发远远不止于此。如马拉松完赛奖牌可以拍照展示和自己收藏,更多的赛事纪念品应可以与日常的工作和生活融合,如完赛服装、穿戴用品、纪念文具、生活用具等,让马拉松赛事旅游活动的印记分布在生活中的多个场景。这不仅是对赛事旅游的记忆的强化,更是对特殊旅行的分享和传递。

打造周边和衍生产品,不仅给赛事参与者以更丰富的旅游体验,也是赛事旅游组织方增加收入、提升赛事经济效益的重要手段。如北京马拉松借助强势的品牌形象,开发了跑步所需的空顶帽、头巾、腰包,以及日常所用的保温杯、签字笔、文具、魔术徽章等周边产品。江苏省内的无锡马拉松、盐城马拉松、宿迁马拉松等均为完赛者提供完赛服,进一步强化了赛事的纪念和传播属性。无锡马拉松则更进一步，向在赛事中创造个人最佳成绩的选手再赠送一件 PB 服，向广大成功挑战自己的勇士致敬，也以此来见证选手努力超越的旅程。2023 武汉马拉松推出的纪念产品就包括奖牌挂、浴巾、帆布袋、手持水壶、跑鞋收纳袋等，合作伙伴特步也携手汉马发布环保主题装备，让选手在参赛体验之外还有了更多的购物体验。

最为常见的选手号码布，也是赛事衍生产品和服务提升的空间和场景。选手佩戴上对自己有特殊意义的号码，从某种意义上说，也具有赛事旅游的仪式感。在这方面，南京马拉松和无锡马拉松都做出了积极的探索。2015 年至 2018 年连续 4 年报名且完赛"南马"全程马拉松项目的跑友，2019 年报名时免于抽签，并可申请属于自己的永久"南马"号码布，并在今后的比赛中免于抽签。这种"特殊"的待遇，是选手和赛事的双赢和互相成就。无锡马拉松在为选手分配号码的时候，除了进行分区外，还针对部分选手设置了手机号码、生日号等具体特殊的号码，并向选手发放带有本人姓名的名牌，进一步提升了选手的参与感和仪式感。

从性别维度进行市场细分，打造特色体验赛事，推出系列衍生服务，也是一种重要的产品特色打造思路。如南京浦口女子半程马拉松暨全国女子半程马拉松锦标赛，主打"女生跑步，男生服务"，几千位女性跑者感受到的是独特又贴心的参赛体验：赛道公里节点守候着"型男助威团"；冲刺时刻，家人们在专属通道第一时间分享喜悦；完赛后到休息区做按摩、敷面膜……一场马拉松居然办出了"甜蜜感"，大大提升了马拉松赛事旅游的满意度。这种人群细分、服务专属的办赛尝试，以独特的赛事体验作为产品的重要衍生内容。这种吸纳全新内涵的特色赛事将成为今后马拉松的重要组成部分。

第三节
马拉松赛事旅游产品开发路径

基于对马拉松赛事旅游的 RMP 分析，马拉松赛事旅游产品开发过程中，必须遵循相应的内在逻辑并理清产品开发的思路，这样才能找到正确的路径，从而设计开发出既符合广大旅游者需求且具有市场竞争力的马拉松赛事旅游产品。针对马拉松赛事旅游产品的开发，可以从需求侧和供给侧两个方面出发；需求侧就是要坚持市场导向，关注马拉松赛事旅游者的需求特征；供给侧就是要以旅游视角整合当地资源，以全域思维开发赛事旅游产品。具体来说，就是从理念、思路、格局和产品四个维度出发，全面构建马拉松赛事旅游产品开发策略。其中，市场是立足点，资源是依托点，文化是创意点，然后才是有市场、有特色、有体验的旅游产品和业态。

一　坚持市场第一理念

（一）面向大众

马拉松赛事作为一项专业选手与大众同时参与的赛事活动，对竞技性、挑战性、体验性的兼容是产品的重要属性。从市场化的角度来说，大众是马拉松赛事旅游的主体，只有真正树立以大众需求为出发点的理念，才能开发出适合大众需求的马拉松赛事旅游产品，获得市场的认可。基于马拉松赛事活动的特点，聚焦大众需求并不会削弱对专业选手服务水平，恰当的产品设计是可以满足每一个参与者的需求的。马拉松赛事有竞赛规则兜底，服务质量却有无限上升的空间。面向大众的马拉松市场开发，一种比较有效的方式就是"激励"，即通过多样化的手段，刺激大众的需求，在赛事福利、赛事特色、衍生服务等多个方面，引起大众的关注和参与。以赛事奖励设置为例：传统的马拉松赛事往往仅针对前几名选手进行奖励，尤其是很多赛事喜欢邀请国际高水平运动员参赛，以此来提升自身赛事的"国际性"，奖项往往都被这些特邀选手包揽。旅游大众化在马拉松赛事旅游中一样得到体现，因此要把主要激励高水平运动员的方式转变为激励大众选手，将激励个人选手和激励跑步团队相结合，如对团队报名给予优惠等。只有充分激励大众参与意愿，马拉松赛事活动和赛事旅游才具备了发展的基础。以江苏省泗洪县为例：以"奖金面广"为重要特征的泗洪马拉松，逐渐形成了"春跑湿地、秋跑稻田，一城双赛、小城大赛"的体育旅游格局，一个重要的原因就是对大众选手的激励——最多时对前300名选手进行奖励，为全国所罕见，还分年龄、地域分别排名进行奖励，在业界也形成了良好的口碑。旅游产品的开发必须以市场为导向，树立市场观念，以旅游市场需求作为旅游产品开发的出发点。随着我国国力的提升和赛事旅游水平的提高，我国的马拉松具有了国际化水准，吸引了世界各地选手主动报名。取消特邀就是面向大众的最好体现，也是赛事公平性的最好体现。对于大众选手来说，尽管大多数参与者并非冲着奖励来参与比赛，但若真能在一场比赛中有幸获奖，站在领奖台上，这种意料之外的满足和福利无疑会大大提升选手对赛事的好感度和满意度。

（二）细分市场

任何旅游产品在开发前和开发后都要注重市场的需求。在开发前，通过调查了解游客群体的差异化需求，根据不同需求打造不同类型的体育旅游产品，满足游客多元化的个性需求。在开发后，要通过各种渠道了解游客对于当前旅游产品的接受情况与感知程度，明晰产品优势与不足，为下一步产品改进提供方向。从运动属性这一维度来看，体育旅游项目的目标群体可大致分为专业运动者、大众运动者和启蒙运动者这几类。不同类型存在不同的需求，可以此作为细分依据，开发不同类型的马拉松赛事旅游活动。专业运动者的核心需求为优质的资源，但由于品质要求较高，因此黏性非常大，消费产品的频次也较高，对马拉松参与热情极高，对成绩也有强烈的动机追求；可以开发如精英赛、挑战赛、团队赛、积分赛等，增加赛事难度和挑战性。大众运动者是最容易想到体育旅游的需求者，他们既有运动的需求，也有固定出行的需求；体育旅游产品正好满足这种"以旅游的名义去运动"的心理。他们中大部分已经在某个运动中体验了一定的时间，并将以更专业的方式参与其中。启蒙运动者中很多人刚刚接触运动甚至从未接触过，这类人群想尝试，但又希望有专业的组织形式，需要通过参与转化为大众运动者。未来这部分用户将成为市场快速增长点。可设置一些迷你马拉松、趣味马拉松、接力马拉松等，逐步增加用户黏性，提升选手的参与感，不断为马拉松赛事旅游持续拓展市场空间。当前，我国的马拉松赛事普遍存在同质化现象，赛事质量参差不齐，使得一边是金牌马拉松要"抽签摇号"，另一边却是部分赛事因参与度不够而造成资源浪费。马拉松赛发展到一定阶段后，在强调赛事标准化的同时，更需要通过融合与跨界，打造特色化、个性化的赛事旅游产品，如嫁接健步、越野、漂流、轮滑等形式，吸引更多人参与；不断创新赛事形式，细分人群，以此吸引更多的跑者参与，如可以推出亲子跑、女子跑、家庭跑等创新形式，吸引更多圈层的跑者参加。

二 强化产品开发思路

（一）赛事主题

强化赛事主题、提升赛事辨识度、打造赛事特色，是在新竞争格局下马拉松赛事旅游产品开发的重要思路。主题带动赛事辨识度的提升，从而在大众心目中形成特有的心智网格。没有辨识度的比赛极易湮没在赛事旅游竞争浪潮中。鼓励赛事差异化、多样化、主体化，不仅是宏观层面对我国马拉松赛事旅游发展的指导思路，也是各赛事旅游开发主体持续进行产品创新的重要理念。赛事主办方充分了解举办地的实际情况，根据举办地特点来制定赛事计划。马拉松赛事的举办不能盲目跟风，而应充分了解举办地特点，明确自身的优势与定位。城市设计马拉松路线时，会尽可能将最具代表性、最具地方特色、最具历史文化底蕴的内容纳入其中。如武汉马拉松的"一城两江三镇四湖五桥"，扬州半程马拉松的"唐宋元明清，从古跑到今"，无不浓缩了城市的精华。如南京浦口国际女子半程马拉松在层级和女性专属服务方面下足功夫，体现出区别于其他赛事的特色，给予女性跑者独特的体验。有的地区利用自然地理资源，围绕赛道做文章，开发山地马拉松、草原马拉松、湿地马拉松、湖景马拉松等，这也成为马拉松赛寻求个性与主题的重要方式。同时也要注意避免"最美赛道"的"撞车"，避免又落入另一种同质化。因此要跳出单纯的赛事认知，从更宏观的层面来打造大赛，推出高品质的赛事，这样才能持续吸引跑者。只有丰富品牌赛事的有效供给，跑者才有持续的动力,马拉松大众市场也才会不断扩大,有效避免因为赛事特色不够鲜明带来的同质化竞争和千"马"一面的局面。通过发展特色主题赛事,打造差异化、系列化、有独特性的赛事 IP,是马拉松可持续发展的关键。

(二) 体验至上

体验为王,持续提升和丰富马拉松赛事旅游体验。旅游是一种天然的体验经济,其体验价值在于本身的特质化属性以及个性化、定制化、专享化体验特点。消费者不再仅是游览风景、享受服务,更需要一种有价值、有回味、有市场诱惑力和黏性的产品,并在旅游中留下难以忘怀的愉悦记忆。无论是持续几秒的高空蹦极,还是半分钟的高速旋转,抑或是一小时的悠闲时光,当然也包括几小时的挥汗奔跑,都统统指向了一个共同的核心——旅游体验。基于此,打造旅游场景就成为旅游体验的标配,而马拉松赛事旅游就构建出了一种全新的旅游场景。场景体验源于旅游产品本身的全要素生活化属性。由于旅游就是一种生活体验方式,因此与生活密切相关的旅游要素皆可场景化。马拉松参与者从千里之遥赶到异地去参赛,不是为了获得良好名次和奖励,而是为了感受马拉松运动的氛围和场景。马拉松赛事旅游带给参与者包括服务、竞技、环境、互动、精神等方面的体验,营造了一个多重体验的空间和场景。有的城市参与者一进入,就感受到马拉松赛事与旅游地的高度融合。如 2023 年贵阳马拉松为了让参赛选手拥有更佳的参赛体验,感受贵阳的热情、体验贵阳的周到服务,组办方积极与贵阳火车站沟通对接,设置了广州—贵阳、成都—贵阳两条马拉松高铁专列,并在专列上为参赛选手提供优质服务,为外省参赛选手提供了便利;在贵阳北站出站通道设立"贵马"服务台,为参赛选手提供交通指引和现场咨询。一般意义上的赛事服务重视参赛核心环节,延伸一下从参与者到达开始,而贵阳马拉松进一步拓展了服务的延伸空间,使选手在前往参赛地的交通工具上,已经开始被贵阳马拉松的服务热情包围。服务无止境,体验无上限。只有不断迎合消费者需求,不断持续打造新的体验场景的产品,才会被市场认可并形成具有强大影响力的品牌。

(三) 服务为本

对于体育赛事来说,基数庞大的参与者是其发展的根基,赛事的服务水平和组织水平则是留住参与者的最大原因。马拉松赛事旅游和其他旅游形式一样，始终要以参与者的需求为出发点，在旅游前、旅游中、旅游后每个阶段，都要提供周到的服务。而旅游中又包含了参赛前、参赛中、参赛后三个阶段。尤其要做好参赛中的服务，这也是核心服务所在。还要关注比赛之外的延伸服务，如提供交通、餐饮、购物、游览等方面的便利。许多赛事的服务触角不断延伸，在跑步之外还给参与者提供了不少的福利，如免费游览景点、免费乘坐公共交通、提供旅游指引、发放特色美食等，让参与者充分感受到来自马拉松旅游地的热情关怀和旅游服务。其中，依托数字化和智能化提升马拉松赛事服务质量是未来的重要趋势。赛事可以采用融合5G、AI、大数据等技术的智慧跑道，监测跑者的运动里程以及消耗的卡路里。赛后，主办方可以联合专业机构为一些缺乏经验的跑者提供专业化、个性化、定制化的跑步建议和方案。智能化的马拉松赛事不仅可以提高跑者的参赛体验，还可以为主办方提供更精准的数据支持，帮助其了解赛事参与者的需求，更好地推进赛事品牌的打造。服务保障是赛事品牌打造的重要因素之一。主办方需要提前做好准备工作，做好包括交通、住宿、安保、医疗等各方面的服务。此外，主办方还需要加强对赛事志愿者的培训和管理，确保志愿者能够为参赛者提供高质量的服务。通过提高服务保障水平，主办方可以提高参赛者的参赛体验，从而增强赛事品牌的竞争力。

三 优化赛事产品格局

（一）产品体系

在实践中，马拉松选手还可能是其他体育项目和旅游活动的参与者，一场马拉松赛事不仅仅是一场单纯的体育活动，还有可能是地方旅游节庆的重要组成部分。任何一个马拉松赛事活动在全域旅游发展的格局下，都不是单独存在的个体。从宏观和整体视角出发，构建系统性的马拉松赛事旅游产品格局，对于提升区域整体的体育旅游行业竞争力具有重要意义。马拉松赛事旅游举办地可围绕当地体育、旅游资源禀赋及产业优势，打造具有地方特色的体育旅游产品体系，促进体育产业同旅游产业融合得更加紧密。具体来说，可以从时间、空间、种类多方面综合考虑开发，根据季节、节假日、淡旺季等差异进行研发，以空间进行考量，主要根据不同区域环境、人文差异或不同区域游客的不同需求进行不同旅游产品的组合开发。以厦门为例：作为我国举办马拉松较早的城市，通过多年的发展，厦门已经形成了包含海沧半程马拉松、环东海域半程马拉松、鼓浪屿日出女子跑、新春帆船赛、摄影大赛等一系列赛事活动的产品矩阵，将原来仅有一天的赛事拓展为覆盖一年四季和厦门全市的马拉松系列活动，把一场专业路跑赛事打造成了全民参与、形式丰富的体育嘉年华。以南京为例：作为六朝古都和文化名城，南京每年的马拉松赛事都不少。以南京马拉松为代表的城市马拉松尽管办赛历史并不长，但自办赛以来备受关注，品牌度不断提升。此外，南京下辖各区域的赛事尤盛且亮点频现，关注城市特点和地域特色的趋势也更加明显，形成了城市马拉松、乡村马拉松、山地马拉松、越野马拉松等多重特色的马拉松赛事旅游活动体系，进一步助推南京"马拉松之城"的形象建设（如表 4-4）。

表 4-4 南京市马拉松赛事产品体系

赛事名称	区域	赛事特点
南京马拉松	南京主城区	省会城市马拉松，是中国田协金牌赛事和世界田联银标赛事，城市马拉松的典型代表，深受广大跑友喜爱，是具有广泛影响力的品牌马拉松赛事
浦口女子半程马拉松	浦口区	主打"甜蜜跑"特色品牌，具有全国最高级别女子半程锦标赛专业水准，路线结合浦口有山有水的资源优势，为跑者带来返"浦"归真的体验
溧水半程马拉松	溧水区	被称为又美又"虐"又甜的马拉松赛事，一步一景，独特的自然地形为溧马增添了难度，江苏为数不多的山地马拉松，以草莓为补给是其赛事特色
江宁大学城半程马拉松	江宁区	赛道兼具城市、山地风光，途经新中国第一场马拉松终点等标志性地点，赛道穿越多所高校，人文景观丰富，兼具科技与创新、青春与活力
南京仙林半程马拉松	栖霞区	途经多所公园和高等院校，凸显"大学城"特色，展示了仙林山水校林、书香校园的独特风光，赛道平缓、风景秀丽、富有活力，"生态美""人文美"是仙林半马最鲜明的标志
南京江岛半程马拉松	建邺区	路线环江岛设计，有多个网红打卡点，让跑者既能感悟长江文化，又能饱览江岛风光；规避对城市道路交通的影响，实现"交通零干扰"，同时也满足跑友日常跑步锻炼的需求

(续表)

赛事名称	区域	赛事特点
高淳马拉松	高淳区	以"曼跑慢城,闲静高淳"为主题,打造国内最长的8小时关门时间,让大众跑者在宽松的跑步环境下,与赛道沿线的历史人文有更多的互动和感受
竹镇马拉松	六合区	六合竹镇是南京市重要的生态涵养区和江北的"绿色明珠",深厚的千年人文历史、绿色生态、旖旎风光和民族风情是竹镇马拉松独特的优势,是田协认可的特色民俗赛事
春牛首马拉松	江宁区	具有"横溪西瓜'加油站'""谷里小黄瓜'接力棒'"等具有特色的补给站,沿途方山大鼓、腰鼓舞等非遗和文化展演,荣耀跑者专属号码、起终点照片展示、赛后退还报名费等多重福利,是江宁全域旅游的展示名片

注:赛事为近年来举办,未完全列举。

(二)区域联动

马拉松赛事旅游具有产业融合性和综合性的特点,需要多方协同配合,包括管理部门、营运机构、旅游行业、社会公众、公共机构、媒体平台等,共同推进。以旅游企业融合来说,通过对赛事和酒店、旅行社、旅游景区等产品的组合,提供马拉松套餐式旅游产品。另外,各地赛事之间开展合作,组建赛事联盟,也是新时代马拉松赛事旅游产品打造的重要模式。近年来,江苏、上海、浙江、安徽三省一市持续联合打造"长三角运动休闲体验季"文体结合品牌活动,长三角体育产业协作愈发紧密。在具体的赛事合作方面,如武汉与北京组建京汉联盟,品牌马拉松组建大满贯等活动,有的赛事之间还开展参赛名额直通等活动,实现赛事资源和旅游资源的互补。对于很多普通的赛事而言,也可用旅游合作的思路,开展区域赛事合作、主题赛事联盟等,打造系列赛,通过积分等方式对旅游者进行激励和奖励,提高马拉松赛事旅游的整体竞争力。借助相邻区域的赛事"组团",也能开辟一条特色路径。如创办于2010年的环太湖公路自行车赛打出品牌后,联合浙江、上海等地的环太湖马拉松系列赛应运而生,共有9个城市办赛,从上半年跑到下半年,在给跑友提供更多选择的同时,也为赛事旅游的品牌提升提供了动力。

(三) 价值融合

体育与旅游的融合，不仅体现在两个行业的融合，还表现为深层次的价值融合，共同推动国民经济和社会的发展。我国马拉松正迈入黄金时代，通过挖掘马拉松的综合效能和最大价值，可以为健康中国和小康社会不断助力。借跑步带动特色旅游产业发展，马拉松这项体育运动所投射出的发展空间非常可观。带动的日常跑步和锻炼行为，可以丰富人民的文体生活，有效拉动区域消费，同时可以形成良好口碑。马拉松的价值体现在经济、政治、文化、社会、生态文明等方面，包括"马拉松+"市场附加值、人民群众的政治信任感、"文化多样性"社会福利、协调社会资源的行政能力等，还包括人民群众的生态意识和环保观念等政府治理的综合效益。

马拉松赛事旅游构建出了一种全新的旅游休闲和运动生活场景：体育文化作为内容，旅游活动作为场景和载体。从业态融合角度来说，大大提升了旅游行业和体育行业的经济效益，拓宽了各行业的市场空间；积极有效促进旅游业与体育业由单一化向复合融合化发展，有力助推了业态的融合创新。近年来，我国体育与旅游业态融合取得了一定成就，冰雪旅游、山地户外旅游、城市马拉松赛事、徒步节事、自行车旅游、海洋和滨水运动旅游、运动休闲特色小镇等业态亮点频现。体育旅游产品是现代旅游经济活动的单元之一，是在市场经济条件的作用下，以市场为依托，以游客的体育需求为核心，向旅游者提供的有一定参与性和观赏价值的经营性体育运动项目群。体育赛事旅游发展往往以体育为核心，打通上下游产业链条，发力场景生态，特别注重文化、旅游等产业的赋能作用，大力构建体育旅游的产业品牌。

四 创新马拉松赛事旅游产品设计

(一) 丰富场景

旅游作为国民休闲重要方式之一，产品边界和视域越来越模糊——从泛旅游到大休闲已不可逆转。与大休闲相适应，场景已成为风景之外的旅游重要核心吸引物，这是经济社会发展进程、休闲市场消费诉求、旅游生活化体验属性、网络科技发展条件等诸多因素共同作用的结果。面对旅游市场的变化，旅游地时刻调整企业的特色旅游产品，以旅游产品特色化、品牌化为目标，不断丰富旅游产品呈现的场景，通过场景化、沉浸式的体验来吸引游客，这也是当前市场竞争环境下产品创新的重要举措。马拉松已不再只是一场单纯的比赛，更是一次文旅发展的盛会。从产品开发的层级来说，一级产品可理解为调性，二级产品注重体验，三级产品侧重的是温度。马拉松赛事旅游产品的打造也可以按此来理解。除了上面的对主题和体验的研究外，温度就是让大家充分感受到赛事活动带来的温情、关心和诚意。由于各种条件的影响，实践中没有真正意义上完美的马拉松赛，但从办赛的诚意和服务的精神来说，确有直达消费者内心的优质产品。以四川犍为半程马拉松为例：赛事确定了"犍马好看又好耍"的主题，在赛事周期，当地推出了古脉犍行·寻"犍"迹为景点打卡、古镇英雄会·赛事官方训练营、犍为半马嘉年华短视频、犍为半马嘉年华摄影大赛、"犍为半马主题墙"展、犍为半马"春季音乐会"等多个活动，营造出多个与马拉松赛事旅游活动有关的体验场景，拉动了马拉松赛事与群众生活的距离。这一系列赛事活动，推动了"体育＋旅游＋文化＋经济"的融合，放大了赛事的经济效益和品牌效应。

将一个人参与的赛事升华到一个家庭的旅行，让赛事充满家庭的温情。除了一人参赛、全家旅游的模式外，全家一家参赛也成为一种新的赛事旅游场景。如 2017 年中国家庭接力半程马拉松在重庆鸣枪开幕，近 2 000 组家庭、万余名参赛者分为 21 公里家庭接力跑和 5 公里家庭跑两个组别，齐聚重庆园博园，在这个集自然景观和人文景观于一体的超大型城市公园里火热开跑，在家人的陪伴下完成赛事。以家庭马拉松赛事的形式，参与者在跑步的过程中拉近了与家人的距离，让家庭之爱借由这场赛事感召更多的社会公众，共同参与塑造新型生活理念和方式。当代背负着事业压力和家庭责任的中国中产阶层承受着太多的疲惫和焦虑，比其他任何人群都急需一针调节身心的缓和剂，从而更好地权衡事业与家庭的关系，最大限度地感受生活之美。跑步和参与马拉松成了一种极具情感价值的社会活动。

（二）提升内涵

马拉松赛事旅游内涵的提升，需要在文旅融合大时代背景下推进。推进文旅深度融合是党的二十大作出的重要部署，也是文化强国战略的重要内容和中国式现代化的重要抓手。没有高度的文化自信，没有文化的繁荣兴盛，就没有中华民族的伟大复兴。"以文塑旅、以旅彰文，推进文化和旅游深度融合发展"则是"让旅游成为人们感悟中华文化、增强文化自信的过程"的必由之路。作为体育旅游的重要形式，马拉松赛事活动同样是文化传承和展示的重要阵地。在赛事旅游产品开发过程中，注重文化的融入，提升赛事内涵，成为推动赛事高质量发展的路径之一。

马拉松也成为展示城市形象和文明的重要窗口，在很大程度上，跑马就是"跑城"。42.195公里，既是马拉松比赛全程的距离，也是一段感受地方文化、城市底蕴的体验之旅。如贵阳马拉松在赛道沿途设置多个展演点，展示贵阳历史悠久的多民族文化和贵阳人民的精神风貌，为参赛选手带来全方位的文化体验。马拉松赛道变成了流动的人文风景线，贵阳之美尽收眼底。桂林马拉松赛事生动诠释了"绿水青山就是金山银山"理念，传导桂林"始终把生态保护放在第一位，坚持生态立市、绿色发展"的发展思维，通过体育赛事推动体育与文化、旅游、商贸等各领域融合发展，为桂林经济发展助力，推动桂林建设世界级旅游城市的步伐。把马拉松当成一种文化来做，兰州国际马拉松也做出了生动的实践和探索：把"一条河、一碗面、一本书"装进完赛包，让参赛者跑完马拉松，可以"带走"整个兰州。

当代的马拉松赛事被赋予了除体育之外的更多属性，融合了旅游、人文、社交、奉献、娱乐等多种元素。马拉松赛事旅游内涵提升，首先是要坚持赛事的严肃性，在组织、裁判、秩序、服务等方面都要严格遵守竞赛规程——这是马拉松赛成功举办的基础。在此基础上，可以从地方文化和赛事品牌两个方面丰富赛事的内涵，充分发挥马拉松赛事在文化传播、健康引领、人文关怀、社会公益等方面的价值。马拉松活动是一种增进友谊和团结的运动。马拉松赛事不分国界、不分民族、不分性别，是一种人人都可以参与的大众运动。在马拉松赛场上，跑者们相互鼓励、相互支持、相互竞争，共同享受跑步的乐趣和成就感。马拉松赛事也是一种跨地域、跨文化、跨领域的交流合作平台，可以促进各地区、各民族、各行业之间的沟通和理解，增进友谊和团结。

（三）塑造品牌

由于能快速聚集人气，马拉松赛事于各地而言不仅仅是展示城市形象的"体育名片"，也是推动地区文旅消费的有力抓手。作为一项特色鲜明的体育旅游产品，扩大马拉松赛事品牌辐射力和影响力，对于推动马拉松赛事旅游持续高质量发展具有重要意义。在各地马拉松绝招频出、服务高度内卷的背景下，马拉松赛事该如何突出重围？打造出独特的赛事品牌才能持续吸引跑者。国内较有影响力的北京马拉松、上海马拉松都是根据实际情况，经过长时间的调整磨合来积累口碑，逐渐扩大办赛规模，渐渐形成城市马拉松的品牌赛事。

美国体育旅游的品牌化能给我国马拉松赛事品牌发展一些启示。美国体育赛事注重品牌化的打造以及品牌的辐射效应，除了四大职业联赛，美国业余体育旅游的参与人群广泛，也打造出了多个知名品牌，常见的业余体育赛事有马拉松赛事、大学体育赛事等。纽约马拉松、芝加哥马拉松、波士顿马拉松都是世界知名的品牌马拉松赛事，每年都能吸引大量游客参与和观看。

马拉松赛事的品牌构建，不是单独由体育赛事属性支撑的，而是与城市形象、赞助商品牌、文旅发展等要素高度整合，形成综合性的马拉松赛事品牌支撑系统。以无锡为例：无锡马拉松之所以成为近年来口碑最佳的赛事之一，与无锡这座城市的发展、市民支持、社会力量以及赞助商、运营商共同的努力密不可分。2023年无锡马拉松成功获得了中国田径协会全国马拉松锦标赛、布达佩斯世锦赛选拔赛、杭州亚运会选拔赛和大运河马拉松系列赛的承办权，实现了五赛合一，成为当年国内整体等级最高的马拉松赛事。无锡马拉松还推出了锡马赛中赛等与企业品牌高度融合的活动，组织了李宁队、光大阳光队、京东运动队、怡宝队等多只企业战队，让马拉松文化与企业品牌文化更深度、更多元地融合，趣味升级、标准升级、权益升级、战况升级，这是无锡马拉松与品牌之间又一次共同奔跑的探索，共同推动了无锡马拉松的品牌迈上更高水平。马拉松的品牌价值还可以进行衍生，如品牌赛事的主办方可以通过赛事品牌授权、产品销售等多种方式，增加赛事品牌的收益来源，实现可持续的经营模式。

（四）持续创新

在打造好的体育赛事旅游产品的过程中，创意、创新和创造尤为重要。在严格遵守赛事规则的基础上，在服务、设计、沟通、营销等多方面进行创新，给大众参与者以全新的感受和体验，打造惊喜式的满意服务。我国幅员辽阔，各地的气候、地理、交通情况各不相同，这也为马拉松赛事旅游进行特色化的创新奠定了重要基础。如北京的密云生态马拉松结合密云生态资源和旅游优势，赛事期间选手可以享受一系列旅游优惠，并结合户外资源，别出心裁地推出欢乐早餐跑、趣味障碍赛和挑战赛，让更多人参与比赛。赛事的创新不仅对于品牌赛事非常重要，对于众多的中小型马拉松赛事，更是在夹缝中实现突围的重要手段。赛事组委会和运营方能够结合优势，"脑洞大开"，打造"小而精""小而美"的赛事，不仅凸显特色，还可积累口碑。在马拉松营销环节，以旅游产品营销的思路，进行差异化市场开发，如针对远距离的参与者，让其免费参赛；针对特殊生辰、属相、姓氏等群体，进行创意式的差异营销，增加社交话题传播，实现马拉松赛事旅游的多维度形象展示。

创新不仅是技术和设计层面的事，其实坚守初心也是一种创新，尤其将服务做到极致，将诚意最大程度展示，这是一种直达人心的力量。如稷山马拉松在众多的赛事中算不上知名赛事，但该赛事的用心组织和服务，却给广大参与者留下了极其深刻的印象。赛道充满着浓郁地方特色：有汾河两岸的自然风光，有麦穗成型的整片庄稼，有望不到头的片片枣林……稷山马只是场县城小型马拉松，但赛事组织规范有序，赛事流程顺畅，完赛物品包含了"稷山四宝"（麻花、饼子、枣和鸡蛋）和冰棍等。此外，赛事举办期间，县城的电子屏循环播放着关于马拉松的内容。赛前领物时，参赛包有美术作品，标题是"魅力稷山欢迎您"，每位选手的画都不相同。这些画作来自当地的小学生们，他们纷纷挥毫泼墨，为参赛者绘制了一幅幅美妙的画作。这个举措可谓是赛事服务和形象的微创新，也是极具社会意义的创举。参与马拉松，不一定要去现场跑，如部分马拉松赛事面向社会公开征集赛道标语，热爱创意设计、具有一定创作能力和经验的单位和个人均可报名参与。这在吸引公众关注的同时，也可以提升参与度，鼓励更多人参与到比赛中来。比赛平台亮相的标语，也是展示文化内涵、宣传城市形象的有效载体。

创新永无止境，只有不断加强产品和服务创新，才能推动马拉松赛事旅游产业高质量发展。

第五章

节事旅游视角下的
马拉松赛事组织与管理

第一节
节事与马拉松赛事旅游

马拉松赛事旅游活动与其他旅游活动相比，除了具备一般旅游活动的特征外，更具有强烈的节事旅游属性：既是一场体育盛会，也是一次盛大节日。作为当代旅游业重要的组成部分，节事旅游活动一直是旅游理论和旅游实践中关注的重要内容。马拉松赛事旅游的发展，进一步丰富了节事旅游活动的内涵，对于推动"旅游+"和"+旅游"的深入发展具有重要意义，促进大众旅游和全民健身时代步入历史的新阶段。从节事旅游视角出发，分析马拉松赛事的组织管理——涉及赛事的策划、组织、实施、评价等一系列管理活动，是马拉松赛事旅游活动高质量发展的必然选择和必经路径。

一 节事旅游

（一）节事旅游的内涵

节事就是以各种节日、盛事的庆祝和举办为核心吸引力的一种旅游形式。从参与者角度来说，节事旅游是指非定居者出于参加节庆和特殊事件的目的而引发的旅游活动。与"节事"相关的近义词包括"事件""节庆""会展"等，无论哪种称呼，都与旅游密切关联。在西方事件及事件旅游的研究中，常把节庆（festival）和特殊事件（special event）合在一起，作为一个整体进行探讨，英文简称为 FSE（festival & special event），即"节日和特殊事件"，简称"节事"。节事本质上是一种约定俗成的群体文化活动。传统节庆多为纪念、庆贺、祭祀活动，追求的是心理寄托和情绪调节，属于精神文化层面，主体对象也以本地居民为主。随着文化经济的兴起，人们开始探索以文化为媒，将节庆与经济活动合为一体，推出了一批新式节庆，使节庆贯穿了精神与物质两个层面，拥有了文化与经济双重属性，具有了鲜明的时代特征，被称作"现代节事"。作为一种社会文化现象，节事表达大众的情绪、传递感情、交流信息，彰显着人们对信仰的追求和对生命的礼赞，这也形成了节事旅游活动发展的重要社会基础。狭义的节事指节日庆典，既具有"节日"的内涵，又有"庆典"的含义，是节日和庆典融合的产物。当节事与旅游耦合后，节事本身也在组织上打破了地域界限，在主体对象上也不再局限于本地居民，更倾向于吸引外地人参与，直接效应是游客的增多、旅游收入的增加，因此又称这类节事为旅游节事，以此为核心开展的旅游活动即是节事旅游。

(二) 节事旅游研究概述

节事旅游是指依托某一项或某一系列的旅游资源，通过开展丰富的、开放性强和参与性强的各项活动，以吸引大量受众参与为基本原则，以活动带动一系列旅游消费，进而带动地方经济增长为最终目的所在活动的总和。加拿大学者唐纳德·盖茨（D. Getz）将事件定义为短期发生的一系列活动项目的总称以及发生时间内环境（设施）管理和人员的独特组合。事先经过策划的事件包括文化庆典、文艺娱乐事件、商贸及会展、体育赛事、休闲事件、科教事件、政治/政府事件、私人事件八大类。此外还有对节事旅游外延进行高度拓展的研究，如 MICE［由 meeting（会议）、incentive（奖励旅游）、conference（大型企业会议）、exhibition（活动展览）的第一个字母大写组成，也是会展的英文缩写］，从字面意义上可以解释成会议和展览，但由于在举办会展的过程中涉及其他活动，因此范围就扩大到奖励旅游及节事活动。

我国关于节庆旅游的研究较为丰富，马聪玲提出节庆是具有周期性的、有主题的公众庆典活动，是人们在日常生活延续的基础上，追求物质之外的情感与精神信仰需求的一种重要手段[1]。在理论研究方面，我国许多学者对节事旅游的内涵、价值、类型等进行了梳理，并结合不同阶段的情况分析主要存在的问题和原因，在此基础上提出相应对策。和其他学科的研究一样，节事旅游的理论也包括一系列相互关联的概念，并形成了一套相对独立的完整的理论体系，这一体系包括以下一些基本的概念。蒋三

---

[1] 马聪玲. 事件旅游：研究进展与中国实践［J］. 桂林旅游高等专科学校学报，2005（1）：75-79.

庚在其《旅游策划》一书中指出，节事旅游是指具有特定主题、规模不一、在特定时间和特定区域内定期或不定期举办的、能吸引区域内外大量游客参与的集会活动[①]。对旅游者来说，节事旅游是一种让游客参与体验地域文化、认知社会特点、感受娱乐真谛的机会，也是一种公共的、具有明确主题和娱乐内涵的活动。戴光全认为狭义的节事活动包括各种传统的节日及新时期创办的现代节日，广义的节事活动包括节日及特殊事件[②]。节事活动类型有体育活动、某些社团活动、节日庆典、文化娱乐活动等。在学术界，有相当一部分学者认为节事活动旅游是专指以某种节日庆典或习俗为主要旅游目的的旅游活动，如赵睿认为节事旅游是能对旅游者产生吸引力并可开发成旅游产品的节庆活动的总和[③]。国外旅游节事活动的研究起步较早，且很少单独研究节事——国外一般把节日和特殊事件放在一起称为节事。笔者认为节事旅游活动是某一地区依据当地的文化传统、礼仪习俗举办的仪式或是专门举办的具一定吸引力和参与性的主题性活动，目的是依托当地特色的文化或是活动本身强大的号召力以吸引外来人员参与活动以达到旅游目的的旅游活动。

（三）节事旅游的行业实践

从概念来看，在国外，美国玫瑰花节、西班牙奔牛节、意大利狂欢节、慕尼黑啤酒节等都是举世瞩目的旅游节事。每至节事举办时，节事举办城市便是人山人海，热闹非凡。围绕节事活动，依托旅游行业的高度黏性的特点，节事旅游的实践比理论更具有现实意义。节事的概念并不重要，关键在于通过节事这一事由，引发和带动一系列有关的旅游、交往、互动的经济和社会活动。早在19世纪中叶，托马斯·库克（T. Cook）即以组织人们参加伦敦和巴黎展览的活动而闻名，并被尊为"现代旅游业的鼻祖"。旅游节事既是向旅游者提供的综合性旅游产品，也是旅游促销的手段。如今，我国许多旅游目的地都注意到了对旅游节事有关功能的利用。

[①] 蒋三庚. 旅游策划[M]. 北京：首都经济贸易大学出版社，2002.
[②] 戴光全. 中国节事旅游：发展·问题·展望[J]. 旅游规划与设计，2011（2）：6-14.
[③] 赵睿. 他山之石：上海'99旅游节成功之道分析[J]. 江苏商论，2001（9）：41-42.

第五章 节事旅游视角下的马拉松赛事组织与管理

由于我国旅游资源丰富，很多旅游活动与特定的节日活动密切相关，并与地方文化、地理、民俗等多方面相融合，形成了以节日为依托的一系列的旅游活动，其中也包括体育类的赛事旅游活动。因此我国对于节事旅游的研究和实践起步较早，可以说当代的旅游活动就是伴随着特定的节日而发展的。我国的节事活动大多是在改革开放以后兴起的，随着社会经济和居民消费水平的提高，人们逐渐意识到文化的潜在市场价值。在此背景之下，人们提出了"文化搭台，经贸唱戏"的招商引资思路，于是各地以政府为主导纷纷创办了许多节事活动，例如1983年河南洛阳的牡丹花会、1984年山东潍坊的风筝节、1989年大连举办的服装节、1989年山东举办的孔子文化节等。进入21世纪之后，市场经济更为活跃，我国的节事活动向纵深方向发展，2008年北京夏季奥运会、2010年上海世博会、2010年广州亚运会、2023年成都大运会、2023杭州亚运会等的成功举办便是有力的印证。

旅游节事作为节事活动的一个组成部分，在中国社会经济发展过程中，尤其是旅游业发展过程中，具有重要意义。在众多的节事旅游发展实践中，有一种直奔主题的"旅游节"，并随之衍生为如"文化旅游节""乡村旅游节""森林旅游节""体育旅游节"等多种形态。很多旅游地较早地开始创设当地的旅游节事活动，逐步形成特色品牌，把节事旅游上升到节庆旅游，从时间和空间双重维度扩大了节事旅游的范围。据统计，目前全国各类旅游节事活动达到5 000余个，规模大小不一，举办形式多样。打造了一批综合效益高、影响力大的地方标志性节事，如青岛啤酒节、吴桥国际杂技艺术节、潍坊风筝节、洛阳牡丹节、大连服装节等，这些节事在促进当地旅游业发展、扩大经济文化交通、提高地区知名度等方面起到了巨大的推动作用。节事庆典已经成为旅游地规划和管理中异常活跃的一个事物。

本章所要关注的是节事中的体育节事这一类型，以及由此所引起的体育节事旅游。对体育节事旅游的界定为：非定居者出于参观或参与体育节事为目的的旅行和逗留而引起的现象和关系的总和。依据不同的分类标准，体育节事旅游的类别有所不同。根据内容的不同，将体育节事旅游划分为体育节庆旅游、体育赛事旅游和体育会展旅游。马拉松本身是一种赛事，同时又具有节事的属性，同时与旅游高度融合，具有赛事、节事和旅游三重属性，因此是一项典型的体育节事旅游的表现形式（图5-1）。

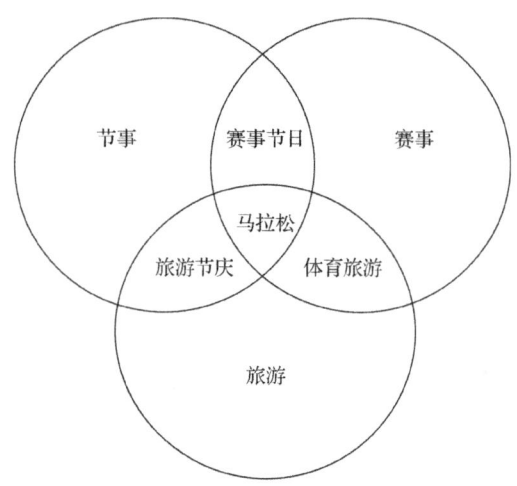

图 5-1　马拉松赛事旅游的三重属性

二　节事旅游活动的类型

（一）传统节日类

传统节庆类，主要是以传统民俗活动为吸引内容的旅游事件，如中秋节、春节、元宵节、各种宗教节日和庆典活动等。传统节日主要追溯传统的历史文化，弘扬中华民族优秀传统，反映地区独特的文化及习俗，如端午节的划龙舟、元宵节的赏花灯、中秋节的祭月赏月等。这些节庆活动主要是民间自行组织完成，大部分活动传承约定俗成的组织模式和活动内容，具有松散、喜庆、和谐、文化、神秘等特征。还有很多少数民族独特的节庆活动，如傣族的泼水节、壮族的三月三歌会等。纪念性的节日主要是纪念发生的历史重大事件的节日，如国庆节、劳动节、儿童节、妇女节等。

随着社会经济的不断发展，节庆活动与旅游、购物、展览等活动的结合越来越密切，带动性越来越强，因此节事组织者也会主动寻求和旅游行业的融合，主题活动内容也越来越丰富。节事组织者充分挖掘地方特殊文化遗产、优势产业等资源，通过有效的策划、组织、宣传等手段，吸引社会大众参与，最终实现具有文化效益和经济效益的节事活动。成功的地方特色节事项目会发展为品牌节庆活动，成为拉动地方经济发展的重要创意文化杠杆。如具有传统文化遗产特征的福建湄洲妈祖文化节、安阳殷商文化节、杭州运河节等,具有产业或产品特色优势的青岛啤酒节、景德镇陶瓷节、重庆茶文化节、宁波象山开渔节等,具有自然景观优势特征的哈尔滨国际冰雪节、张家界国际森林节、北京香山红叶节、桂林山水旅游节、平潭沙雕节等。大多数节事民俗活动都是民间盛行、聚合人气、促进交流的群众性文化活动,适于扩展参与范围、全民共欢共度,旅游产业和活动的结合提升了传统文化类节庆的活力。

(二) 文化艺术类

依托地方历史文化或者产业资源优势,打造文化艺术类的节庆,并逐步形成一种传统。典型的就是整合地方民宿资源,打造出特色鲜明的具有文化艺术气息的旅游节庆。民俗是创造于民间又传承于民间的具有群众性、传承性的社会生活文化,包括书法、绘画、刺绣、民歌、剪纸、杂技、雕刻等多项内容。通过充分挖掘本地民俗风情,精心策划各类主题活动,吸引游客前来观看和体验,并开展一系列的旅游活动,如南宁国际民歌节、山东潍坊国际风筝节、中国吴桥杂技节等。艺术类的节日还包括音乐节、舞蹈节、戏剧节等。根据受众对象的不同,组织开展适合不同对象的旅游节庆活动,如近年来颇受年轻人喜欢的音乐节,成为丰富文旅产业供给侧的重要形式。除此之外,各类宗教文化节事活动也是吸引游客参与的重要形式。组织者通过有效的策划、筹备、组织等手段和方式,借助于宗教文化以扩大本地旅游资源的影响力、拉动地方经济。如各类庙会、开光节、寺庙奠基节等,五台山国际旅游节、九华山庙会、中国黄梅佛事文化节等都是其中的代表。

(三) 体育竞赛类

"体育+旅游"是文化、体育、旅游深度融合的产物,既不同于竞技体育,也不同于全民健身,是一种新的融合形态,在体育旅游节庆方面也有突出的表现。从宏观侧面来说,大型体育赛事就是一种典型的旅游节庆,如奥林匹克运动会、世界杯足球赛、世界大学生运动会等,吸引大量观众前往旅游地观看比赛并开展系列性的旅游活动。这类大型比赛周期较长,且举办地往往集中在一些经济发达、基础设施较好的城市。对于更多的城市和地区而言,打造特色鲜明、主题突出、体验独特、规模适中的赛事旅游节庆活动是更加适合的选择。借助丰富的旅游资源和人文资源打造体育品牌，让原本只是观光的文化旅游活动加入运动体验的元素，让参与者在美景中运动，游览的是风光，体验的是文化，收获的是运动的快乐。

体育与旅游产业的深化融合是大势所趋。寻找体育和旅游产业链条上各个环节的对接点，通过业态、产品的融合，发挥各自优势，产生新的增长点，积极发展"赛事＋旅游""健身＋旅游""体育＋研学旅行""智慧＋体育旅游"等新业态，推动体育旅游与传统文化、赛事节事相结合。如云南丽江依托得天独厚的资源、区位、交通等优势，加快打造文体旅融合发展新业态，积极探索"旅游观光＋户外运动＋赛事体验"的融合发展新模式。近年来丽江先后承办（举办）了云南省第十二届少数民族传统体育运动会、中国足协冠军联赛丽江赛区比赛、云南省青少年足球联赛丽江赛区比赛、云南省中小学生跆拳道锦标赛丽江分站赛、七彩云南·格兰芬多国际自行车节、中国男子3人篮球超级联赛等一批知名度高、参与范围广的精品体育赛事。

除了具有专业水准的竞技类体育赛事，依托地方文化资源，举办群众体育旅游赛事活动，是体育旅游节庆活动的重要领域。如近年来十分火爆的"村超""村BA"等赛事就是这类的典型代表。2023年贵州榕江县举办的"村超"和在贵州台江县举办的"村BA"体育赛事备受关注。榕江县举办的"和美乡村足球超级联赛"（"村超"）火遍全网，自5月13日拉开帷幕以来，平均每场比赛现场观众超过5万人，线上直播观众超过5 000万人次。其6月17日举行的"超级星期六足球之夜"，4场小组循环赛持续了近10个小时，现场观赛人数甚至达到8万人。同样火爆的，是今年由农业农村部、国家体育总局在贵州省台江县台盘村联合举办的"全国和美乡村篮球大赛"（"村BA"），揭幕战就有近3万名观众现场观赛，线上直播破千万人次。

从"村超"到"村BA"，再到独竹漂、赛龙舟等传统体育项目，贵州通过举办群众体育赛事，展现运动魅力和多彩文化，丰富群众生活，助力当地经济社会发展。它是乡土文化的火种。体育搭台、文化唱戏、体育赛事使传统文化和烟火气息在此汇聚，勾勒出群众对美好生活的向往。看比赛、赏民俗、品美食，传递出群众对原汁原味乡土文化、乡村体育赛事的热爱。体育节庆活动既能满足基层群众精神文化的需求，又使乡土文化焕发活力、彰显生机，得到更好的保护与传承，全民健身运动也获得了源源不断的动力。

（四）商业经济类

以特色风物类或商业活动为基础举办旅游节事活动，直接带动地方经济和产业的发展。现代庆典活动主要是体现某一地域特色，由目前的旅游市场催生出来的节日活动，主要表现形式有展览会、展销会、博览会、会议、广告促销、募捐筹资等活动。地方特色节事发展为商贸节庆活动，主办方把本地优越的旅游资源、名优特产优势或产业资源结合起来，对外进行招商引资。如广交会、糖酒交易会、青岛国际啤酒节、山东潍坊风筝节、河南洛阳牡丹节、吐鲁番葡萄节、贵州国际名酒节、大连服装节等就属于此类。

以青岛国际啤酒节为例：节日始创于1991年，由国家有关部委和青岛市人民政府共同主办，是融旅游、文化、体育、经贸于一体的国家级大型节庆活动，是亚洲的啤酒盛会。啤酒节目前已经成为彰显青岛城市个性优势与魅力的盛大节日，以啤酒为媒介，展现了青岛啤酒公司和城市。青岛国际啤酒节通常由开幕式、啤酒品饮、文艺晚会、艺术巡游、文体娱乐、饮酒大赛、旅游休闲、经贸展览、闭幕式晚会等活动组成，每年根据具体情况进行一些内容调整，给大众以不同的节庆体验。2023年啤酒节立足"活力海洋之都、精彩宜人之城"的城市远景，按照"全市欢动"的全新办节思路，全面助力打造宜居宜业宜游高品质湾区城市，与文化、商贸、美食、娱乐、旅游和休闲等传统节事活动有机互动，以多场景、多方式、多主题的内容设计，营造"多城多点联动"节庆氛围，形成全域同欢、举城同庆的"夏日狂欢季"，成为我国旅游节庆的典范。内容形式上，以啤酒消费为核心，与文化、商贸、美食、娱乐、旅游、运动、休闲等要素互动融合，形成"艺术巡游""文化乐章""畅饮乐购""青岛味道""梦想秀动""璀璨之夜"和"相约青岛"七大主题板块。

三 节事旅游活动的特点

（一）文化性

节事旅游作为一种文化现象的表现，在人类发展历史中起到文化传承和传播的作用。以节事活动为依托的节事旅游，既是现代性的表述，又是历史性的载体，其发展过程中布满了文化的印记，不断地表现着历史和文化的特性。也正是由于它所具有的这种文化属性，旅游者才会把内心的情怀寄托于一项看似简单、休闲的旅游活动。所以说，文化性构成了节事旅游的根本特性。文化是节庆旅游中最重要的特征之一，它是真正吸引旅游者的深层次因素。拓展节庆旅游的空间，不仅可以活跃旅游市场、丰富旅游资源，还能加强国家和地区间文化的交流。

(二) 经济性

在发展节庆活动的过程中，旅游地基础设施的建设得到相应的提高，也利于城市的文化交流传播，带来经济效益的同时兼具社会效益。节庆旅游往往规模不一，有特定的主题，在特定空间范围内定期或不定期举行，能以其独特的形象吸引大量区域内外的游客，并产生一定的规模效应，从而提高举办地的知名度，促进当地乃至区域社会经济的全面发展。由此可以看出，节庆旅游带有极其强烈的经济性，能够对经济的发展产生巨大的影响。

(三) 周期性

节事旅游依赖特定的节日，因此表现出强烈的周期性和短暂性，不能像乡村旅游、度假旅游、观光旅游等有着一定的持续性。节庆旅游出现的时间较短，游客只能在短时间内体验和了解旅游地的文化。一旦节事活动结束，旅游者就无法参与节事，也不能感受节事的魅力，由此节事旅游就无法开展。如马拉松赛事都在特定的时间举办，选手只有在特定的时间和地点，以赛事规程要求的方式进行旅游体验，错过这次旅游体验就只能等下一个周期的赛事。

节事旅游对节事的依赖性决定了节事旅游的开展和节事活动的举行是同步的。而节事活动作为一种地方形象和传统文化的表现手段，一般举行时间是相对固定的，由此就使得节事旅游的进行也必须在此时间段内。

(四) 差异性

节事作为历史的产物，存在地域性的差异。不同地区由于风俗习惯以及资源条件的差别会形成不同的节事活动。现代性节事的这种表现更为明显。节事活动被普遍作为地区形象的塑造者，如此就使节事要更能体现地方和资源的特色。换句话说，就是节事活动必须依托地域和资源的特色，只有这样节事旅游才可以产生较强的吸引力。由于各地历史条件、地理环境的不同，地区文化、民俗等的差异性，各地所举办的节庆活动是各地所独有的，是在其他地域中无法创造的。以体育赛事旅游节庆来说，江苏的水资源丰富，水文化深厚，围绕大运河、长江、太湖等资源和文化要素，开展系列马拉松、骑行、游泳等赛事活动具有极好的基础，而在山地体育旅游方面则是短板。尊重差异，在差异中寻求特色，打造属于当地的个性，是旅游节庆打造的重要思路。

（五）体验性

节庆旅游项目的参与过程，同时也是旅游者的参与过程。游客通过亲身参与活动，感受活动氛围，获得亲身体验，留下深刻印象。节事旅游项目的参与者具有体验维度的双重性。如以马拉松赛为代表的体育旅游节庆，参与者既是运动员，也是旅游者；既体验到竞赛的严肃性，又感受到旅游活动的丰富性。在其他类型的旅游节庆中，参与者的角色也是多元化的，如商务型的旅游节庆中，参与者既是一名商人，又是一名旅游者；宗教旅游节庆的参与者既是一名朝圣者，又是一名游客。角色的丰富性，本质上体现了旅游节庆的高度体验性特征。旅游者可以从不同维度感知不同的旅游体验，大大提升满意度。

四 节事旅游的意义

（一）增加旅游收入，推动经济发展

从经济层面看，举办节事旅游活动，可以在短时间内带动大量的旅游及相关消费，增加举办地的旅游收入。旅游是一种高消费的活动形式，对于一个地区的经济发展有着举足轻重的作用。旅游活动中伴随着游客的吃、住、行、游、购、娱，旅游者每一项活动都在进行消费，大量旅游者聚集能大大提高旅游目的地的经济收入；这些收入还可以用于旅游目的地的基础设施建设，从而促进旅游目的地的良性发展。因此举办旅

游节事既能直接带来旅游收入，又能间接推动当地各产业的联动发展。随着我国经济的快速发展，各地兴起了一股举办旅游节事的热潮。旅游节事被当作地方政府招商引资的平台、宣传地方形象的窗口，成为发展和活跃地方经济的重头戏，有助于促进地方经济的发展。此外，节事旅游还能够带动相关产业的发展，为当地创造就业机会，提升当地居民的生活水平。

（二）传播地方文化，促进文化交流

旅游节事是文化与旅游的有机结合，只有具有丰富文化内涵和强大市场吸引力的节事，才具有较高的旅游价值。节事旅游对于传承和保护当地传统文化具有重要意义。通过节事旅游，人们可以在旅行中了解和体验当地传统文化，增强对传统文化的认同感和自豪感。同时，节事旅游也能够为当地的传统文化传承提供支持和保护，激发当地居民对传统文化的兴趣和热爱，促进传统文化的传承和发展。尤其是对于非物质遗产类的文化资源，通过旅游节庆的方式能更好进行展示和传播。推广这些节日也可促进该项节事及相关文化事项在当代的活态传承，与加强非遗保护目标高度契合。旅游地挖掘文化资源，将本乡本土世代相沿的节日民俗充分挖掘、有序传承、合理拓展，营造本地人认同、外来者共享的节日文化，打造主客共享的节庆活动，对于地方的人文建设，提升地方的文化品位，促进城乡的和谐元素和情感交融，都有极大的作用。

（三）展示旅游形象，塑造文旅品牌

节庆活动可迅速塑造旅游地的形象，为持续打造旅游地文旅品牌奠定基础。旅游地节庆活动不仅会成为旅游地的特殊吸引物，随着时间的推移和节庆活动的沉淀，它将成为旅游地的象征，成为当地居民的精神寄托，是当地居民的骄傲，与当地文化旅游、地方形象高度融合。节庆活动使当地居民具有文化使命感，促使旅游地居民自觉地保护、传承民族文化或地方文化。它能在较长时间内引起公众的关注，成为公众关注的焦点内容，从而使旅游地的形象得以迅速提升。如"大连国际服装节"经过多年的举办，在公众心目中与大连的城市形象等同起来，使大连市在公众心目中成为美丽、浪漫、精彩纷呈的象征。同时，旅游地通过举办节庆旅游活动，

可促使环境不断改善，使其在游客心中的形象不断提升，如城市绿化、公园建设、人文风情、文明形象等，都会经过节庆活动进行广泛的传播和展示。旅游地把节庆活动作为专项旅游产品来开发、培育，甚至将它与地区形象、城市形象的塑造连成一体，成为许多地方展示旅游形象和文旅品牌建设的重要方式。

除此之外，举办节事活动对举办地具有优化旅游资源配置、完善旅游环境、提升地方知名度、弥补淡季需求不足、带动旅游相关消费、推进招商引资、促进相关产业发展和创造就业机会等多方面的积极作用。马拉松赛事活动作为一项参与人数众多的节庆活动，在带动当地旅游产业发展、展示地方文化和促进文旅品牌建设等方面，发挥着非常重要的作用。

第二节
马拉松赛事旅游活动的组织与实施

新时代的马拉松赛事活动，兼具节事、赛事和旅游的三重活动属性。从宏观上说，马拉松是一个特定的节事活动，或是一个节事活动的重要组成部分；从具体的属性来说，马拉松是一个具有明确规程的赛事活动；从活动的形式和功能来说，马拉松又是一项具有独特体验的旅游产品和活动。马拉松活动具有高度的融合性和价值多元性，对参与者、市民、公众、社会等多个方面都产生影响。科学有序的组织和实施，是一场马拉松赛事旅游活动成功举办的基础。在实践中，不少马拉松赛事的主办方通过购买第三方服务的方式来进行赛事的组织和实施，因此也带动了赛事运营行业的快速发展。良好的赛事组织绝非依靠一个群体或部门就能实现，而是要依靠多方面的资源和支持。本节主要从宏观视角出发，立足马拉松赛事组织的全局，关注赛事、节事和旅游的融合，探讨新时代马拉松赛事活动的组织和实施策略。

一、赛事基础策划

（一）赛事类型与主题

从表面上看，马拉松赛事本质上就是一场跑步赛事，只是跑步的距离和场地与传统的田径跑步赛事有着较大的区别。马拉松的确是一项跑步运动，但绝不仅仅是跑步运动。从参与者的角度来说，他们到不同的城市和地区，参加不同主题、不同类型的马拉松赛事活动，为的是感受不同的跑步旅游体验，通过跑步来欣赏城市风景、体验城市文明、感受城市特色。因此，一个地区在举办马拉松之前，首先就是结合当地的城市旅游资源、地域特色、人文风情等相关要素来确定赛事类型和主题。这里所说的类型，是与比赛场景高度相关的类型划分：是在城市举办还是乡村举办？是越野马拉松还是山地马拉松，还是其他个性类型？以江苏省南京市为例：南京马拉松是典型的城市马拉松，跑步的主要线路和区域集中在主城区，沿途经过多个具有南京地标性意义的区域。南京市的江宁牛首山马拉松、六合竹镇马拉松则是典型的乡村马拉松，比赛场景以乡村田园风光为主。此外还有以山地为特色的溧水山地马拉松、以越野为特色的老山越野赛（马拉松）、以城墙为特色的城墙马拉松等。虽同为南京市的马拉松赛事，但却体现了不同的主题和特色。

依托特定的资源和环境，确定马拉松赛事的类型，在此基础上进一步强化赛事的主题性，对内而言是提升赛事内涵的手段，对外来说是赛事特色和个性形象的有力展示。富有个性的赛事类型是打造赛事主题的重要基础之一。依托文旅行业发展的基础，进一步挖掘文化和旅游在赛事主题打造中的重要价值，也是新时代马拉松强化特色的手段，如将当地传统的旅游节庆与马拉松赛事进行深度融合。以四川省广元市的"女儿节"为例：该节日是为了纪念出生于广元的武则天而设立，被列入非物质文化遗产保护项目，成了我国最具特色的民间节庆活动之一。在2023年的"女儿节"期间，该地举办了广元女子半程马拉松赛事，依托"女儿节"，举办女子马拉松，节事与赛事互相融合，推动马拉松的特色主题，也助推了广元城市形象的传播和展示。挖掘地方文化资源，主动与文旅发展融合，打造富有特色的赛事类型和主题，增加赛事的吸引力和美誉度，推动赛事旅游高质量发展。

（二）赛事日期选择

作为一项体育赛事，赛事日期往往并没有太多的选择余地，绝大多数赛事都呈现出周期性的举办特点。对于同一马拉松赛事来说，大多是一年举办一次。对于举办历史比较悠久的赛事来说，赛事举办时间相对来说比较固定，也使广大参与者形成了一种相对比较清晰的印象。以扬州鉴真半程马拉松为例，举办时间一般在每年的4月份，也正是"烟花三月下扬州"的季节，因此也在马拉松参与者群体中形成了"烟花三月跑扬马"的形象认知。此外，马拉松赛事举办的时间受到多种因素的影响，首要的就是气候和地理因素。安全、舒适的气候决定了各地举办马拉松的时间。另外，即使是在气温、天气都比较适宜的季节，由于参与者时间的非自由性，真正用来举办马拉松的时间也比较有限——几乎所有的马拉松赛事都在周末或其他节假日举办。马拉松赛事和其他类型的体育赛事有个根本的区别：其他赛事是专业运动员的职业化、竞技化参与，而马拉松的大多数参与者是非专业化的体验式参与。基于此，在相同的日期，多地同时举办马拉松就成为一种常态，这也就意味着各地的马拉松赛事之间的竞争会更加激烈，一些新举办的马拉松面临着较大的压力。因此，在赛事的举办时间上，一方面，传统的赛事尽量保持相对固定的时间，以便参与者更好地安排自己的参赛计划；另一方面，新的赛事尽量要避免在时间和空间上与品牌赛事形成直接竞争，尽量形成时间上的差异化，同时以良好的组织和服务来吸引选手参与。

（三）赛事项目设置

马拉松赛事项目的设置相对来说没有太大的创新余地。体育赛事的基本属性决定了赛事项目设置的基本方向。以最常见的城市马拉松为例，全程马拉松和半程马拉松是最为常见的赛项。从我国马拉松赛事发展来说，一些知名的马拉松赛事呈现出两种发展模式。一种是发展初期，在一场马拉松赛事中设置了全程、半程、迷你（距离不等）三种形式；随着赛事的专业化和品牌化，逐步发展到就只有全程马拉松一个赛项，即马拉松就是全程马拉松，在众多的马拉松赛事格局中，在满足大众参与体验的基础上，保持着马拉松赛事的纯粹。北京马拉松、上海马拉松、厦门马拉松等就是这类。另外一种就是以扬州马拉松为代表的赛事，从赛事创办以来，一直聚焦"半程马拉松"这个项目，同时也有迷你赛项，在打造全国最高水平的半马的同时，尽可能让更多人参与到赛事中。需要说明的是，如上海、北京、厦门的马拉松赛尽管是"全程化"，但当地也组织了其他多个半程或者其他距离的马拉松赛事，让有不同参赛需求的参与者都能找到适合自己的赛场，完成属于自己独特的赛事体验。

全程马拉松和半程马拉松是各地马拉松赛事的主力和核心项目，但在不少的赛事中，还会设置一些低于半程里程的赛事，可以称之为"迷你马拉松"。至于迷你马拉松的里程，则是各赛事根据具体情况进行设定，如最常见的10公里、5公里，也有的根据地方文化、历史人物、节日习俗等设置富有纪念意义的里程，并且赋予不同的名称，如"欢乐跑""纪念跑"等。以厦门为例：除了厦门马拉松（全程）和厦门海沧半程马拉松等专门的赛事外，还开设了轮椅半程马拉松赛、海峡两岸城市马拉松邀请赛、10公里轮滑赛等参赛项目，组织了家庭跑、团队跑、接力跑、化装跑等多种竞赛形式，为厦门国际马拉松成为国内参赛人数最多的城市马拉松赛打下了深厚的基础。厦门国际马拉松组委会每年都会在赛事周期内安排一系列的配套活动，将厦门国际马拉松打造成娱乐和竞技相结合的节日活动，活跃赛事举办期间的氛围，培养全民健身习惯，链接赞助商的品牌价值，使厦门国际马拉松得到更充分的宣传，进一步展现马拉松的魅力。合理的赛项设置，既能保持马拉松赛事的专业性，也能让更多人参与到赛事中，进一步扩大马拉松赛事旅游市场，这对于促进马拉松赛事旅游发展和推动全民健身，都具有重要的积极意义。

（四）赛事规模确定

作为一项面向大众的体育赛事活动，马拉松的赛事参与规模远远超过其他赛事。其他赛事旅游活动，如足球、篮球、网球等运动赛场是专业选手的比拼，大众参与者是以观赛的形式参与。而马拉松赛事中，大众是以运动员的身份真正参与到赛事中。从旅游产业和节事活动角度来说，具有一定规模性的参与者对于推动赛事旅游的发展具有强烈的推动作用；在一定的容量范围内，参与者多多益善。以我国发展历史较久的几大赛事为例：2023年无锡马拉松、半程马拉松和欢乐跑合计3.3万人左右，2023年厦门马拉松参赛规模为3.5万人左右，2022北京马拉松规模为3万人左右……应该说,这种大规模的赛事,无论对于赛事的组织方还是当地城市的旅游接待,都是一次重大的考验。而对于更多的中小城市而言,尤其是一些举办大型比赛经验不足的地方,对于赛事规模的设置则要更加科学,切忌贪多贪大。赛事规模的确定,一是从内部环境出发,分析当地的接待能力和水平,根据赛道及相关区域、交通接驳等要素综合考虑赛事空间容量。二是要从外部环境出发,科学分析与判断赛事的营销目标,避免实际报名与参与人数与预期出入太多,从而造成赛事组织的混乱和无序。从当地节事旅游的角度来说,要合理规划现场参与的规模和人数。一个值得关注的现象是,马拉松赛事与"互联网+"的融合,理论上实现了赛事参与者数量的无限大,这就是"线上跑"。它为线上参与者提供了良好的赛事体验,从而打开了线上的传播和展示空间,吸引了更多的人关注,从而为今后持续开展马拉松赛事旅游市场拓展提供了动力。

(五)赛事奖金设置

奖金是激励选手的重要手段,高额的奖金更能吸引到高水平运动员的参与。对于马拉松赛事的大众选手来说,极少有人是冲着奖励去的。在大规模的赛事中,能名列前茅并获得奖励,绝非普通选手能达到。在很多赛事的报名通道中,就设置了大众选手和特邀选手两类。特邀选手一般是指国内外优秀专业选手。在当前的马拉松赛事奖励制度中,奖金的设置与赛事规模、赛事等级、赛事赞助等多种因素相关。在具体的奖励要求上,很多赛事制定了更加多元的奖励机制,包括名次奖、破赛事纪录奖、破世界纪录奖等,基本原则为成绩越优异,奖励额度越大。以2022北京马拉松为例:该赛事设置了名次奖和破赛事纪录奖,其中对名次奖也设置了最低要求(表5-1)。在破赛事奖励方面,男子2:07:06以内(不含)奖励20 000美元,女子2:19:39以内(不含)奖励20 000美元。可以说,这样高额的奖金不会对普通选手起到太多的激励作用,大多数选手还是以顺利完赛、实现自己的更好成绩为目标。从全民健身和全域旅游的角度来看,尽管马拉松赛事有着规范严苛的竞赛规程,但在赛事参与者激励方面有着更加丰富和多元的操作空间:把奖励从金额的高度转向惠及大众的广度。也就是说,可以设置更多的奖励维度和名次,奖金额度不一定要高,奖励的面可以增加,让普通跑者也能在马拉松的赛场上拥有更多的获得感。常见的办法有:按照选手不同年龄段进行排名,或者设置专门的市民组。如扬州鉴真国际半程马拉松的奖励制度除了有常规的赛事名次和破纪录奖励,还专门设置了"共'健'好地方"市民半程马拉松名次奖,根据净计时成绩录取男、女第1至第10名运动员,并分别给予奖金。此举无疑大大提高了扬州市民的参与热情和获得感,也促使市民对城市马拉松有了更多的支持。对于更多的大众选手来说,奖励不一定会有,但激励必须要有,如基本的完赛奖牌、成绩证书等,还有的赛事提供了完赛服装,如果在某次赛事上创造了自己的最佳成绩,有的赛事还会提供特别的福利,最大限度地释放出赛事的善意和诚意,对完赛选手表达敬意,从而让选手获得更多的成就感。

表 5-1 2022 北京马拉松赛奖金设置

名次		奖金/美元
一	男子 2:09:00(不含)以内; 女子 2:26:00(不含)以内	30 000
	男子 2:09:00(含)以外; 女子 2:26:00(含)以外	15 000
二		6 000
三		4 000
四		3 000
五		2 000
六		1 500
七		1 000
八		500

二 赛道及空间规划

(一)常见的马拉松赛道类型

在确定赛事类型后,就要根据举办地情况来确定马拉松赛道。通常来说,马拉松赛道基本上可以分为三种类型:点到点(point to point)类型、去和回(out&back)类型和圈跑(loop)类型。在实践中,确定好起点和终点后,在中途的线路设计上可能存在多种形式的重叠。不同的赛道类型,总里程都一样,但在选手的心理、成绩的发挥、观众的参与程度、赛事组织安排工作等方面存在着不同程度的影响。

　　大众参与时代的马拉松赛道，基本上以点到点和去和回的类型为主，圈跑类型的马拉松一般仅用于少数专业选手参与的纯竞技类的赛事中。点到点赛道，需要更多的人力和物力，包括运动员参赛包转运，裁判和工作人员、志愿者等的定点送达，路线途中需要更多的收容车或收容站点，对医疗救护点的设置、交通管制等多个方面都会有更高的要求。近年北京马拉松的线路就是典型的点到点类型（如图5-2）。北京马拉松起点为天安门广场，终点为鸟巢，途中仅有少量的折返路程，这样让选手在跑步过程中体验到的景观和内容始终相同。去和回类型的赛道也比较常见，就是起点和终点在同一区域，如2020南京马拉松的线路规划，起点和终点都设置在奥体中心，选手相当于绕城一圈，最终回到起点（如图5-3）。还有一种常见的赛道，起终点在同一区域，中途的线路也高度重合，通过在某点折返的方式，如厦门马拉松（如图5-4）。

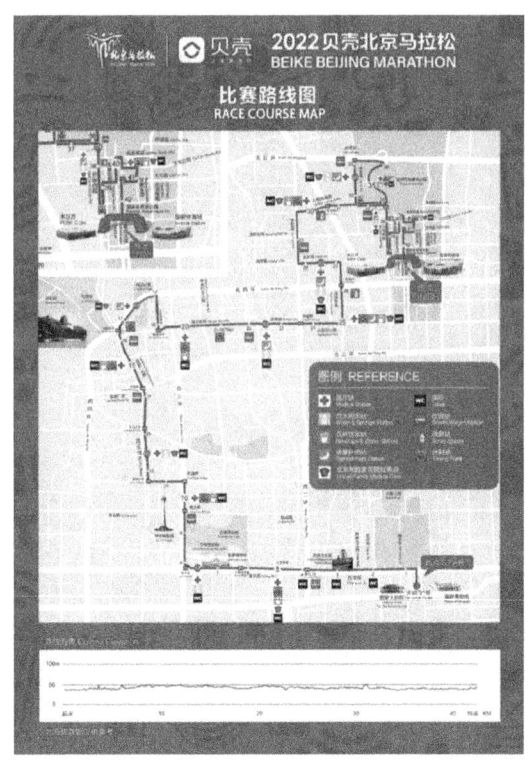

图5-2　2022北京马拉松线路图
（图片来自赛事官网）

图 5-3 2020 南京马拉松线路图（图片来自赛事官网）

图 5-4 2023 厦门马拉松线路图（图片来自赛事官网）

在赛道的规划和设计上，没有完美的赛道，只有更好的服务。无论是哪种线路规划，都要以良好的服务保障作为支撑。赛事线路确定后，就要围绕线路的走向开展一系列的服务配套设计。从赛事规范性的角度来说，如果成绩纪录需被官方认可，赛道的设计还需要具备一些基本的条件，如起点到终点的直线距离不大于比赛路线全长的一半、起点和终点之间的海拔落差不大于千分之一，即对于一个全马赛事，相当于起点、终点间的直线距离不超过21公里，而海拔落差不大于42米，即平均每公里1米。许多马拉松赛事在满足基本规则的基础上，对赛道的走向和内容进行了优化设计，打造出了不同感知的赛道类型，也出现了诸如"最美赛道""最虐赛道""最平的赛道"等特色赛道形象。

(二) 马拉松赛道设计原则

1. 安全

安全是马拉松赛事旅游活动的基础。对于这样一项参与人数众多、涉及范围广泛且具有一定风险的体育旅游活动来说，要把安全作为所有环节组织和实施的基础。在赛道设计时，要充分考虑到赛道的任何一个区域，若有意外情况发生，如何用最短时间进行紧急处置，救援力量如何最快到达，又如何最快捷方便地转运到医疗单位等。对于赛道的安全设计，不仅仅要考虑到赛场中，比赛前期和比赛后期，包括对起终点区域也要进行充分的论证和研究。在大量的选手刚刚出发的时间段里，有的赛道突然变窄或拐弯，在影响选手流速的同时也存在安全隐患。同样在终点附近，《国际田联路跑指南》在赛道设计部分要求终点前要有至少200米的直道，这不仅仅是预防冲刺时可能发生的危险，也是对选手心理安全上的一种激励和保护。赛道的安全，不仅包含赛道设计本身，还包括赛道的管理、信息沟通、应急处置乃至备用赛道等多个方面。

2. 丰富

丰富，就是指马拉松赛道所经过的区域景观与内容的丰富。当越来越多的参与者把马拉松当作旅行，这种跑步去旅行的方式对于赛道的设计提出了更高的要求。一些参与者在选择马拉松比赛的时候，不仅会考虑到赛事举办地的吸引力，还会以专家视角来审视赛道的设计，包括赛道的景观、沿途的风光、市民的氛围等方面。在近年来的一些赛事中,部分举办地为了节约办赛成本,对赛道的安排过于马虎,如有的赛事名为城市马拉松,宣传时也以城市风光和魅力作为主要要素,而实际的赛道却设置在远离城区的郊外,沿途无风景、无观众、无氛围,甚至连补给与志愿服务都显得匮乏,这种纯粹意义的跑步与新时代下大众马拉松赛事旅游的需求背道而驰。同样是跑步,大众为什么不选择一个更具有景观体验的地方跑呢?相比而言,如北京马拉松、上海马拉松等都是赛道设计方面的典范。北京马拉松起点选择在天安门广场,赛道经过长安街等区域,上海马拉松经过外滩,都是人流量极大的区域。只有将城市经典的风景、人文、建筑和街区纳入赛道中,才能让跑者通过马拉松真正去感受一座城市的魅力。

3. 协调

由于马拉松赛事举办要占用一定的公共资源,尤其会对公共交通在短时间内造成一定影响,所以在赛道的设计过程中要坚持"协调"原则,做到赛事与城市的协调、选手与市民的协调、赛道与公共道路的协调。在新时代旅游业发展背景下,主客共享成为一项重要的发展理念和准则,而对于需要占用公共资源的马拉松赛事旅游,则意味着要在赛道的使用和市民的出行中做一个协调性的安排。马拉松赛事的举办,离不开当地居民的支持和理解,所以赛道的设计和规划需要提前告知大众,并给大众在赛事当天的出行提供相关的指导和建议,对于有特殊情况的市民,则要提供更加精细的服务指引。坚持和谐的赛道规划,力求协调性的提升,维护好各方的诉求和利益,是赛道规划的重要准则。在现实实践中,部分赛事没有从整体角度来进行赛道规划,要么是仅重视赛事的要求而忽视市民的出行,造成"一场赛事瘫痪一座城市"的局面,要么完全对赛道放任不管,甚至出现赛道指引混乱、未进行任何交通管制、在非机动车道上与车混行等"奇葩"现象。不可否认,赛道协调的实现,需要有关部门的重视、多部门的配合,需要政府从中进行协调和布置,从宏观层面进行统一规划和设计。一些没有地铁等地下交通方式的城市,更需要通过更加精细的设计和管理,共同促成赛道与城市的协调发展。从节事旅游角度来说,马拉松不仅是参与者的盛会,也是市民和观众的一项盛事。在初步进行赛道勘察后,建议会同交通管理部门一起踏勘赛道,提前知道赛道封闭对城市交通的影响，提出解决预案。有电视直播的赛事，在赛道确定前，也要请转播人员一起踏勘赛道，了解途经的各种天桥、转弯、起终点的布局等对转播车的影响，并介绍赛道沿途的风景名胜以便让直播更精彩。邀请有经验的赛道规划人员在赛道规划之初提供帮助，有可能会提前排除很多隐患。

（三）赛道的丈量

在马拉松赛事筹备过程中，赛道丈量是一项至关重要的基础工作。凡是需经田协认证的赛事，都需由中国田径协会选派国际丈量员进行马拉松赛道路线丈量工作，这也避免了部分地区在举办马拉松赛事过程中赛程的非准确性。按照我国田协马拉松赛道测量办法，目前丈量工作采用的是国际上通用的测量马拉松路线的方法——经过标定的自行车测量法。在整个测量过程中，需要用到的工具是一辆自行车和一个琼斯测量仪。具体测量包括测前校表、测量画线、测后校表三个步骤。赛道丈量主要靠安装在自行车前轮轴承部位的"琼斯测量仪"，骑行过程中通过计算自行车车轮转动，来精确计算出全部赛程点位的位置，它是马拉松赛道精准丈量的关键和保障。测量员从赛事起点出发，以自行车为交通工具，以琼斯测量仪的数据为支撑，模拟运动员最短的跑步路线，每一公里停车一次，对记录数据进行计算，并在丈量小组的配合下对每公里的点位进行详细的数据核对、定点标记、位置描述并拍照存档，最终完成全部的测量。精准的赛道测量既是马拉松作为一项体育竞技赛事的规范性的体现，体现了对选手和体育竞赛的负责态度，同时也是对赛道的一次检验，让赛道的里程不再是一个冰冷的数字，与沿线的文旅资源融合，并形成了一种特定的符号，为马拉松选手提供了一种基于深厚文化的奔跑体验。

（四）起终点设置

在赛道规划设计中，起终点的选择和设计的重要性尤为突出。与常规情形下流动的赛道不同，起终点承担了较长时间的人员聚集、分流和集散功能。起、终点有两个大的集结和疏散区域：起点用来分区检录、存放衣物，摆放厕所、换衣间，搭建拱门、主席台、电力、新闻等功能性设施，以及最好有300米以上的直线冲刺距离，便于起跑，防止踩踏；终点用来发放奖品奖牌，领取衣物包，以及摆放饮水区、厕所、医疗区、按摩区、换衣间、VIP帐篷、特约选手的集结帐篷等。它们对场地和空间具有极高的要求。只有足够的空间规划，才能规划出合理的流线，这既是安全办赛的基本要求，也是赛事流程顺畅的重要保证。除了考虑选手的需求外，作为一项节事旅游活动，市民、公众以及媒体的参与也十分重要，在起点规划时也要充分考虑到各方面的利益和诉求。

基于上述的分析，结合我国马拉松赛道设计的实践，大多数马拉松赛事的起终点一般安排在体育场（公园）、特色公园、会展中心、高校校园等。从科学的角度来说，起终点附近路面尽量平坦，避免出现大的海拔变化；同时选择地标性的建筑或风景，为摄影摄像提供好的背景，确保起终点区域的空间足够容纳下所有的参赛选手、观众和赛事服务设施。除了起终点区域本身的选择和规划外，赛道位置的硬质隔离尤为重要，以保证赛道的干净和安全，杜绝不同出发区域的选手混淆并互相干扰。在近年的一些马拉松赛事中，曾出现过一些起终点规划不科学的，如出发混乱导致人员冲撞、轮滑选手进入赛道影响跑步选手、终点领物排队时间太长、领取完赛包秩序混乱、离场交通接驳短缺、选手无法疏散等多种情况。赛道的变更，对起终点的规划也是一个重大挑战。要本着安全、科学、流畅、人文的原则，合理规划起终点的布局。

（五）出发管理

赛事的出发与比赛的起点设置高度关联，在进行合理的空间规划的基础上，还要通过更加科学的组织和设计，进一步优化赛事的出发管理水平。由于参赛选手众多，不可能实现在同一时间通过出发起点，因此现在的赛事普遍使用电子计时系统，最终的成绩以通过起点到通过终点之间的成绩为准，也就是所谓的"净成绩"。同样由于选手众多，在出发之初或是赛道不够宽阔的路段，彼此之间的干扰和影响必然不可避免。马拉松赛道是公平的赛道，通过合理的出发管理，更能进一步提升选手的竞技体验。目前大型赛事常见的出发管理是分区出发，在编制选手的号码布时，根据以往的成绩或选手类型冠以不同的代码，从而确定选手在出发区的位置和顺序。通常来说，成绩水平越高，离起点越近，出发越早，这样既有利于选手能在自己适应的配速阶段比赛，也有利于保持赛场选手之间的间隙，减少互相干扰，提升安全水平。除了分区，还有的大规模赛事实行分

第五章
节事旅游视角下的马拉松赛事组织与管理

枪出发,让出发区更加有序和顺畅。以厦门马拉松为例:参赛选手通过分组,以号码布为依据,分成了 A、B、C、D、E、F、G、H、J、K10 个类别,也意味着出发区分成了 10 个顺序区域——这也是目前国内分区最多的,同时,10 个分区分成 5 个批次出发(具体安排如图 5-5)。当然,并非每一个赛事都要如厦门马拉松这样分区分次出发,具体要根据赛事举办的路线、参与人数等情况确定。但无论如何,合理的起点组织和规划是确保赛事顺利进行的先决条件。

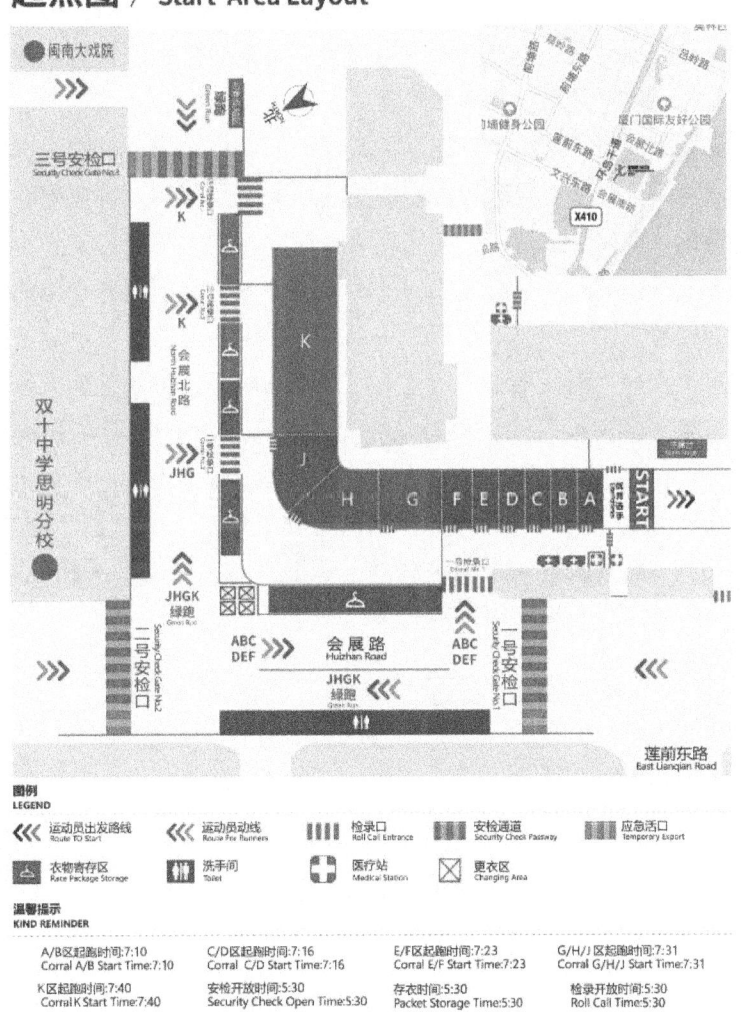

图 5-5　2020 厦门马拉松起点图(图片来自赛事官网)

(六)终点服务

选手到达终点的时间各不相同,但存在相对高峰的时间。如何确保在选手到达的高峰期能顺利完成比赛后的服务接待,是马拉松赛事旅游活动后期的重要内容。选手在经历了长时间的奔跑后,身体处于较为疲惫的状态,一方面选手有着强烈的拉伸、放松和康复的需求,另一方面常规的领取完赛物品、取包、补给、交通接驳等方面的安排也考验着赛事运营方的组织水平和能力。终点前观众和工作人员较为密集,选手的情绪也比较激动,安全的保障也需要格外重视。选手通过终点计时点后的动线设计尤为重要:既要避免大量人群在终点附近聚集,又要让选手顺畅地完成领取奖牌、物品、康复、补给以及离场等程序。

需要注意的是,选手达到终点的时间不同,但服务不能因为成绩的差异而不同,只要是在竞赛规程确定的时间内完成比赛的,都应该获得相应的完赛服务。实际上,每一个能完成马拉松比赛的人都经历了一个坚持的过程,尤其是在关门时间前完成的选手,更是承受着心理和身体的双重压力。作为赛事组织方,应当给予每一个完赛选手足够的善意和服务。有的马拉松赛事在这方面就做出了示范。如成都马拉松、扬州鉴真半程马拉松等,赛事组委会为最后一位抵达终点的跑者颁发奖牌、花环和赛事吉祥物,这不仅体现了对参赛选手的关怀,也体现了对体育精神的尊重,是对马拉松这项运动的最好诠释。马拉松的赛程有终点,但服务并没有终点。马拉松的赛事服务就是一个城市和地区旅游服务和文明水平的最好体现,不少选手也是因为一场比赛才爱上一座城市。

三 赛事服务组织与管理

(一)厕所服务

如厕作为一项刚需,在居家、运动、旅游、休闲各种场景下都需要有基本服务设施供应。近年来,我国开展了"厕所革命"的工作,全面提升和改善了我国各区域的厕所设施和卫生水平。通过旅游业的厕所革命,实现旅游景区、旅游线路沿线、交通集散点、旅游餐馆、旅游娱乐场所、休闲步行区等的厕所全部达到标准,并实现"数量充足、干净无味、实用免费、管理有效"要求。目前我国的旅游厕所通过设施改进、共享使用、比例优化、高峰应急等方面,大大改善了旅游业的厕所供给和卫生状况。

同样,在马拉松赛事旅游中,大规模人群集中的区域必然会形成短期的供需失衡,这就需要更加科学地设计厕所的供给体系。一般来说,马拉松选手在跑步前的如厕需求比较强烈,所以在赛事出发区的厕所数量布置得更多。在实践中,出发前在厕所前面排长队成为一种常见现象,有时甚至因为排队时间太长引发一系列不文明、不和谐、不安全的行为。以起点区域来说,有的赛事出发点在体育场馆或公园内,这些地区本身就有一些厕所设施,但与短时间庞大的如厕需求相比还是显得供给不足,所以需要大量的移动式厕所作为补充。马拉松赛事中的厕所服务设置,一是要确保数量充足,结合赛事参与人数、工作人员数量、赛道长度、线路走向、沿途厕所等,确定厕位数量,避免长时间排队。二是合理布局,包括厕所的位置和厕位类型,包括在起终点区域,厕所的分布要进行优化,避免出现有的区域厕所大排长队,而有的区域厕所却无人使用。在赛道沿线,要充分整合沿线的公园、公厕等资源,确保每隔一段距离就有厕位保障,并做好引导和指引。

(二) 补给服务

马拉松作为一项耐力比赛,途中要消耗跑者大量的能量,需要跑者及时进行营养补充。马拉松赛道的补给是确保赛事安全和提升整体竞技水平的重要保障。马拉松赛事补给管理主要从三个方面进行优化:一是补给内容。最常见的补给内容是饮水、饮料、能量补充品等,在能量补充品方面,除了常规的运动型补给品如能量胶、盐丸,还可以提供高能量的食物,如香蕉、橙子、葡萄干、小西红柿等(表 5-2)。在补给内容的选择上,要确保补给品质量可靠、品质新鲜、数量充足,尤其是最为基础的饮水补给。不少地区的马拉松为了突出个性和特色,在补给上做了不少文章,提供了很多个性化的补给,这当然能给选手带来别致的体验,但实际上选手在跑步过程中的补给要遵循科学的原则,要方便选手拿取、饮用、食用。对选手来说,适度、适宜是最为基本的原则,因此过分花哨的赛道补给不一定会给选手更多的益处。可以将个性的补给品放在完赛后的服务里,更能提升选手的满意度。二是补给站设置与优化。补给站的设置一般每隔一段距离布置一个站点,如常见的每 2.5 公里确保设置 1 个饮水/用水站。其实补给站的设置不能单纯用距离作为标准,而是要从赛项、天气、赛道难度、赛道特征等方面综合考虑。如后半程选手消耗增多,对补给的需求比前半程多,因此在后半程的补给站要更密集,内容也要更丰富。同样,如赛事举办当天气温较高,饮水等补给站设置则要更加充分,最大程度保证选手的补给需求。同时,补给站本身的设置也要不断优化,可以通过拉长补给站、间隔提供不同类型的补给品的方式,避免大量选手在某一个补给桌前聚集而前方的补给桌却很少人前往的情况。饮料、食品、饮水等间隔摆放,方便选手择机选择适合自己的补给品。同时,合理配备志愿者,进行科学分工合作,提高服务效率。在条件许可的情况下,根据比赛限制、天气情况、人员数量,可将饮水/用水站间隔缩短,在第一批运动员到来前应倒好3层水以确保及时供水,能量补给品应在饮料、饮/用水桌之后提供,但能量补给品之后仍应确保安排至少一组饮/用水。三是赛后补给。赛后选手更加安心,没有太多顾虑,因此他们对补给的数量和内容也比较在意。赛后的补给品一般都放置在完赛包里(这与前文所述的终点服务高度关联)。切忌出现选手完成比赛后,饥肠辘辘地排队等候领取完赛物品的情况。这在影响选手体验的同时也存在一定安全隐患。完赛后的补给品标识要清晰醒目,并建议提供一些相应的提示和说明,如有的完赛包放置了啤酒,选手喝了后才知道,这样可能影响后面的交通出行方式;有的赛事在完赛包里放置了香皂,包装与面包物品相似且无醒目标识,容易造成一些不必要的麻烦和后果。

表5-2 2020厦门马拉松赛补给大数据

内容	数量
补给站/个	15
桌子/张	627
水/毫升	138 611 500
饮料/毫升	50 150 000
纸杯/个	1 570 000
海绵块/块	136 000
香蕉/根	42 000
小西红柿/公斤	2 500
葡萄干/公斤	575
小金橘/公斤	3 000
小蛋糕/个	35 900

(三)安全保障体系

安全保障在马拉松赛事旅游中既是一项基本要求,也是提升服务质量的重要内容(关于赛事风险与安全管理,第七章会进行论述,这里仅从赛事服务角度进行探讨)。从节事旅游和大型赛事的角度,安全保障涉及多个方面:一是通过对区域和空间的优化,确保赛道环境的安全;二是通过细节和服务的提升,来进一步巩固安全保障水平。如充足的补给、起终点的流程优化,都是赛事安全的细节表现。安全管理的深层涵义是:在常规的安全保障之外,还要针对赛事中可能出现的特殊情况,进一步构建出全域式、流动式的安全保障体系。如提前研判赛事当天的天气和温度等,做好应对措施。选手在高温下奔跑,耗氧量、肝糖原的消耗、心率都会上升,乳酸产生得也会更快一些,能量消耗更大;人体皮肤需要处理的散热压力更大,而当排汗排热的效率变快后,人就更容易体渴,造成中暑或者热衰竭等不良反应。可以在赛道中提供吸水的海绵块、冰块、冰水、喷淋等降温设备等,避免选手中暑。在安全设施的分布方面,在沿途设置医疗服务站点的同时,还应安排流动式的医疗救护跑者,通过不同的配速分配,和选手一起跑步,关注周围跑者的情况,以便于第一时间发现风险,获得宝贵的救援和处置时间。赛事组委会在设定赛事方案时,须制定详细的医疗方案——如急救、健康护理、救护车、各医疗站位置以及所能提供的医疗服务,针对突发事件的应急预案,同时挑选比赛线路沿线的医院作为组委会官方医院,并标明医疗地点,为选手开通绿色急救通道。根据比赛实际情况设立足够的医疗救护车、移动医疗救护设备(包括AED)、医疗站和医护人员,在赛道沿线安排足够的医疗志愿者进行服务,能够及时发现、及时援救。安全管理就是做好"有"和"无"两个维度的提升:"有"是指有人员、有设备、有预案,能第一时间发现风险、排除风险并及时救援;"无"是指赛场无干扰、无隐患、无风险,主要是通过空间隔离、秩序维护和赛道优化来实现,既要避免场外因素对赛道选手的影响,也要减少选手之间的互相干扰。

(四)引导体系

由于马拉松比赛涉及长距离和大空间的转换,同时在出发区和完赛区有大量人员和多项服务设施，因此高效率的引导系统就显得尤为重要。它能大大提高赛场各环节的流转，提升赛事服务效率。由于出发区周围通常有交通管制，所以相关指引要扩大范围，以方便选手从各方向进入起点区域。选手在起点区域所享有的各项服务，都需要强大的引导系统来支持。强大的引导系统可以使选手很快匹配自己的需求和目标，快速到达相应区域。标识牌要足够清晰、醒目，数量要充足，高度适宜便于观看识别。有的赛事主办方制作的标识牌确实很大，但高度不够，在大量人群聚集的情况下，标识牌被遮挡得严严实实，根本没有起到指引的作用，导致选手跑错位置、浪费时间。对于赛道沿线的标识，竞赛规程中一般都有相应的要求，如在赛道上必须每公里设置1块公里牌，在折返、拐弯、分道路段设标识牌，方便选手快速识别，避免出现选手跑错路线的情况。除了里程的标识，一场赛事的标识系统还包括补给站指引、厕所、医疗点、风险提示、关门时间、电子计时点等，在一些重要的节点还辅以志愿者服务、喇叭播报等形式，最大限度确保赛事的有序进行。在赛事终点区，和起点区一样，须通过空间、流程、服务的优化，加强服务导览指引。特别要注意的是，赛后选手离场交通接驳的问题也至关重要。不少赛事在赛前、赛中服务都做得不错，但在赛后的服务短板非常明显，给选手造成了不好的印象，莫把比赛终点当服务终点。部分赛事在赛中追求标识系统的特色化，如在赛道沿线每隔1公里由一名模特高举公里数的牌子。这确实能让选手眼前一亮，但从人力资源调配和科学管理的角度来说，大可不必如此。此举对举牌的模特的体能要求极高，尤其是里程数越靠后，工作强度越大。完全可以采用个性化的标识牌来取代人工。马拉松赛事的确需要坚持和奉献，但更需要科学理性的组织和规划。

（五）交通服务

选手如何到达比赛起点，这是马拉松赛交通接驳工作首要考虑的问题。通常来说，在比赛前3个小时，接驳选手的交通工具就开始运转了。公共交通系统在这方面发挥了重要作用，公交车、地铁等大运输力的交通工具展示出了巨大能量。目前很多赛事会提前与公共交通部门协调到位，做到在赛事前后一两天，包括赛事当天，选手和工作人员可免费乘坐交通工具，这样也能大大提升运输效率。同样，赛后的离场交通接驳问题也尤为重要，处理得不好就会出现选手拖着疲惫的身体徒步寻找交通工具，或是大量选手迟迟无法离场的情况。这类情况在近年来的一些赛事中表现较多。从根本上说，这是由于赛事组织上的流程和环节出了问题，没有将交通接驳的流程和安排真正落实到最后一个环节。因此，赛前到达和赛后疏散的交通接驳压力，给保证赛事的服务质量带来了巨大的考验。除此之外，基于车辆规划的交通安排，还体现在对赛事工作人员、志愿者、安保人员等的运送方面。要确保各环节人员准时到位、位置准确，避免消耗志愿者和工作人员非必要的体力和时间。马拉松赛的交通服务除了人员的交通服务，还有物资的转运工作。赛事起终点不在同一区域的赛事，还需要将选手的寄存物品转运到终点。这条交通线路不能和赛道冲突，又要保证能在选手到达终点前将物品运送到指定地点——这需要交通接驳的高效运转。一场马拉松赛事中的交通服务，要实现选手顺利到场和便捷离场、人员和物资的高效运转，需要赛事主办方从全域视角下进行系统谋划。值得关注的是，一些城市的马拉松赛，真正把马拉松选手当作游客去服务，把马拉松赛事当作一场盛大的节事，一方面依托大数据手段，掌握选手到达赛事举办地的交通流量情况，提前在火车站、汽车站、机场等提供迎接和接驳服务，将选手送达赛事装备领取处，将交通接驳服务进行了提前延伸；另一方面提供个性化的服务，通过交通＋旅游、交通＋文化、交通＋非遗等方式，利用交通工具流动性展示地方形象，提供优质的服务：值得许多马拉松赛事组织方学习和借鉴。

四 赛事保障管理

（一）物资

马拉松赛事参与人数众多、空间转化需求大，对赛事物资保障的要求也极高。对于一场马拉松赛事来说，选手报名工作完成，参与人数和线路基本确定后，所需物资的数量和类型也就基本明确了。赛事物资一方面起到赛事基本保障的作用，如场景布置、赛事补给、选手服装、完赛奖牌等，另一方面也是赛事形象和服务展示的窗口，如选手领取的参赛装备以及完赛包中的地方特产、文创产品、赛会纪念品以及相关衍生的赛事福利用品等。赛事物资的具体内容可以根据赛事的不同类型以及主办方的办赛实力、理念来确定,但基本的服务物资必不可少。赛事物资不仅仅服务选手,还面向赛事工作人员、志愿者、新闻媒体等多个主体。从节事旅游和服务质量提升的角度来说,物资准备首要的出发点肯定是面向选手。选手是马拉松赛事参与者的核心,其他的群体和角色都是为了给选手提供更好的赛事体验服务。物资的准备,不是简单的生产和运输过程,同样融入了赛事服务、文化元素、赛事内涵等。以马拉松奖牌为例:完赛奖牌是对马拉松完赛选手的基本肯定,也是马拉松赛事对外展示的一个重要载体,因此马拉松完赛奖牌是一个融入赛事、城市、市民、文化等多重要素的综合体,小小的奖牌上承载着赛事主办方的理念和期待,近年来,各地的马拉松赛事在奖牌的设计和制作上不断创新。

在物资的衍生品方面,不少地区的马拉松赛事真正做到了赛事、节事与旅游的深度融合,把选手不仅当作马拉松赛事的参与者,更是当作旅游者一样服务。如有的地区发放地铁卡、公交卡等,让选手在当地更加便捷地乘坐公共交通工具;还有的直接发放多个景区的门票,选手可以在比赛前后的一段时间内免费进入游览;不少赛事除了在奖牌的设计中融入文化元素外,还会额外给选手发放一些有当地特色的文创纪念品。在旅游业发展进入新时代的背景下,"宠客"模式在马拉松赛事旅游中逐步扩展。除了用心服务外,提供丰富的物态化的赛事用品是提升选手满意度的直接方式之一。

(二) 人员

马拉松赛事是多人参与、需要多人保障的活动,充足的赛事工作人员是赛事顺利举行的重要保障。通常来说,赛事里程越长,赛事规模越大,所需要的保障人员就越多。足够的保障人员不仅能为选手提供更加安全的赛事保障,也能给广大赛事参与者提供更强大的心理安全防护。以2020厦门马拉松为例:工作人员包括裁判426人、官方配速员74人、高校志愿者2 700人、社会志愿者2 800人。在安保方面,公安人员1 700人、保安2 100人。在医疗保障方面,医疗站点17个、骑行AED医疗30组、医疗人员250余名、医疗志愿者415人、急救跑者160人。赛事人员的保障不仅体现在数量方面,更重要的是体现在人员的合理调度和岗位分配上。以赛事志愿者为例:志愿者是一场马拉松赛事中人数最多的服务保障人员,分布岗位多、区域广、任务重、战线长。不少志愿者不仅要在比赛日开展服务，而且在赛前的几天就要投入紧张的工作。如果按照赛前3天选手领物资来安排，那么赛事志愿者的工作提前1周左右就要开始。在第一波选手到达领物处时，现场的一切工作都要就绪，并能保持领物高峰期的人流畅通和运转流畅。在赛事举办当天，赛场志愿者也要提前较长时间到达各自岗位，服务时间远超选手比赛时间。志愿者除了提供相应服务、保障、指引、救援等，还会给予选手精神鼓励，具有物质保障和精神激励双重服务功能。正是由于赛事志愿者工作的重要性，因此志愿者的招募、培训、分配十分重要。志愿者管理可以说是整个马拉松赛事中最庞杂的部分，包括了志愿者岗位设置、志愿者招募与选拔、志愿者培训、志愿者使用和管理、志愿者激励与保留等多项内容。随着我国马拉松赛事旅游活动日趋成熟，办赛水平不断提升，赛事志愿者管理也更加规范有序，呈现出标准化的趋势。如北京马拉松在赛事志愿服务组织方面，通过北京各高校团委、院校青年志愿者协会组织发动，展现出青年志愿者的规模优势及服务特点，各高校也建立了志愿服务制度，形成了校院联动开展志愿服务工作的良效机制，扩大了高校大学生参与志愿服务活动的途径，为北京马拉松提供了坚强的人才服务队伍。此外，马拉松赛事的服务人员和团队，离不开当地政府、社区、学校、公益组织等各方面的支持。整合各方面的力量，让更多的人参与到赛事保障和服务中，既能促使赛事顺利举办，也能使赛事成为展示当地文旅形象和文明城市的重要窗口。

（三）设备

随着现代信息技术的发展，智慧旅游、智慧体育等基于数字化的运用也在马拉松赛事中得到了体现。从赛事的报名、组织、成绩管理、安保到全流程优化，基于现代互联网科技的新设备、新技术成为现代马拉松赛事必备条件。通常来说，马拉松赛事旅游活动中所涉及的设备主要包括硬件和软件两大方面，同时也需要互联网系统的支持和连接——本质说就是构建一个智慧化的马拉松赛事旅游活动服务系统。对于一项路跑类的体育竞赛，计时系统是重要的竞赛设备。起终点的计时、选手的芯片识别、分段计时、成绩计时发布、选手行为判断和识别等，都需要依靠智能化和智慧化的数字计时设备，以确保赛事公平性。同时，针对部分赛事中出现的伪造号码布等行为，不少赛事在选手检录和中途裁判时，也用上了智能设备，通过读取选手的号码布背后的芯片，快速识别伪造或复制的号码布，维护赛事的良好秩序。在长距离的赛道中，直播、拍照、视频等技术的运用，在大大提升赛事的安全性的同时，也让各种作弊、不文明的参赛行为无处可藏。不少赛事使用了智慧马拉松实时监控管理平台，通过可视化监测大屏，通过大数据、GPS追踪等技术，对赛事的天气、比赛进度、计时点通过人数等情况进行实时分析，让赛事的全程都能实现可视化管理。如2022年的常州西太湖半程马拉松就首次采用了常奥体育最新研发的智慧赛事管理系统，整合物联网、人工智能、大数据分析等最新技术，通过"互联网＋"的技术与科学办赛理念的深度融合，在云环境中采集、整合赛事产生的各类数据，并进行数据建模和分析计算，打造了"万物互联"的开放赛事管理平台，大大提升了城市交通、医疗救援和赛事组织运营的效率。

五 赛事营销实施

马拉松赛事旅游在当前旅游业发展格局中，由于活动的短暂性和周期性，表现为一种非日常持续化的旅游业态，其作为一种短期的节事旅游活动的特征十分明显。因此作为一种"事件"，以事件营销的视角开展宣传和推广成为马拉松赛事旅游活动的底层逻辑。事件营销（Event Marketing）是指企业通过策划、组织和利用具有新闻价值、社会影响以及名人效应的人物或事件，吸引媒体、社会团体和消费者的兴趣与关注，以求提高企业或产品的知名度、美誉度，树立良好品牌形象，并最终促成产品或服务销售目的的手段和方式。事件营销是近年来国内外广为流行的一种公关传播与市场推广手段，集新闻效应、广告效应、公共关系、形象传播、客户关系于一体，能够为新产品推介、品牌展示创造机会，建立品牌识别和品牌定位，快速提升品牌知名度与美誉度。它在马拉松赛事旅游活动的营销和推广中同样具有重要的理论和实践价值。

（一）选手报名招徕

当马拉松赛事具有体育旅游产品的属性时，市场营销的工作就贯穿了赛事的组织和实施的全过程。马拉松赛事的营销，是把马拉松赛事作为一个特定的体育产品,面向赛事参与者开展的一系列营销活动。其首要的营销活动就是针对大众选手,吸引广大选手报名,达到赛事报名预期人数。目前我国的马拉松赛事市场存在两个相反的现象:一边是一些品牌赛事报名人数太多,超过额定人数,只能通过摇号抽签的方式来决定参赛人员;一边是部分赛事报名人数偏少,进而导致赛事服务质量难以得到保证。因此,现代竞争格局下的马拉松赛事旅游产品要将旅游市场营销的思维贯穿于赛事组织全过程,从赛事一开始就要用产品营销的理念来指导每个环节的工作。从营销视角来说,一场马拉松赛最主要的营销对象是大众群体,大众参与者是赛事旅游产品的目标用户。对于一些需求侧旺盛的知名赛事来说,这方面的营销压力小了许多,因此也有了对选手进行甄选的权利,如一些马拉松赛事在符合基本报名参赛条件的基础上,通过摇号抽签的方式来确定选手是否具有参赛资格。庞大的市场需求也为赛事突破传统营销方式提供了基础,赛事组委会可以通过多元化的方式对选手进行细分,如通过公益名额、赞助商渠道、中间商渠道等方式,释放一部分参赛名额。此举虽对大众群体不太友好,但对于一场高度市场化的体育赛事旅游活动来说,也是无可厚非的。当然,这种不愁报名人数的赛事毕竟是少数,大多数赛事不可避免地陷入"抢人大战",尤其是在一些赛事举办密集的时间段内。对于这类赛事来说,加大宣传和营销力度,吸引更多选手的关注和报名,就成为赛事报名组织中必不可少的一项工作内容了。一般来说,这类赛事的宣传结合了赛事服务、地方文化、文旅资源、参赛福利、赛事特色等方面,从多维视角出发,最大限度地吸引选手报名。

具体的报名流程,基本是一些程序化的工作,比如报名平台的建立、报名资格审查、中间商渠道的合作等。在报名截止后,要结合选手情况进行参赛号编排和号码布制作。尽管报名是一个程序化的工作,但这个过程也需要节事旅游营销思维来赋能,如加强与跑步团队、企业跑团、公益组织等方面的合作,给予团队一定的报名费优惠,鼓励团队化报名。在号码布上也有文章可做,如南京马拉松就出台过永久号:对连续参加过几次南京马拉松的选手,给予其永久参赛资格的同时为其设置永久的参赛编号。这个举措给予了选手独特的仪式感,同时也使赛事营销组织提前锁定了忠诚客户。报名工作除了面向大众选手,也会涉及精英选手的邀请和服务、配速员招募等,这方面也需要赛事充分展示出自身的吸引力,用最大的诚意来获得这类选手的肯定和支持。

（二）赞助商支持

营销的对象不仅仅是选手，还包括各类商业企业和组织——它们可以为赛事的举办提供更强大的赞助和资金支持。强有力的宣传是赛事营销的重要手段。赞助商希望产品和服务被更多的选手接纳和认可，被更多的公众知晓和喜欢，这有赖于马拉松赛事这样一个大型的节事旅游活动来实现，因此赞助商对赛事的参与人数、宣传手段、传播格局等方案都有一定的期待。大规模的马拉松赛事活动，能带来巨大市场活力与经济增长潜力，沿赛道的酒店、旅游、餐饮等行业的潜力将被进一步开掘，推动各地经济驶入"高速路"，因此马拉松也是各大品牌进行体育营销的必争之地。在这个过程中，双方其实存在着一个实力权衡的过程：赛事品牌影响力大，则对赞助商有更大的吸引力，也拥有更多的主动权；相反，一些新赛事或影响力不够突出的赛事，在招商方面面临着一定的压力，需要通过时间的积累和实践的检验，不断磨合和探索合作路径。从发展趋势上看，市场上将淘汰一批缺乏资金、赛事水平下降、缺少特色的马拉松赛事，从而变相实现社会资源、市场资源向顶级赛事汇聚。

对于大型知名赛事来说，在招商过程中对赞助商的类型和等级进行划分是常见的做法，如部分赛事的赞助商有冠名赞助商、荣耀赞助商、官方赞助商、赛事支持商、特别支持单位和官方摄影服务商等不同等级和类型。马拉松赛事根据企业提供的不同层次的资金和服务赞助，给予企业与之相一致的赛事权益回报，如商业使用权益、赛事礼遇权、赛事设施广告权益、媒体宣传权益等。在赛事宣传方面，比较常见的手段是电视直播，同时利用现代新传播格局和平台，打造"电视＋网站＋新媒体平台＋自媒体"的传播矩阵，营造全媒体覆盖、传统主流呼应、事件直播到达的传播氛围，多角度、多方位、多维度宣传报道。高效的、丰富的宣传给赞助商更多的营销回报。同时，赛事还可以组织举办各项配套活动为赛事烘托气氛，带动"体育＋文化＋旅游"深度融合。此外，充分开发广告资源，也是吸引赞助商的重要方式，如在起终点、比赛沿途赛道、运动员号码牌、工作人员装备、户外建筑、平面秩序册、观赛秩序册、成绩秩序册、服务秩序册等位置，展示企业标识。马拉松赛事推动各类企业对外宣传品牌形象，借助媒体的渗透力和赛事的影响力，为企业提供展示企业文化的平台，提升企业的知名度和影响力，实现社会效益和经济效益双丰收；通过对赞助商的营销活动，获得赞助商的加持和赋能，最终实现赛事获得能量、企业获得利益、选手获得满意的多利格局。

（三）周边商品营销

树立全域旅游产品开发的意识，进行马拉松赛事周边产品和衍生产品的开发与营销，对于推动马拉松赛事旅游活动的持续发展具有重要价值。赛事衍生品的开发在赛事市场开发中占据着重要的位置。大型赛事，如奥运会、世界杯、世界大学生运动会等，会开发吉祥物、纪念奖章、主题服饰、周边文创等与赛事相联系的衍生产品。而国际上商业化程度较高的体育赛事项目，如西甲、英超、NBA等，会设立专门的赛事相关衍生品开发管理机构，发布和销售赛事周边产品，这也成为稳定的收入渠道。例如世界杯期间，有关于足球的体育用品、足球、球衣和球鞋等成为大众抢手的商品；成都大运会期间，川剧变脸蓉宝吉祥物手办摆件、川剧变脸盲盒手办、熊猫公仔等成为热门商品；北京冬奥会期间，吉祥物"冰墩墩"被全网追捧；杭州第19届亚运会的吉祥物是组合名为"江南忆"的机器人，以吉祥物为主题的毛绒玩具、钥匙挂件、手机支架等产品也十分畅销。目前我国马拉松赛事对赛事衍生品的开发普遍不够重视，只有极少数的马拉松赛事在特定的赛事周期开发了相关文创产品。如北京马拉松，在北马40周年时，设计开发了一批文具、衣物等纪念品，对于许多人——无论是否参与过北马赛事——来说，都是值得收藏和纪念的商品；2023年打造出"马小北"的马拉松文创品牌，进一步丰富了北京马拉松的衍生业态。2023常州西太湖半程马拉松打造了西马10周年系列纪念品，涵盖了服装、箱包、文创、文具等多个类别，大大拓展了赛事全范围感知度。因此，通过周边产品的开发，拓展马拉松的营销渠道，从外部资源入手，提升马拉松赛事旅游的吸引力，是面对高度竞争格局，提升赛事竞争力的有效手段。

（四）潜在市场开发

马拉松赛事作为一项公共的体育节事活动，除了对参赛选手外，对赛事活动潜在参与者、观众、选手亲朋好友等多个群体也产生了深刻影响。

伴随着我国旅游产业和全民健身的深入推进，越来越多的群体从马拉松的观众转化为马拉松选手。一场马拉松赛道周围的观众，实际上都是马拉松赛事活动的潜在参与者。实际上，很多马拉松选手是被周围的选手和赛事影响和带动起来的。赛场氛围不仅给赛道上的选手以极大的鼓舞，也给了赛道外的观众以强烈的刺激。对于马拉松赛事活动而言，只有不断地吸引更多的群体参与其中，扩大大众市场群体，才能为持续推动马拉松赛事旅游行业高质量发展提供动力支撑。除了赛事本身的感染力和吸引力，长期的跑步运动宣传、科普、培训和引导，也是培育马拉松赛事市场的重要方式。马拉松赛事旅游活动不是说参与就能参与的活动，参加的选手需要进行长期的准备和训练，因此，马拉松赛事组织有了与赛事上下游关联产业合作营销的机遇，如跑步装备、运动训练课程、健身设施、穿戴用品、运动数字产品和服务等行业，都成为赛事营销的伙伴。

此外，在一场具体的赛事中，直接服务对象不仅有选手本身，还包括选手的同行人——他们并不是参赛选手，而是为了陪同选手参赛来到该地区，顺便开展一次旅行活动。这种以跑步的名义带着家人去旅游的方式正在成为一种潮流。亲友的鼓励和陪伴，对参赛者保持良好的心理状态是至关重要的，可以减轻参赛者的精神压力，带给他们更多的动力。在比赛中，亲友的助威和加油更是让选手们倍感振奋，所以亲朋好友们的支持和鼓励是马拉松比赛不可缺少的背后力量。一开始是带着家人去旅行，慢慢地也开始出现带着家人去跑马，如"家庭跑""亲子跑"等逐步成为我国马拉松赛事旅游活动营销和文化推广的重要方式。让"一个人的马拉松"变成"一家人的马拉松"，给予跑者们与家人共同参与马拉松的温馨回忆，用家庭概念营造一个健康的马拉松环境，设置适合全家人参与的赛事活动，让家人共同完成一次赛事体验和挑战，对于推动越来越多的家庭关注健康、关注运动、关注爱与陪伴，具有重要意义。

（五）公共关系维护

随着马拉松赛事举办数量的增多和参与人数的攀升，同时新的传播格局和生态网络的逐步形成，一场马拉松赛事的优点和缺点、积极意义和负面影响都会经过传播并形成一种现象。和旅游地注重地方旅游形象、加强品牌建设、打造良好的公众形象一样，马拉松赛事旅游同样需要建立赛事与公众之间的良好关系，塑造良好的赛事公众形象，这成为赛事营销必不可少的一环。

　　自媒体时代，人人都是媒体，每个人都从"旁观者"转变成了"当事人"，每个人都是信息的传播者，而且"处处是中心，无处是边缘"。马拉松赛事旅游中要树立危机意识，及时发现和处置各类负面舆情。危机事件一旦发生甚至仅仅是呈现丝毫的征兆，信息都会在第一时间内在互联网上传递。这种情况下要对负面事件——包括一些赛事不文明现象、危机事件或话题事件——进行公关。马拉松赛事组织者依据危机时期的演变规律对赛事的危机事件进行识别、沟通和管理。通过对风险和利益相关者的识别，树立危机意识，预防危机；面对危机应第一时间采取措施，成立紧急公关小组与公众和媒体进行双向沟通；最后通过对危机的管理和反馈优化组织结构，重塑赛事形象。

　　当然，更多的公关管理是一种主动的、积极的、善意的行为。马拉松赛事本身就具有公众的健康理念，因此赛事与公益的结合成为众多马拉松赛事品牌建设的重要手段。如兰州马拉松携手特殊教育中心，为"星星的孩子"带去一份光芒与温暖，进行孤独症儿童文创、手绘作品等的公益义卖，可以呼吁更多人关注特殊儿童成长，也为美好的生活注入爱与温情。六盘水马拉松开展"六马奔腾·为爱捐步"线上公益马拉松活动，通过坚持完成运动类任务进行捐赠，打造"一个人可以温暖一群人，一群人更可以温暖一座城"的公益品牌。厦门马拉松更是将公益的内涵和范畴扩大，让生态文明理念融入马拉松，举办绿色环保、无烟无尘的马拉松，利用科技手段让赛道秩序尽快恢复整洁干净；同时还针对跑步人群增加的形势，设置了厦马"爱心驿站"，服务更多的运动人群。从爱心马拉松到爱心之城，厦门马拉松成了公益赛事的典范。有"国马"之称的北京马拉松，更是扛起了赛事公益典范的大旗。北京马拉松在不断提升竞赛品质与商业价值的同时，还积极承担品牌应有的社会责任，将公益内涵融入赛事的长期发展愿景，先后推出了"为公益而跑""益呼百应""人人公益"等赛事公益活动，促使众多路跑爱好者在挑战自我的同时，以实际行动推动公益事业的发展。北京马拉松还成立了"北京马拉松公益基金"，打造了赛事自主公益品牌；针对儿童关怀与发展、社会关爱救助、教育支持、体育文化等多领域开展公益合作，带动更多热心公益的跑友、赛事和组织参与到公益活动中来。公益活动的开展，极大地优化了马拉松赛事与公众之间的良好关系，对于提升赛事形象和品牌价值、推动全民健身、促进社会文明等方面具有重要意义，是对马拉松赛事文化价值的深度展示和传播。

以上仅从节事旅游角度对马拉松赛事旅游活动组织进行了分析，而不是要提出一套关于马拉松赛事活动组织的流程。关于具体的赛事举办流程，各赛事组委会、赛事运营机构应在国家体育主管部门的政策指导下，结合当地的实际情况进行安排。无论什么赛事，其基本的组织原则都是一致的，就是从选手的参与体验出发，确保赛事的安全、顺利。而由于各地举办赛事的条件存在一定差异，办赛的理念也各不相同，因此在具体的赛事组织和实施过程上才会呈现出多样化的状况，给选手以不同的体验和感受。从某种意义上说，个性化的服务也是为赛事的服务提升、品牌构建提供了空间。在严格遵守赛事规程的基础上，尽量从旅游体验的视角出发，为选手提供更加丰富的参赛体验，在提升选手满意度的同时也推动着赛事品牌的深度发展。

第三节
马拉松赛事组织与服务优化策略——以无锡马拉松为例

无锡马拉松创办于 2014 年，是江苏省的首个全程马拉松赛事，相较于国内其他马拉松赛事而言，算不上历史悠久。经过 10 年的发展，无锡马拉松已经成为我国马拉松赛事中一道耀眼的风景，在广大的跑友中形成了良好的口碑，甚至拥有了"零差评"的美誉。国际马拉松和公路跑协会用"young, scenic, sophisticated"（年轻的、风景优美的、经验丰富的）这几个词来形容锡马。无锡马拉松从起步到成长，从成熟到优秀，见证了中国马拉松赛事的发展，见证了中国跑友的进步。2023 无锡马拉松赛事强势升级，实现了"五赛合一"（无锡马拉松、2023 年全国马拉松锦标赛无锡站、布达佩斯世锦赛选拔赛、杭州亚运会选拔赛和大运河马拉松系列赛无锡站），创下锡马赛事历史之最，也成为 2023 年国内整体等级最高的马拉松

第五章
节事旅游视角下的马拉松赛事组织与管理

赛事之一。

回顾无锡马拉松赛事的发展之路,从节事旅游的视角,可以发现无锡马拉松是真正做到了赛事、节事和旅游的高度融合。它将赛事与城市融合,高度关注和瞄准参与者的需求,在赛事的组织和实施方面探索出了一条马拉松赛事旅游高质量发展的路径。在遵照马拉松赛事举办的基本组织规范和流程要求的基础上,无锡马拉松在多个方面的组织和服务经验,值得借鉴和学习。

一 赛事特色与城市文化的高度融合

(一)基于城市特质的特色赛事

无锡被誉为"太湖明珠,江南盛地",地处长江三角洲平原,北倚长江,南滨太湖,京杭大运河穿城而过,优越的地理环境孕育了鱼米之乡的富饶。无锡是一所历史悠久又充满现代气息的城市:一面是婉约的江南风光、秀丽迷人;一面是发达的经济,工商名城。无锡马拉松与无锡这座城市紧密相融:城市悠久的历史和灿烂的文化为无锡马拉松注入了内涵,良好的经济基础和热情开放的无锡市民又推动了无锡马拉松步入高质量发展轨道。无锡马拉松的独特魅力不仅在于其赛道沿线的美丽风景,更在于承载了无锡历史文化的浓郁氛围及无锡市民彰显的出色素质。在参与无锡马拉松赛事的过程中,选手能充分领略到无锡市民勤恳向上、擅长合作、彼此尊重的优良品质。无锡市民在这项赛事中积极参与、奋力拼搏、相互激励,不仅在赛场上展现出了优秀的体育精神,更给予了来自各地的参赛选手热情的支持和温暖的关怀。

无锡马拉松每年都会选择在江南初春的美丽时节举办,以自然风景与现代化城市的完美结合作为规划理念。从2014年开始,无锡马拉松就有了个独特的主题色——粉色。每年赛事举办期间,都是无锡樱花盛开的时期,鼋头渚的樱花雨就成了无锡马拉松的一大特色。选手们跑过无锡鼋头渚时,可以尽情地享受樱花绽放的美丽春色,体验一场别样的马拉松。无锡马拉松也成了一部记录无锡现代化发展的"连续剧":赛道两侧不仅是无锡风景最美的地方,也是科创聚集之地,如国家集成电路设计中心、雪浪小镇、国家数字电影产业园等蓬勃兴起,新生的太湖湾科创带承载了城市发展的新梦想与新希望。锡马赛道不断展现着科技领先、生态和谐、人才汇聚、文脉绵延、人民幸福的城市新风景。从城市美景到城市文化，从跑者素质到组织服务，无锡马拉松不仅体现了秀美山水给予的"高颜值"，更向世界完美展现了"钟灵毓秀、敢为人先"的城市气质。

（二）"人在画中跑"的特色赛道

自办赛以来，无锡马拉松一直秉持着"马拉松是城市回馈给全社会的最好礼物"这一理念，从赛事报名阶段开始，用全面、温馨、便捷、周到的服务贯穿跑者参赛全过程。其中的亮点之一就是"人在画中跑"的特色赛道：全程贯穿城市的主要行政区域，覆盖各类典型的交通道路、公园绿地、经典景观等区域，赛道沿线汇聚着无锡城市最具代表性的双楼、百年古树、翰墨书院、水街老巷等历史文化景观，营造出一种融合了人文艺术与现代化城市气息的别样时尚。这条赛道，向每一位远道而来的选手展现着旖旎的江南风光、深厚的文化底蕴。赛道途经蠡湖、鼋头渚、十里芳堤、尚贤河湿地、贡湖湾湿地等自然景观，带给选手们绕着城市"绿肺"跑的独特体验。42.195公里的赛道串联起鼋头渚风景区、蠡湖之光百米高喷、十里芳堤、江南大学、无锡太湖国际博览中心、无锡市民中心、无锡大剧院、太湖之星等美景，一路风光美如画卷，诠释着"人在画中跑"的意境。基于无锡这座城市的开放与包容和无锡马拉松的专业态度，五湖四海的跑者远道而来，以奔跑的方式来感受无锡和无锡马拉松的魅力。

二　基于跑者需求的高质量服务

精心的赛事组织包含着对参赛选手的高质量服务。从潜在选手决定报名开始，无锡马拉松的服务已经开始对接，全方位地考虑选手在每一个环节中的实际需求，从报名到赛前报到领物、从交通接驳到餐饮住宿服务等，从赛前到赛中再到赛后，真正建立了全过程、全范围的服务体系。

（一）人性化的报名设置

在无锡马拉松赛品牌不断提升、报名人数不断攀升的背景下，赛事一开始就注重打造公平、公开、公正的参赛机会，除去赛事的直通名额，剩余名额均采取抽签方式来确定，所有抽签环节都在公众监督的情况下进行,以此来保障每位参赛报名选手都享有公平的参赛机会。抽签当日,公证处的工作人员监督抽签全过程,所有数据和抽签结果也都在赛事官方网站公示,公开接受社会监督。这种抽签方式不仅得到了业内的认可,也得到了跑友的好评。从选手的角度考虑的思维方式,赢得了跑友的尊重与好感。

没有中签的选手还有机会参与无锡马拉松吗?中签的选手如果因为特殊情况不能参赛怎么办?一边是想参与却没有获得机会的选手,一边是因故未能参赛的选手,如何在两者之间做到更加优化?如果仅仅从经济角度来说,一次报名结束,中签就跑,放弃也行,没中签就没办法,这种模式对组委会来说其实是最省力的,也有规则作为依据,不会让赛事组委会承受道德和舆论压力。但无锡马拉松从跑者视角出发,想得更远、更细致,在报名环节推出了"候补退出机制",即已获得参赛名额的选手如无法参加比赛可在官网办理退出手续;有选手退出时,由候补顺序靠前的选手替补。一场马拉松需要长时间的准备,报名时间也远早于比赛时间,随着赛期临近,不可避免地会有选手临时有事不能参加。通过"候补退出机制",已中签却因个人原因无法参赛的选手可以在截止日期前放心退出,不必承受全部报名费的损失。同时,未中签的选手有了更多的机会参赛,让等待成了期待。这种由组委会回收分配名额的方式,保证了名额分配的公平,也避免了因转让或者赠送名额而产生替跑及由此带来的安全隐患。

(二) 流畅的报到和领物

基于无锡马拉松的吸引力,参赛选手中外地选手越来越多。据统计,近年来85%的锡马参赛选手来自外地。因此,赛事举办前一天往往是报到领物的高峰期。如何确保选手能顺利抵达和顺畅领物,又是考验组委会的一个重要环节。无锡马拉松推出了"参赛选手身份识别系统"和"智能领物系统",让领物精准而又高效。基于人脸识别技术的参赛选手身份识别系统,不仅从领物开始就"拒绝替跑",也减少了选手排队进场的时间,还将选手、家属、展会观众分流进入不同安检通道,井然有序。

(三) 有条不紊的赛场秩序

马拉松赛事的出发秩序至关重要。很多赛事出发区按照"全程在前,半程在后"的传统分区方式，这样一来，半马选手中的佼佼者需要穿过大量的全马选手，毫无疑问会对成绩产生不小的影响。如何让马拉松赛起跑更加顺畅？那就是让身边的每位选手跑步实力和你基本一致。无锡马拉松采取了全半程混编分区的方式，将所有全半程选手按照速度快慢统一划分排队的前后区域。即根据所有已获得参赛名额选手的成绩数据设定了每个分区的全程和半程成绩门槛，只要选手的最好成绩符合该项目分区的全程或半程任一成绩门槛，就会被编入相应的分区。如果有选手不按分区出发怎么办？除了检录环节志愿者会对选手进行识别和确认外，赛事还用最简单直接的规则来对选手进行约束：若不按照分区站位出发将导致没有成绩，甚至将面临禁赛等更严重的处罚！无锡马拉松的出发设计一方面体现出了赛事对选手的温情和人文关怀，另一方面也表达了基于智慧技术的严肃和认真。有条不紊的出发秩序，让每一位选手都能按照自己的节奏奔跑，减少互相的干扰，也更能让选手创造出更好的成绩。

（四）高质量的赛事过程服务

赛道服务既是基本服务，也是无锡马拉松高质量服务的重要场景。以2023无锡马拉松赛为例，共设置19个补给站、8组喷淋降温站、10组雾炮车，招募赛事志愿者5 139人。在参与赛事服务保障前，每位工作人员都将进行专业细致的赛事培训。为了保障参赛选手的安全，一方面，组委会建立了齐全完善的赛事安保体系，投入警力及安保人员3 968人；另一方面，组委会建立了完备的赛事医疗体系，在赛道沿途设立了26个固定医疗站，配备1架医疗救援直升机、20辆救护车、100台AED，安排专业医护人员104人，在赛道沿途分段配备流动AED医疗救援员100人、医护跑者130人和赛道急救志愿者300人等，医疗保障人员总计约1 240余人，为选手提供全面、及时的现场救助和医疗保障，最大限度地保障参赛选手的生命安全。

在基本的安全保障服务之外，在赛道的气氛打造和文旅展示方面，无锡马拉松也是用心之极。为配合锡马的比赛，无锡市文化体育和旅游主管部门全力营造热烈、盛大、精彩的赛事氛围，赛道沿线合理设置节点，以啦啦队、鼓舞、扇舞、腰鼓、健身舞蹈、太极拳等形式多样的文体展演为赛事助阵。除了专程设置近70个氛围营造点，组织赛时在赛道沿途开展群众性文体项目展示展演和群众加油助威外,还通过多点位覆盖、多渠道宣传的方式,在赛事的起终点及赛道周边、市内核心商圈、重要交通枢纽站,设置了无锡马拉松相关宣传广告,营造全城热烈参与的赛事氛围。

对选手的优质服务,不能牺牲市民的利益,要在可能的范围最大限度地协调双方的需求。无锡马拉松创新式地设置了"动态分割、流动过马路"的方式:用一条警戒带封掉半边马路,行人在警戒带后面过半个马路;然后切换选手赛道到另一侧,行人通过另一半马路。这样既保证了选手比赛节奏不被打乱,也最大限度减少了对市民出行的干扰,避免了一刀切的封路模式。此举彰显出对市民的友好,更体现了高超的赛事组织和资源协调的智慧。市民和观众是赛事的一部分,对非选手的大众给予足够的关爱,才能持续得到市民和城市的支持,赛事也会得到更加长久的发展。

(五) 文旅、商旅延伸服务

无锡的3月本就是旅游旺季,游客接待量大。无锡马拉松在此期间举办,旅游需求将集中释放,客房的供需矛盾突出。为保证来无锡参赛选手既跑好马拉松,又能舒心惬意地赏樱、寻春、访友,无锡马拉松赛事运营方推出"一站式参赛服务":精选一批无锡优质酒店,为选手提供量身定制的专属商旅服务,为选手节省参赛成本。选手可以在赛事官网或者无锡马拉松参赛助手微信小程序直接预定相关酒店,这些赛事的合作酒店都不同程度地对入住的选手给予优惠。酒店类型多样、档次各异,既有在景区的高档酒店,也有毗邻锡马起终点的知名酒店,以及位于城中商圈的品牌连锁经济型酒店,充分满足参赛者不同的消费需求。比赛当天,各酒店将为参赛者提前开放早餐或提供打包好的早餐,并提供酒店到赛事起点的免费交通接驳服务,为选手免去人生地不熟查路线、起早还打不到车之苦。比赛当天可延迟退房,参赛者在完赛后可以洗澡休息,免除赶时间的焦虑。除了不能帮选手跑步,其余都可以提供服务——这种延伸式的商旅服务,大大提升了无锡马拉松的满意度。

除了商旅服务,无锡马拉松还整合了无锡的旅游景点、观光胜地、地道美食等旅游业态资源,提供了延展式的文旅服务。如无锡影视基地为无锡马拉松开设免费班线,让已完成报到的选手乘坐摆渡车来到三国水浒城,感受传世名著中经典场景与故事的魅力,且同行家属也同享门票优惠；鼋头渚、惠山古镇、梅园等景区都对参赛选手实行半价优惠。选手的参赛包里放了多张无锡马拉松专属优惠券，涵盖美食、娱乐、休闲、景点等各方面。其中，百年老字号王兴记的优惠券最为别致——做成了小笼包的造型，凡参赛选手凭参赛手环到店消费，可享优惠。不少外地参赛选手不约而同来到王兴记品尝无锡的甜，让这家百年老字号成为无锡马拉松选手的"包场"。让参赛不仅是参赛，马拉松也不仅是马拉松，而是以马拉松的名义开展的一趟旅行，这种延展式的文旅服务，进一步拓展了马拉松赛事旅游的空间和场景。

三 赛事参与者的仪式感体验

（一）高度仪式感

无锡马拉松最具仪式感的时刻之一，是志愿者亲手为选手戴上象征着参赛选手身份的赛事手环。手环既是选手的识别标识，也代表了赛事对选手的尊重和敬意。无锡马拉松参赛服为粉背心，与3月盛开的樱花同色，与城市的风景同频共振。无锡马拉松还为每位选手制作了"隐去姓、印上名、刻上号"的胸牌，部分选手的参赛号码竟然与手机号码或生日一样。各种细节带来的仪式感，让选手有一种参与盛会和节日的感觉。这种来自赛事的微创新之举，为选手带去了大大的惊喜和满足。此外，无锡马拉松在领物期间还举行了官方配速员见面会、赛中赛战队见面会、无锡马拉松慈善论坛、跑步知识讲座等各类活动，全方位提升了选手的仪式感。

（二）绝佳完赛体验

在到达终点后，选手即能享受到丰富的完赛服务：志愿者会给每一位完赛选手挂上完赛奖牌；组委会提供饮水、餐食、水果、奖牌、毛巾、拉伸等基础服务，同时会为参赛选手免费提供单次地铁票，对参赛选手免费提供摆渡服务。在赛事成绩核对完毕后，针对在无锡马拉松赛道创造出个人最佳成绩（PB）的选手，将免费向选手发放PB服，如2020无锡马拉松PB服以黄色为主色调，印有"UR THE BEST"字样，致敬每一位超越昨天自己的选手；还在相关报纸上刊登所有PB选手的名字，将报纸寄给每一位PB选手。选手还可以通过赛事小程序，下载自己的比赛照片和视频，见证自己的拼搏历程。无锡马拉松的比赛虽然已经结束，但服务、体验和仪式感还在延续，这也是无锡马拉松口碑连年攀升的重要原因。

（三）个性奖牌设计

无锡马拉松对选手完赛奖牌的设计也是格外用心，每年都不断创新奖牌设计，并与无锡的文化、非遗、旅游元素融合。如2015年横空出世的镂空设计、2016年镶嵌宝石、2017年动态樱花雨、2018年3D镂空设计等，从美观到互动，奖牌也逐渐从一种平面设计发展到可以在手中把玩的交互产品。如2020无锡马拉松的奖牌，将无锡的市歌《太湖美》融入其中，创造性地设计了"DIY太湖美纪念牌"。选手获得单独拆分的各个零件和安装工具，需要亲手安置音鼓、对接摇杆、调整音板、拧上螺钉；组装完成后，轻轻转动摇杆，就会听到优美动听的《太湖美》乐曲。这是刻着无锡烙印的最好纪念品，让选手始终对无锡这座城市和无锡马拉松保持着热爱和青睐。2020无锡马拉松DIY奖牌印刻3月22日（2020无锡马拉松原定开赛日期）的字样以铭记特殊的2020年。

四 高效的资源整合助力赛事服务提升

对商业资源的高效整合，也是无锡马拉松服务品质提升的重要保证。赞助商看中赛事的同时，也期望通过赛事对自身的品牌有更多的曝光。无锡马拉松在整合赞助商资源的过程中，充分利用汇跑赛事平台，将全年所有的赛事整合打包与赞助商合作，创新了马拉松赛的招商模式，得到了众多品牌的关注，与国内外多个品牌开展了深度合作。得益于众多优秀品牌对赛事的赞助与支持，无锡马拉松才有更多的能量为选手和大众提供更周到的服务。无锡马拉松强大的市场感召力在吸引品牌合作的同时，也将这些品牌引入年度其他赛事中，用持续的宣传和曝光机会吸引并刺激赞助品牌的加入。无锡马拉松有自己的赛事平台体系，从赛事报名到酒店预订等为参赛选手提供全套的赛事服务。无锡马拉松逐步实践自身的赛事平台与合作伙伴的平台合作，借助合作伙伴平台庞大的客户群体和知名度挖掘出与赛事相匹配的目标群体，将客群吸引到赛事的平台中，进而转变为赛事的受众群体，利用对方平台推动赛事的宣传与推广，通过互相借势的方式让双方实现共赢。如无锡马拉松与京东体育合作，在赛事报名阶段京东体育利用自己的平台为锡马搭建专题页面，使所有浏览京东页面的客户群体都可以接收到无锡马拉松的广告宣传，为大众认识无锡马拉松开辟了新渠道，带动对赛事感兴趣的人群进入无锡马拉松的赛事平台。无锡马拉松还与野生救援组织合作，并与京东体育联手，在京东众筹平台发起"GOblue向蓝"公益活动：赛事拿出 100 个马拉松公益名额进行众筹，所筹得的款项全部捐助给野生救援组织用于"GOblue 向蓝"项目的宣传和推广。种种与商业及公益平台的联动，通过互换资源的方式，为扩大无锡马拉松的市场起到了非常好的推动作用；从根本上说，也是为无锡马拉松的服务质量提升和品牌塑造提供了坚实的经济基础。

五　关注旅游服务和品质

无锡马拉松既是顶尖选手精彩角逐的绝佳舞台，又从不辜负大众跑者努力训练的汗水。在 2023 无锡马拉松的赛道上，一方面是顶尖高手再创佳绩，中国选手何杰和杨绍辉分别获得亚军和季军的同时均打破全国纪录，选手个人实力加上无锡马拉松的高质量保障和服务，促成了这一盛举。另一方面，1 262 名全程马拉松选手跑进 3 小时，又是一场大众马拉松选手的盛事。无锡马拉松真正体现了马拉松是竞技运动，又是大众运动、全民运动。

在分析无锡马拉松赛事的高质量赛事服务时，笔者也关注到关于无锡城市旅游满意度的一项调研。2016 年 1 月 7 日，江苏省旅游局与清华大学媒介调查实验室联合发布 2015 年第四季度暨年度游客满意度调查研究成果：继 2015 年前三季度均取得全省综合排名第一后，无锡在 2015 年第四季度暨年度综合排名中均居全省第一位。据 2022 中国城市旅游发展论坛发布的《全国游客满意度报告（2012—2022）》，2012 至 2022 年，无锡游客满意度累计 17 个季度排在 60 个样本城市前十，其中，获 4 次第一、1 次第二、1 次第三。无锡马拉松赛事的运营和服务，已经跳出了赛事本身的范畴，而是从更加广阔的旅游服务质量的维度出发，把赛事当作旅游产品一样去运营，把选手当作旅游者一样去服务。无锡城市旅游的高品质，也催生和带动了无锡马拉松的高质量发展。由此可见，无锡马拉松赛的成功并非偶然——与城市旅游的发展和大众满意度密不可分。同时，无锡马拉松作为城市体育旅游项目的新名片，又为无锡的城市旅游注入了全新的动力。

关于无锡马拉松的案例分析，笔者有必要做一些必要的补充说明。在分析无锡马拉松案例的过程中，搜集了很多的资料，其中不乏众多溢美之词，但对于一个赛事旅游研究的案例，笔者要尽量保持客观和理性，于是便也从身边参与者的体验视角和本人亲身感受多种角度出发，从更加全面和立体的角度，对无锡马拉松进行了较为系统的分析。截止到目前，笔者已经参加过 4 次无锡马拉松，其中半程项目 1 次、全程项目 3 次，目前全马的最好成绩也是在无锡马拉松赛事中创造的。笔者甚至还体验过无锡马拉松的赛事收容服务，可以说对无锡马拉松的各项服务和流程比较熟悉。基于此，笔者十分乐意将无锡马拉松作为一项经典的案例来与读者分享，更期待我国的马拉松赛事旅游能从中获得更多的启发，在借鉴中不断创新，为大众提供更高水准、更好品质的马拉松赛事旅游产品，持续推动我国体育旅游行业高质量的发展。

第六章

旅游服务质量与马拉松赛事品牌研究

第一节
旅游服务质量

质量是人类生产生活的重要保障。无论对于一个国家还是对于普通大众来说，质量以及质量提升都具有重要意义。对于国家来说，建设质量强国是推动高质量发展、促进我国经济由大向强转变的重要举措。2023年2月印发的《质量强国建设纲要》提出，必须把推动发展的立足点转到提高质量和效益上来，培育以技术、标准、品牌、质量、服务等为核心的经济发展新优势，推动中国制造向中国创造转变、中国速度向中国质量转变、中国产品向中国品牌转变，坚定不移推进质量强国建设。旅游业作为典型的服务业，其服务质量直接影响到大众的生活品质。旅游服务质量是旅游业作为现代服务业的内在属性，是旅游企业核心竞争力的重要组成部分，也是衡量旅游行业发展水平的重要标准。

一 旅游服务质量基本内涵

（一）旅游服务质量的涵义

服务质量是质量的延伸，旅游服务质量则是质量和服务质量具体到旅游行业的体现。关于旅游服务质量的涵义，相关的研究中较少给出一个具体明确的定义，大多是从不同角度进行解读。从旅游行业的属性来说，旅游消费者对此最有发言权。可以直接又简单地认为：旅游者满意度高的产品就是高质量的产品。这也是服务业"顾客即上帝"服务理念的具体实践。若从宏观、整体、全域和长远的视角来看，不能简单地将游客满意等同于高质量，只能说游客的感受和满意度是衡量旅游服务质量最重要的因素——但绝非全部。在大众旅游时代，游客属性多元化，旅游需求千差万别，旅游品质要求各不相同，再加上旅游行业本身的特性——时间变换、空间转移、资源唯一等，决定了即使是同样的旅游产品，在不同的情形下也会有不同的感受和体验，进而导致满意度也存在一定差别。整体来说，随着旅游业的不断发展、消费者品质需求的提升和旅游企业管理水平的提升，旅游服务质量成了一个全社会关注的话题。

从旅游供给的角度来说，旅游业服务质量是指旅游企业在提供旅游服务过程中所表现出来的服务内容、服务水平和服务态度等综合性内容，包括旅游产品的质量、旅游服务的质量和旅游环境的质量三个方面。旅游产品的质量是指旅游产品的设计、制造和销售过程中所表现出来的质量水平，旅游服务的质量是指旅游企业在提供旅游服务过程中所表现出来的服务水平和服务态度，旅游环境的质量是指旅游目的地的自然环境、人文环境和社会环境等方面的质量。从旅游消费的角度来说，旅游服务质量表现为消费者在接受旅游服务中的体验和感知程度，具体来说就是游客在付出一定的时间、货币、精力等各类综合成本后，在旅游活动中所获得的满足感。不管从什么角度去认知旅游服务质量，显而易见的是，旅游服务质量的好坏直接影响着旅游者的旅游体验，进而影响旅游企业的经济效益。旅游服务质量对行业、企业和旅游者都能产生深刻的影响，因此成为旅游理论研究和行业实践的重要内容。

(二) 旅游服务质量的研究意义

1. 提升旅游企业核心竞争力

旅游服务质量对旅游行业的影响，主要表现在旅游企业的市场竞争力上。随着旅游企业之间的竞争愈加激烈，服务质量就成了大众选择旅游产品的重要依据，这就促使旅游企业不断提高服务水平，提升服务质量，以赢得大众市场的青睐。优质的旅游服务质量能够提高旅游产品的知名度和美誉度，让消费者对旅游产品产生信任和认可，从而增加消费者对旅游产品的现实需求，提高购买意愿。在此基础上，良好的服务会形成优质的服务品牌，这种无形的品牌价值又会推动旅游企业核心竞争力的提升，最终形成"游客满意—企业竞争力提升—品牌价值增长"的良性循环。旅游企业的管理水平也是影响旅游服务质量的重要因素。旅游企业通过建立完善的管理体系，加强对员工的培训和管理，提高员工服务态度、服务技能和服务水平，把企业管理理念通过员工行为转化为消费者可实际感知的优质服务。

2. 推动旅游行业健康持续发展

旅游服务质量对旅游业的健康发展有着决定性的作用，直接影响旅游行业的发展方向。优质的旅游服务能够吸引更多的游客，提高游客的满意度，继而让旅游行业持续繁荣。反之，如果旅游服务质量差，影响旅游者的体验，甚至部分地区出现宰客、欺诈、胁迫消费等恶劣行为，会严重败坏地方旅游行业的形象。当前，服务质量仍是我国旅游业高质量发展的制约因素，还存在旅游服务质量水平不平衡、旅游服务品质不充分的情况。作为满足人们美好生活需要的重要行业，旅游行业需要加快转型升级，提高服务质量管理水平，提升品牌知名度，以适应旅游服务高品质、多样化需求的新趋势。同时，旅游行业内部的高质量服务也是整体高质量发展的重要保障，需要行政管理部门、行业组织、旅游企业和旅游目的地共同努力，推进落实宏观质量提升政策，加强中观质量的机制建设，引导推动微观质量改革创新，着力解决高质量服务供给不足与低质量服务供给过剩的结构性矛盾，改善区域间质量发展不均衡不充分的问题，创新质量提升手段，让质量提升实现游客有感、企业受利、行业受益。

3. 更好满足新时代旅游者需求

在旅游消费快速变革的背景下，游客更加注重旅游体验，服务质量需求意识进一步增强，对服务质量寄予了新期待。旅游者的需求是影响旅游服务质量的重要因素。旅游企业应该了解旅游者的需求，根据旅游者的需求提供个性化的高质量旅游服务。旅游者期待旅游地有更好的旅游消费环境，这就要求旅游目的地能够树立和强化整体旅游形象观，进一步规范旅游经营服务行为，优化旅游消费环境。在具体的旅游活动中，旅游者则是希望能亲身感受到高质量的旅游服务，包括导游、餐饮、酒店、游览观光等多个环节和场景，这同样对旅游企业服务管理水平和导游等从业人员提出了更高的要求。同时，随着全域旅游的推进、旅游活动的丰富化，高质量的旅游服务需求还延伸到更多的场景。旅游服务质量对旅游行业的影响具有很强的社会效应。提高旅游服务质量有利于在旅游者心目中树立良好的服务口碑和形象，不仅为消费者带来了高品质的旅游体验，还为企业和行业的发展持续注入了强大的发展动力。

二　旅游服务质量研究概述

旅游服务质量对旅游企业的效益和旅游行业的发展有着直接的影响，因此它也是旅游学术界研究的重要内容之一：一方面，用相关的研究理论和方法，以特定的旅游区域、旅游业态或旅游产品为研究对象，通过实证研究方法，对服务质量进行一个定量的评价；另一方面，依托各类市场调查和大数据手段，通过构建出评价模型并与实践结合，对特定区域开展旅游服务质量的监测。旅游服务质量的研究角度呈现出多元化特点，主要有旅游服务质量的影响因素、评价方法、旅游服务质量模型、旅游服务质量提升策略等，包括了定量和定性多种研究方法和手段。如针对旅游服务质量评价的研究，主要包括客户满意度调查、服务质量模型和服务质量标准等。其中客户满意度调查是一种常用的旅游服务质量评价方法，通过对旅游者进行问卷调查，了解旅游者对旅游服务质量的满意度，从而评价旅游服务质量。服务质量模型是一种常用的旅游服务质量评价方法，通常包括可靠性、响应性、保证性、同情心和实体因素五个因素。

旅游满意度的理论研究文献也颇为丰富：从研究对象来说，包括旅游区域、旅游城市、特定的旅游业态、旅游环境等方面；从研究方法上说，包括定性研究和定量研究。不少学者通过量化的方式进行研究，运用层次分析、IPA分析法等方法构建模型、确定指标、测量维度等。如陈丽清以某景区为研究对象，使用AHP-FCE（层次分析法－模糊综合评价）选取人员、设施、景点、价格和配套服务五个维度构成该景区服务质量评价指标体系，分析该景区在旅游服务质量上存在的问题，并对问题产生的原因做进一步的分析，提出提升景区旅游服务质量的一系列建议[①]。钟皓凡利用IPA分析法，针对贵州肇兴侗寨景区旅游服务质量开展研究，以旅游服务质量和游客满意度等相关理论为指导，构建以核心服务、延伸服务为两大维度，餐饮、住宿、交通、游览、购物、娱乐、综合管理、居民态度、服务人员、信息智能化十大分类共记三十项细化评价指标的旅游服

[①]陈丽清. Y景区旅游服务质量提升研究［D］. 南宁：广西大学，2022.

评价体系①。徐佳选择了一个更大范围的特定的旅游业态进行研究，以山东省乡村旅游服务质量作为研究对象，通过对游客感知价值、游客满意度以及游客忠诚度与服务质量之间关系的研究，建立概念模型和评价量表；研究认为乡村旅游服务质量包括乡村性、有形性、可靠性、响应性、保证性、移情性六个维度，这六个维度对游客感知价值存在正向影响②。张坤以具体的旅游城市为例，关注美食旅游中的游客满意度，设计期望值、体验感知值及体验满意度值三个变量，细化美食体验感知的具体因子，将美食体验感知分为激励类美食体验感知与基础类美食体验感知，分析期望、感知与体验满意度之间的影响关系，为旅游目的地打造美食品牌提供建议策略③。李淑霞以中国客家博物馆为例，从游客旅游体验质量视角切入，以体验经济理论为基础，采用文献研究法和问卷调查法、定量分析法，分析旅游体验质量对博物馆游客满意度的影响④。林敏慧等关注到城市型自然公园游客拥挤感知与游客满意度的关系，以广州市大夫山森林公园为案例地，构建了"拥挤感知—调适机制—情绪—游客满意度"理论模型，提出了调适机制的多种方式，对旅游旺季景区和旅游目的地的旅游满意度提升具有一定的参考价值⑤。林威以三亚湾滨海旅游为研究对象，构建了三亚湾滨海旅游服务质量评价体系，运用IPA分析法，对三亚湾滨海旅游服务质量进行测评，梳理查找旅游服务质量存在的问题，针对性地提出了提质升级的建议⑥。可以看出，旅游服务质量本身是旅游学界关注的重点。研究从多维度进行，注重理论与实践的结合，有宏观研究也有微观分析，

---

① 钟皓凡. 基于IPA方法的贵州肇兴侗寨旅游服务质量提升研究［D］. 桂林：桂林理工大学，2021.

② 徐佳. 基于游客感知的山东省乡村旅游服务质量研究［D］. 济南：山东师范大学，2016.

③ 张坤. 美食旅游中游客期望、体验感知对体验满意度的影响研究：以四川省阆中古城为例［D］. 广州：广州大学，2023.

④ 李淑霞. 旅游体验质量对博物馆游客满意度的影响研究：以中国客家博物馆为例［D］. 广州：广州大学，2023.

⑤ 林敏慧，余劲祺，王雅君. 城市型自然公园游客拥挤感知与调适机制及其满意度研究［J］. 自然资源学报，2023，38（4）：1025-1039.

⑥ 林威. 基于IPA分析法的三亚湾滨海旅游服务质量研究［D］. 三亚：海南热带海洋学院，2023.

涵盖了多个类型的旅游形态和场景，对我国旅游服务质量的提升起到重要的推动作用。此外，通过对旅游服务质量研究的梳理发现，随着现代信息技术的发展和智慧旅游手段的普及，对旅游服务质量的量化研究逐步增多，这也成为今后旅游服务质量研究的重要视角和内容。

除了学术界对此开展研究之外，我国旅游主管部门也积极推动基础理论研究，如文化和旅游部开展了旅游服务质量基础理论研究工作，不断完善全国旅游服务质量评价体系相关指标、模型，建立了以游客为中心的旅游服务质量评价体系。目前全国已有多个地区开展旅游服务质量评价，主要形式包括开展满意度调查、编制服务质量监测评价报告、发布蓝皮书、开展网上调查等，进一步发挥了质量评价在推动旅游业高质量发展中的导向作用。

三　我国旅游服务质量实践

除了理论研究，我国旅游行业实践中也越来越重视旅游服务质量。近年来，我国旅游行业服务质量意识和管理水平不断提升，监管能力进一步增强，为维护游客合法权益、规范市场秩序提供了有力保障。

（一）宏观战略引领规划

2023年2月，中共中央、国务院印发《质量强国建设纲要》，对包括旅游行业在内的多个行业提出了品质提升、品牌建设等指导性意见。纲要提出要促进生活服务品质升级。提升旅游管理和服务水平，规范旅游市场秩序，改善旅游消费体验，打造乡村旅游、康养旅游、红色旅游等精品项目。同时，纲要还充分关照旅游行业的一些特点，在旅游安全方面也提出了服务提升方面的意见，如提升面向居家生活、户外旅游等的应急救援服务能力。另外，纲要指出，在"旅游＋体育"的融合形势下，要积极培育体育赛事活动、社区健身等服务项目，提升公共体育场馆开放服务品质。开展多样化体验活动。加强生活服务质量监管，保障人民群众享有高品质生活。国家宏观层面对旅游业的服务质量提升做出了整体性的规划和指导，对于提升我国旅游业整体服务质量具有战略性意义。

（二）行业精准指导提升

旅游行业主管积极落实国家关于质量强国的精神，围绕行业发展中的一些痛点，有针对性地开展了一系列旅游服务质量促进行动。如引导和推动企业落实质量主体责任，加强全面质量管理。完善旅游服务质量基础设施，强化标准监督实施，推动旅游标准化发展由数量规模型向质量效益型转变。提升旅游管理和服务水平，加强质量监管，丰富质量提升手段，开展服务质量评价，加强服务质量品牌培育，举办服务质量提升活动。提升综合监管效能，在旅游领域实施"信用＋"工程，增强信用监管震慑力。创新质量人才培养模式，完善保障工作机制，加强质量工作创新激励，着力优化服务质量提升工作格局，以服务质量提升实效支撑和保障旅游行业高质量发展。通过对行业和企业的精准指导，进一步强化了旅游企业的服务质量意识，大幅提升了我国旅游行业整体服务质量。

（三）各地积极开展质量提升行动

近年来，我国服务质量提升政策体系进一步健全，协同落实力度进一步加大，质量文化建设进一步推进。不仅是旅游企业，不少旅游目的地也非常重视旅游满意度的提升研究，与相关的研究机构合作，开发旅游满意度评价和监测系统，动态监测当地的旅游服务质量变化。如2023年江苏旅游游客满意度调查以"着力推动高质量发展"的更高要求为出发点，结合旅游市场所表现出的新特征、新需求以及旅游行业发展的新趋势，进一步优化完善指标体系，主要从"城市整体环境""旅游区点质量""旅游相关要素""旅游安全保障""文旅融合发展""智慧旅游建设""文明旅游宣导""诚信旅游服务"八项指标开展调查。高质量旅游服务供给更加丰富，人民群众的满意度进一步提高。随着旅游质量提升政策体系更加健全，旅游服务标准化、品牌化、网络化、智能化水平持续提升，中国旅游服务的国际竞争力和影响力持续增强，旅游服务成为中国服务的典型代表。

（四）科技助力服务质量提升

随着智慧旅游的发展和新的传播格局形成，旅游者对旅游服务质量的评价、传播、分享行为也随之改变。新时代旅游者的突出特点之一是信分享行为，主要包括评论、游记、攻略及锦囊等。这些旅游评论中包含着旅游消费者对旅游产品的评价与思考，对旅游企业分析旅游者需求、改善旅游产品等具有重要意义，也成为旅游企业和旅游区域获取大众旅游满意度的信息来源之一。其中，对旅游消费者的旅游评论进行情感分析是挖掘游客满意度的主要方式之一，如通过对网络平台上游客对某旅游产品的点评——主要包括文本、图片、音频及视频等，围绕词频、主题、语义和情感等方面展开分析，可以提取代表旅游产品主要特征的特征词并统计词频；基于特征词可以进一步归纳文本所表达的主题；通过语义网络对旅游评价文本进行语义分析，可以描述文本中词组在意义上的联系和内在相关性，挖掘其背后更加深层的逻辑联系，从而可以对旅游消费者的消费需求进行更细致的了解。

从高质量发展阶段的新要求来看，我国旅游行业还是存在旅游服务质量意识不强、管理水平不高、品牌知名度和美誉度不强、质量基础设施不完善、质量人才匮乏、监管手段不硬、质量持续提升动力不足等问题。旅游服务质量仍是旅游业高质量发展的制约性因素，需要持续注入提升动力。游客质量意识的进一步增强，对服务质量需求与有效供给的适配性提出了更高的要求。在推动行业高质量发展的进程中，服务质量提升工作面临新的形势与挑战。

四 马拉松赛事旅游服务质量研究进展

从整个宏观的旅游产业体系视角看，马拉松赛事旅游还处于发展初期，因此在旅游服务质量研究体系中，马拉松赛事旅游所占的比重并不大，但随着马拉松赛事迅猛发展，供给侧和需求侧都不断提升，相关的研究内容也呈现快速增长的态势。相对于马拉松赛事组织、管理等方面的研究，从旅游者视角出发、以参赛者的体验为切入点，对马拉松赛事旅游的满意度和服务质量方面进行的研究相对较少，主要的研究成果多是近几年的。宋鹏志基于参赛者和赛事主办方价值共创的角度，探究如何提升马拉松赛事旅游服务质量，认为两者间共同营造产生独特体验的实体环境是提升服务质量的支撑要素，共同优化结果质量是提升服务质量的目标[①]。谢

[①] 宋鹏志. 基于价值共创理论的马拉松赛事旅游服务质量提升研究[D]. 上海：上海体育学院，2021.

罢以上海马拉松为例,探讨了城市马拉松赛道景观质量、城市形象与参赛者重游意愿关系,构建了"城市马拉松赛道景观质量—城市形象—重游意愿"的理论模型[①]。邓江晟从旅游者满意度的视角出发,以成都马拉松为研究对象,对成都马拉松赛事旅游发展提出了相应的策略[②]。盘劲呈等以兰溪马拉松为例,从游客忠诚与体育赛事旅游可持续发展角度开展实证研究,构建了基于现象层面的"赛事旅游可持续"框架;研究认为参赛者的参赛动机是形成旅游"期望忠诚"的前提,参赛者普遍认同体育赛事旅游体验的价值忠诚,由体验质量及地方属性共同决定,行为忠诚对促进体育赛事旅游可持续发展具有重要作用,主要表现为消费可持续行为、累积行为、亲环境行为与行为适应性,并在此基础上提出了推动马拉松赛事旅游参与者忠诚度的相关策略[③]。乔伟铭等以厦门半程马拉松为例,对参赛选手的满意度进行了调查和研究,认为该赛事在政府公共服务等方面有较高满意度的同时,在企业化运作的部分指标上有待完善和提升[④]。从研究趋势上说,关注参与者的体验,从旅游者的满意度出发,研究马拉松赛事的服务质量,是今后马拉松赛事旅游研究的热点之一。

  整体上看,对马拉松赛事旅游服务质量的研究还处在起步阶段,大多是以具体的赛事为研究对象,缺少整体宏观的研究,研究方法也比较单一。同时,关于马拉松赛事旅游服务的研究也呈现出快速增长的趋势,研究的范围也不断扩大,其研究维度更加侧重于与一般旅游活动的差异性,以此来探索不同的高质量发展路径,这将成为该领域今后研究的重点内容之一。

[①] 谢罢. 城市马拉松赛道景观质量、城市形象与参赛者重游意愿关系研究:以上海马拉松为例[D]. 上海:上海体育学院,2021.
[②] 邓江晟. 基于旅游者满意度的成都马拉松赛事旅游发展探讨[D]. 成都:成都理工大学,2020.
[③] 盘劲呈,牛文玉,王世春,等. 游客忠诚与体育赛事旅游可持续发展:兰溪马拉松实证研究[J]. 四川旅游学院学报,2022(4):31-36.
[④] 乔伟铭,陈建华,吴坤松. 马拉松赛事选手参赛满意度的调查:以2017年厦门国际半程马拉松为例[J]. 体育科学研究,2018(1):22-27.

第二节
基于参与者满意度的马拉松赛事旅游服务质量研究

在马拉松赛事数量和参与者数量激增的背景下,各马拉松赛事旅游项目之间的竞争也更加激烈。马拉松赛事旅游快速发展过程中,也出现了很多值得思考的现象:为何马拉松赛事旅游能如此快速发展?大众参与马拉松赛事旅游的动机是什么?为什么有的赛事一票难求,而有的赛事却参与者寥寥?本节以江苏省为例,选取其中三个具有代表性的马拉松赛事旅游项目,结合参与者的体验,对其体验满意度进行分析,探讨提升马拉松赛事服务质量的对策。

一、研究设计

(一)研究对象

江苏省是我国马拉松赛事举办最多的省份之一。江苏省南京、无锡、扬州三市在马拉松赛事旅游发展方面具有一定的代表性,各市都有多场赛事活动。本节选取三市最具影响力和代表性的赛事作为研究内容,即以南京马拉松、无锡马拉松、扬州鉴真国际半程马拉松(简称"扬州马拉松")三个具体的赛事为研究对象。南京作为省会城市,具有较好的体育旅游发展基础,曾承办了青奥会、全运会等大型体育赛事,群众体育基础较好。南京马拉松作为我国年轻的马拉松赛事之一,已经入选中国田协金牌赛事和国际田联银标赛事,具有典型的代表性。无锡作为江苏省内经济发达地区,体育赛事旅游发展迅速,尤其是无锡马拉松在短短几年内成为我国知名的口碑赛事,赛事服务和体验度不断提升。扬州是国内较早举办马拉松赛事的城市之一。与南京、无锡不同,扬州至今仍以半程马拉松作为自己的赛事定位。扬州鉴真半程马拉松已成为同时获评中国田协金牌赛事和国际田联金标赛事的双金赛事。

（二）研究方法

为了更好地分析参与者在马拉松赛事旅游的选择动机和体验评价方面的倾向，研究采用"重要性-表现程度"分析法（Importance-Performance Analysis，IPA）。该种分析法由马提拉（J. A. Martilla）和詹姆斯（J. C. James）提出，基本思想是了解顾客对某种产品或服务的满意度，这种满意度源自其对于该产品和服务各个指标属性的重视程度和绩效表现程度，也就是从重要性和绩效表现两个维度出发，综合评价该项产品和服务的满意度。在具体的操作中，IPA 模型架构是将重要性列为横轴，将满意度列为纵轴，并分别以顾客对产品属性重要性、绩效表现评价的中间值作为 X、Y 轴的分割点，将空间分为四个象限——不同的象限分别代表顾客对产品和服务的不同感知，以此来给产品和服务的供给者提供决策参考和建议。IPA 分析方法有助于企业了解顾客满意的维度，并明确服务和产品应优先改进的领域，在旅游休闲等领域有着广泛的研究价值和意义。同样，马拉松赛事旅游本质上是一种参与型的体育旅游产品，参与者同样对该项体验和服务有着基于自身体验的认知和评价，通过 IPA 分析有助了解大众对马拉松赛事旅游体验的满意度。

（三）调研设计

作为一项参与型赛事旅游活动，其更多的关注点应该是大众。这是因为专业运动员、高水平运动员仅占到赛事参与人数的极少部分，而且其参与动机与大众参与者有较大区别。本节仅以马拉松赛事旅游的大众参与者为调研对象，结合中国田径协会《马拉松赛事评价标准》，通过对资深马拉松赛事参与者的访谈、对马拉松赛事运营单位的调研等，结合相关专家学者的研究基础，从赛事品牌、城市特色、服务水平和赛事环境四个方面构建出马拉松赛事旅游的满意度感知要素，以此构建重要性与绩效表现量表。其中，赛事品牌构面包含赛事举办历史、赛事等级、赛事运营单位、赛事主题、赛事规模、赛事成绩水平六个方面；城市形象构面包含城市风光景点、城市自然环境、城市旅游项目、城市人文环境、城市特色美食五个方面；赛事服务构面包含赛事报名友好度、赛事安保、赛事志愿服务、赛前领物服务、赛事补给、起终点服务、完赛纪念品、选手成绩服务、交通接驳服务、赛后康复服务十个方面；赛事环境构面包括赛道线路设计、赛道沿途风光、观众参与氛围、移动厕所保障四个方面。为了更加科学准确地获取参与者的态度，研究对调研问卷的发放对象进行了筛选，以近五年内参加过南京马拉松、无锡马拉松、扬州半程马拉松的大众选手为调研对象，以笔者的亲身体验为出发点，确保信息调研的可靠性。

（四）数据收集

经过专家意见咨询和参与者访谈后，问卷调研于2023年3—5月进行，通过线上线下调研的形式，在相关的跑步论坛、微信群、QQ群等发布，部分调研采用当面问询后填写问卷的形式。共收到问卷286份，经过二次验证，剔除掉明显不符要求的问卷，共收回有效问卷256份。问卷设计主要包括两个部分。第一部分是被调研者的基本情况，其中有一项是近年来共参加的马拉松赛事数量，以此作为是否符合本次调研要求的辅助验证。本调研的对象是参加过南京、无锡、扬州三地马拉松的参与者。调研样本数据如表6-1所示。

表6-1 马拉松赛事旅游满意度调研样本情况表

类别	分项	样本数	百分比/%
性别	男	176	68.75
	女	80	31.25
年龄	22岁及以下	6	2.34
	23～28岁	13	5.08
	29～35岁	29	11.33
	36～45岁	76	29.69
	46～55岁	85	33.20
	56～60岁	32	12.50
	60岁以上	15	5.86
受教育程度	初中及以下	30	11.72
	高中/中专	67	26.17
	大专	75	29.30
	本科	58	22.66
	硕士及以上	26	10.16

(续表)

类别	分项	样本数	百分比/%
职业	机关/事业单位人员	44	17.19
	企业/公司员工	120	46.88
	农民（工）	5	1.95
	个体/自由职业者	33	12.89
	教师	26	10.16
	学生	2	0.78
	退休	18	7.03
	其他	8	3.13

第二部分是结合专家意见、参与者访谈归纳出的 25 项指标，以此来评定参与者对马拉松赛事旅游的评价。为了便于被调研者准确全面熟悉指标的含义，问卷中对各项指标进行了相关的补充说明。如起终点服务，即包括了赛事起点的秩序、检录秩序、出发秩序、存取包秩序、选手集结、人员疏散等；赛事报名友好度，包括了赛事报名流程设计、报名费用、名额设置与分配、抽签环节是否简洁高效科学公正等。该部分分两个阶段：第一阶段是对该 25 项指标的重要性进行评价，这类评价不涉及具体的评价对象，而是以整体的马拉松赛事作为评价对象，采用 1～5 分赋值，分别代表非常不重要、不重要、一般、重要、非常重要五个程度，让被调研人员进行打分。第二阶段是针对该 25 项指标，以南京马拉松、无锡马拉松、扬州半程马拉松为对象，分别进行打分，按照非常不满意、不满意、一般、满意、非常满意分别给予 1～5 分的评价。

二 数据分析

根据调查获得的数据，借助统计分析软件 SPSS 21.0 对问卷进行统计和分析。首先对调查数据进行信度检验，以此来考察数据的可靠性。克农巴赫 α 系数（Cronbach's alpha 信度系数）是较为常用的信度系数，本研究也采用这种方式。通常情况下，总量表的信度系数最好在 0.8 以上，0.7～0.8 之间可以接受。经过 SPSS 21.0 的计算分析，调查数据可靠性统计量的克农巴赫 α 系数为 0.834，说明数据非常可靠，可以开展进一步分析。

(一)马拉松赛事旅游体验重要性调研结果

根据调研数据,25项指标的数据如表6-2所示,排在前5的依次是赛事等级、赛事主题、城市风光景点、赛事安保、赛事线路设计,这在一定程度上反映了大众在选择马拉松赛事时,对赛事和城市给参与者的独特体验方面更加关心,同时,安保是一场马拉松赛事的基本保障,是其他所有综合体验的基础。

表6-2 马拉松赛事旅游指标重要性情况表

评价类型	代码	评价因子	重要性均值	均值排序	方差
赛事品牌	F_1	赛事举办历史	2.877	22	0.878
	F_2	赛事等级	4.348	1	0.985
	F_3	赛事运营单位	3.984	7	1.139
	F_4	赛事主题	4.324	2	1.088
	F_5	赛事规模	3.635	10	0.975
	F_6	赛事成绩水平	2.176	23	0.851
城市形象	F_7	城市风光景点	4.234	3	1.019
	F_8	城市自然环境	3.832	8	0.818
	F_9	城市旅游项目	3.734	9	1.023
	F_{10}	城市人文环境	3.459	14	0.921
	F_{11}	城市特色美食	2.002	25	0.828
赛事服务	F_{12}	赛事报名友好度	2.967	21	0.664
	F_{13}	赛事安保	4.221	4	0.899
	F_{14}	赛事志愿服务	3.504	13	0.776
	F_{15}	赛前领物服务	3.627	11	1.095
	F_{16}	赛事补给	3.557	12	1.041
	F_{17}	起终点服务	3.27	19	0.7
	F_{18}	完赛纪念品	3.045	20	0.888
	F_{19}	选手成绩服务	3.285	17	0.728
	F_{20}	交通接驳服务	3.27	18	0.742
	F_{21}	赛后康复服务	2.112	24	0.908
赛事环境	F_{22}	赛道线路设计	4.053	5	0.848
	F_{23}	赛道沿途风光	4.02	6	1.112
	F_{24}	观众参与氛围	3.316	15	0.651
	F_{25}	移动厕所保障	3.295	16	0.708

(二) 南京、无锡、扬州三地马拉松赛事旅游的满意度结果分析

为了避免被调研人员在评估重要性和绩效表现时相互干扰和影响，调研中先是请被调研者专门针对马拉松赛事的重要性因子进行评价，不涉及具体的赛事；在该项调研完成后，再对各赛事的各项指标绩效表现进行评价，以实现评价的独立性和科学性。三项赛事的绩效表现如表6-3所示。

表6-3 三项马拉松赛事的绩效表现得分情况

序号	评价因子	重要性均值	马拉松赛事旅游满意度均值		
			南京	无锡	扬州
F_1	赛事举办历史	4.305	3.993	4.265	4.658
F_2	赛事等级	4.261	3.396	4.412	4.975
F_3	赛事运营单位	3.693	3.002	4.847	3.231
F_4	赛事主题	4.420	3.998	4.637	4.625
F_5	赛事规模	3.971	3.917	4.079	3.917
F_6	赛事成绩水平	4.020	3.012	4.563	4.485
F_7	城市风光景点	4.726	4.759	4.601	4.817
F_8	城市自然环境	4.082	4.038	4.026	4.183
F_9	城市旅游项目	4.211	4.222	4.218	4.192
F_{10}	城市人文环境	4.267	4.513	4.006	4.283
F_{11}	城市特色美食	3.909	3.889	3.732	4.106
F_{12}	赛事报名友好度	3.861	3.089	4.559	3.936
F_{13}	赛事安保	4.239	3.837	4.938	3.942
F_{14}	赛事志愿服务	4.309	4.037	4.537	4.352
F_{15}	赛前领物服务	4.137	3.897	4.568	3.945
F_{16}	赛事补给	4.153	4.637	4.513	3.308
F_{17}	起终点服务	4.139	3.736	4.679	4.002
F_{18}	完赛纪念品	3.869	3.911	4.637	3.058
F_{19}	选手成绩服务	4.346	4.369	4.536	4.133
F_{20}	交通接驳服务	3.915	4.513	4.226	3.007

(续表)

序号	评价因子	重要性均值	马拉松赛事旅游满意度均值		
			南京	无锡	扬州
F_{21}	赛后康复服务	3.801	3.892	4.047	3.463
F_{22}	赛道线路设计	4.571	4.597	4.823	4.292
F_{23}	赛道沿途风光	4.312	3.458	4.611	4.867
F_{24}	观众参与氛围	4.280	4.029	3.997	4.814
F_{25}	移动厕所保障	4.628	4.627	4.689	4.567

（三）IPA 分析

根据调研数据，依照重要性评价和满意度表现两个指标，绘制 IPA 定位图，以重要性评价为横轴（X 轴），以满意度表现为纵轴（Y 轴），并根据两项数值的中间值把图划分为四个象限。第一象限为优势区，即对参与者来说很重要，同时该项赛事在这方面表现较好、参与者满意度较高的区域，对赛事方来说要继续努力；第二象限为保持区，为重要性一般但满意度较高的区域，对于赛事方来说可以不刻意追求重要性，继续保持；第三象限为改进区，为重要性较低同时满意度也较低的区域，通常为低优先事项；第四区域为重要性较高而满意度较低的区域，即弱势区，对于赛事方来说，这是需要重点改进的区域，赛事方尤其要关注在该区域的因子和指标。

1. 南京马拉松 IPA 分析

通过观察南京马拉松 IPA 图（图 6-1），发现各项指标在第一和第四象限较为集中，其中第一象限的指标 7、22、9、10、8 分别代表的是城市风光景点、赛道线路设计、城市旅游项目、城市人文环境、城市自然环境。这些优势指标大多数与城市吸引力有关，与赛事本身关联性一般，这也反映出大众之所以选择和参与南京马拉松，很大程度上是因为南京这座城市。与第四象限的信息对比发现，南京马拉松在指标 3、13、17、2、15 即赛事运营单位、赛事安保、起终点服务、赛事等级、赛前领物服务等方面要重点加强改进。不少参与者认为南京马拉松在赛事举办上诚意略显不足，如存在举办仓促、秩序混乱、领物程序烦琐等情况，同时还曾发生过领先选手跑错线路、赛事出发区人流混乱等失误,这在一定程度上确实说明南京马拉松需要不断提升赛事本身服务,而不能仅依靠城市本身的吸引力。在第三象限内,主要表现为指标 21、11、1、12、18 即赛后康复服务、城市特色美食、赛事举办历史、赛事报名友好度、完赛纪念品方面。由于参赛人数不断增加,赛后康复服务明显处于供不应求的状态,大多数参与者不会选择此服务。

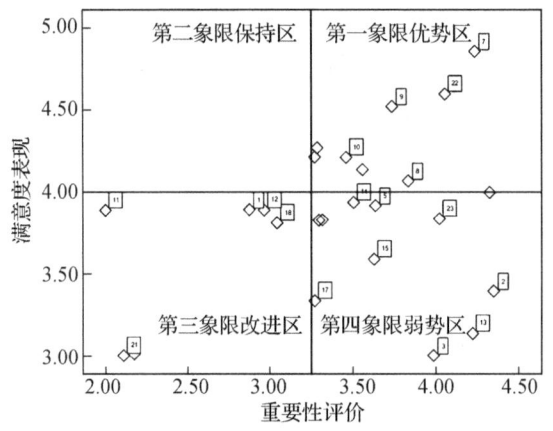

图 6-1　南京马拉松 IPA 示意图

2. 无锡马拉松 IPA 分析

无锡马拉松近年来口碑不断提升,这在此次调研中和 IPA 分析图(图 6-2)上也得到了相应的体现。第一象限优势区涵盖了多项指标因子,包括 7、4、3、15、22、9、14 等多个指标,表明无锡马拉松在城市风光景点、赛事主题、赛事运营单位、赛前领物服务、赛道线路设计、城市旅游项目、赛事志愿服务等方面表现出极大优势。无锡马拉松通过几年的运作,打造出了"人在画中跑"的赛事主题和体验,并和国内知名的营运公司深度合作,不断提升赛事服务。如在赛前领物环节,与南京马拉松要求临时提供身份证复印件、提前准备体检证明等不同,无锡马拉松把部分环节纳入报名流程中,在领物时只需凭证刷脸即可,大大提高了效率和友好度。在线路设计上,无锡马拉松把自然风光与人文体验高度融合,不仅有鼋头渚、蠡湖之光、十里芳堤等,还让线路经过一所大学,把半程项目的终点放在大学校园,这也是国内少有的特色,大大提升了参与者的体验度。在第四象限即弱势区,指标 24 即观众参与氛围略显不足。无锡马拉松的赛道地处景区，因此观众主要为志愿者和游客，周边居民相对较少，在进入校园路段和后半段时，市民观众相对有所增加。在第二象限保持区，即低重要性的高满意度方面，无锡马拉松只有个别指标在此象限，这在一定程度上体现了无锡马拉松在瞄准参与者需求方面有所加强，把主要的精力集中在大众最为关注和在意的领域。

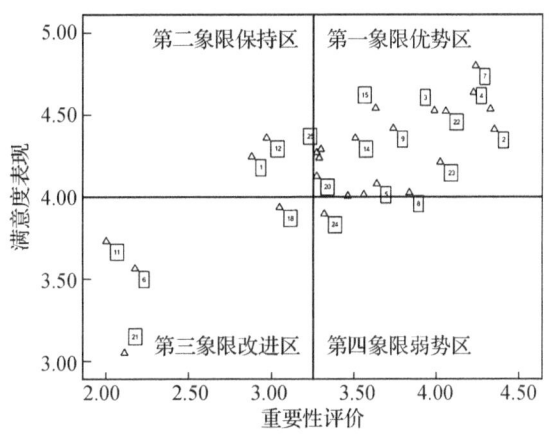

图 6-2 无锡马拉松 IPA 示意图

3. 扬州马拉松 IPA 分析

扬州马拉松与南京、无锡全程马拉松赛事不同，是一项半程马拉松赛事，也是目前国内最高水平的半程马拉松赛。结合调研结果和 IPA 分析图（图 6-3）可以发现，大多数指标位于第一象限即优势区域，如 4、2、7、22、14、10、8、23 等多项，涵盖了赛事主题、赛事等级、城市风光景点、赛道线路设计、赛事志愿服务、城市人文环境、城市自然环境、赛道沿途风光等元素。扬州马拉松是以鉴真命名的半程马拉松，办赛历史悠久，品牌度和知名度高，这是扬马的重要优势。由于是半程项目，因此在线路设计方面，充分融合了城市风貌和景点风光，把生态与人文有机融合。同时扬州马拉松一直是政府强力支持的项目，因此在观众氛围和市民参与方面也是特色鲜明，多个学校、机关、社区的大众参与其中，塑造出了扬州"动起来"的城市气质。在第四象限弱势区，主要表现为 3、16、5、13 几项指标，即赛事运营单位、赛事补给、赛事规模、赛事安保几个方面。扬州马拉松多年来一直以政府主导办赛，成立了专门的赛事组委会，在赛事组织方面一直坚持既有路线和方针，在保留传统优势的同时创新略显不足。赛事补给方面,扬州马拉松由于是半程项目,与全程项目相比,补给站和补给内容相对较少,这在一定程度上影响了大众的感知评价。扬州马拉松的赛事规模本身较大,此项指标却处于弱势区,主要是由于项目的感知影响。在大众参与马拉松赛事更加积极的背景下,很多资深参与者对全程马拉松的认可度更高,尤其是对于一些远距离地区的参与者来说,全程马拉松的吸引力高于半程。赛事安保方面,这是扬州马拉松在细节方面需要加强的内容,主要体现在赛道的沿途区域——曾出现有轮滑选手进入赛道对跑步选手造成干扰的事件。

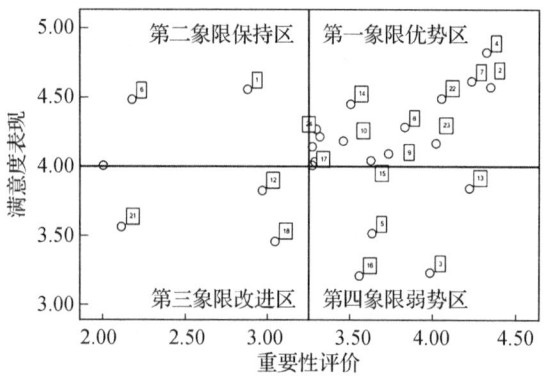

图 6-3　扬州马拉松 IPA 示意图

(四) 比较分析

以上的分析主要针对第一和第四象限,分析各自赛事的优势和弱势指标。总观三个赛事的 IPA 分析图,在第三象限即低重要性低满意度的维度上,三项赛事趋向比较一致,都包含了赛后康复服务、完赛纪念品等指标。实际上,就康复服务而言,由于供给数量和时间有限,大多数选手不能体验到该项服务,但赛事主办方可以通过丰富完赛纪念品的方式,来弥补该项服务的不足,如发放康复用品、康复指导意见等。结合上述各项赛事的 IPA 分析,在认真分析各项赛事基本情况的基础上,可以发现三项赛事的优势各有侧重。所进行的分析是基于已经举办的比赛和参与过选手的体验,但对其他地区的赛事和今后参与者同样具有启发和参考意义。

南京马拉松作为省会马拉松,可以说在赛事品牌和营销方面自带一定光环,因此在首届举办的时候就出现了报名人数爆满而进行抽签的情况。

对近年来南京马拉松的举办情况分析发现，一方面是大众对南京马拉松的参与热情居高不下，另一方面是部分赛事服务细节不够到位而被大众诟病。根据上述的 IPA 分析结果，南京马拉松赛事旅游的优势关键词可以概括为"城市"，即南京城市的吸引力为南京马拉松带来了较大的影响力。南京马拉松与无锡、扬州相比，举办历史最短，但在 2015 年首次举办之时，就一票难求，最后通过抽签的方式来决定参赛选手。南京作为六朝古都，人文底蕴深厚，赛道经过了南京多个重要地标，这也是吸引大量选手积极参与的重要因素。

无锡马拉松的优势关键词概括为"服务"，即通过贴心的服务给予参赛者良好的参与体验，打造赛事口碑，使其成为广大跑者愿意多次参与的赛事之一。关于无锡马拉松的详情，前面的章节已经专门分析过，这里就不再赘述。值得一提的是，无锡马拉松的贴心服务是一些细节的积累，从细微之处提升体验。除了在赛道线路的优化方面，无锡马拉松近年来在报名流程、领物流程、起跑秩序设置、志愿者服务、交通出行、赛事 IP 打造等方面，不断有新动作，尽管都是一些微小的改变，但足以让跑者记忆深刻。如通过赛事手环来规避替跑，维护赛事公平性；通过分区计时来实现分区起跑，有效优化了起跑秩序，在保证赛事的公平性、严肃性的基础上，提升了大众跑者的体验性和参与性。

扬州马拉松的优势关键词为"品牌"。扬州马拉松举办历史相对比较悠久，通过多年的运作，多年荣膺国际国内田联（协）双金赛事，是国内唯一获此殊荣的半程马拉松赛事，在赛事等级方面具有足够的吸引力。赛事邀请国际高水平运动员，大大提升了赛事成绩水平；接纳全国多所大学组队参赛，有效地推广和宣传了马拉松文化；以鉴真精神作为赛事主题，大大提升了赛事的文化内涵；通过国家级电视媒体直播赛况，把城市推广与赛事宣传充分结合起来，大大提升了赛事的品牌度。扬州马拉松通过高等级的追求和广泛性的大众宣传，打造出了富有特色的知名赛事。扬马的高规格、高等级和高品质服务，历年都吸引了世界各地的选手积极参与。

三 研究探讨

城市魅力、赛事品牌和赛事服务是影响马拉松赛事旅游参与者抉择和满意度的重要因素。对于新办赛事来说，城市魅力成为影响大众选择的首要因素,同时,赛事的主办单位、举办地点和线路、赛事主题等也会影响大众的选择意愿。具有一定历史的马拉松赛事,需要在服务和品牌方面持续提升和改进,方可保持持久的吸引力,在马拉松赛事旅游竞争日益激烈的背景下,才有强劲的竞争力。对于马拉松赛事参与者来说,"信任"是选手决定报名一项赛事的前提,"期待"完成报名后对赛事服务的验证。作为赛事举办方来说,从参与者的视角出发,注重全流程的服务提升,提升参与者的满意度,继而提升赛事服务质量。

准确把握马拉松赛事旅游参与者的属性和动机,有助于为大众参与者提供更加满意的赛事旅游体验。马拉松赛事旅游作为体育旅游中发展最快的一项内容,在赛事的持续发展过程中,需要不断提升大众体验,充分融合体育+旅游的双重属性:既要保持赛事的严肃性、公正性和竞技性,又要从旅游产品的角度出发,充分满足广大普通选手的需求,提升赛事服务。在马拉松赛事发展过程中,赛事越来越多,而办赛时间相对来说比较集中(一般都是在周末举办,根据各地气候状况,一般在冬夏两季赛事较少),因此各个赛事面临着更加激烈的竞争。在吸引选手参与方面,要结合各赛事具体情况,开展有针对性的策略,提高大众选手的赛事体验。

南京、无锡、扬州三地马拉松要充分结合各自特点和现状,持续创新,提升体验。南京在发挥城市吸引力的基础上,要不断提升赛事服务,注重细节提升,不断释放更足赛事服务诚意,不忘办赛初心,认真分析和关注跑者需求,把南京马拉松打造成与城市魅力匹配的经典赛事。无锡马拉松在保持良好口碑的背景下,要继续保持和完善赛事服务,打造无锡马拉松高水准服务品牌,树立无锡马拉松的良好口碑。扬州马拉松要在服务方面不断创新,强化细节提升,通过微创新的方法,不断刷新参与者的体验和感受,并在适当时机借力双金标半马的品牌,增加全马项目,更加充分地满足广大人民群众对扬马的期待。马拉松赛事旅游蓬勃发展,赛事类型日趋多样,江苏省内的多个赛事可开展多元合作、优势互补、资源共享,共同开发马拉松赛事旅游市场,组建赛事联盟,强化马拉松赛事旅游的综合体验度,有效整合体育竞技、旅游休闲、城市观光等元素,共同提升江苏整体的马拉松赛事旅游的服务质量和品牌竞争力。

第三节
马拉松赛事旅游品牌的构建与发展
——以扬州马拉松为例

马拉松赛事旅游与城市旅游融合的背景下，品牌的互相成就和相互融合成为旅游业发展的一种重要趋势。马拉松赛事对城市旅游品牌的构建产生了重要的促进作用，同时，马拉松赛事旅游作为一种特色鲜明的旅游业态和产品，其本身也在不断进行品牌塑造和构建，这种赛事旅游的品牌又会对城市旅游品牌的构建产生推动作用。城市旅游和全域旅游的发展背景，为赛事旅游品牌的发展提供了土壤和基础，同时赛事旅游品牌又会反哺城市旅游品牌，为城市旅游品牌提供新的动力和源泉。

一 城市旅游品牌

我国旅游学界对旅游品牌的研究比较重视，研究起步较早，主要包括旅游品牌的概念、旅游品牌评价方法、旅游品牌的影响因素和旅游品牌的构建等。随着新传播格局的出现，旅游品牌的构建和传播也逐步成为研究的热点。旅游品牌的研究内容，大多为特定的区域，如城市旅游、乡村旅游、省域旅游，也有针对特定的旅游业态的，如度假旅游、休闲旅游、观光旅游等，近年来出现了研学旅游、体育旅游等。

本节主要从城市旅游品牌的角度出发，从城市马拉松、赛事品牌与城市旅游的融合发展角度出发，结合具体的案例，研究马拉松赛事旅游品牌建设、赛事与城市旅游品牌的融合发展等内容。城市旅游品牌是在旅游业长期发展过程中形成的具有一定稳定性的整体印象，在旅游理论和实践中均受到高度重视。旅游品牌不同于一般的企业和产品品牌，与普通的品牌相比，具有复杂性、综合性和发展性。旅游品牌的打造、树立和传播也受到多种因素的影响。就城市旅游的发展实践来看，城市旅游品牌主要包括以下几个方面。

(一) 品牌形象

就城市旅游来说，旅游品牌形象是指某个旅游城市在大众心中所表现出的个性特征，它体现为大众旅游者尤其是潜在旅游者对该城市的评价与认知，如对该城市的历史、文化、生态、自然、科教、地理、交通多种因素的综合印象。这种认知不一定是全方位的，但一定是有特色和个性的。因此，大多数旅游城市往往通过最简洁生动的口号来宣传和展示地方旅游形象，这也是大多数旅游者对一个城市旅游品牌认知的第一入口。品牌形象是一个城市旅游品牌的综合反映，对城市旅游品牌建设具有战略性意义。

(二) 品牌资源

旅游资源是一个城市和地区旅游发展的基础，是旅游吸引物的核心所在。在过去较长的一段时间里，旅游景点作为核心旅游资源吸引旅游者，成为城市旅游品牌的主要影响因素。随着全域旅游发展和实践，城市旅游资源的内涵更加丰富，城市景观、社会活动、历史文化、人文风情、特色商品等都成为吸引旅游者的重要资源。旅游资源的品牌化，让传统的资源发挥带动作用，让新兴旅游资源发挥推动作用，共同促进城市旅游品牌内涵建设。

(三) 品牌产品

旅游者的旅游体验，最终体现在对旅游产品的消费环节。旅游产品的开发和推广，直接影响着城市旅游品牌的渗透力。在城市旅游发展过程中，通过对旅游者需求特征和消费行为的分析，结合当地的旅游资源，打造具有独特体验的旅游产品，用拳头产品带动周边产品，用特色产品充当先锋，推动旅游产品结构优化，满足多元化的旅游需求。如扬州通过多年努力，打造体育旅游精品赛事：扬州鉴真国际半程马拉松这一旅游体育赛事逐步走上品牌化道路，成为扬州旅游的新名片。

(四) 品牌服务

旅游活动的体验一方面来自旅游设施，另一方面则来自旅游服务。优质的旅游资源要依托优秀的旅游服务，两者共同推动旅游品牌的建设。其中，旅游从业人员直接面对旅游消费者，他们的言行和服务直接影响到旅游者对旅游地的感受和评价。还有更多的服务者，虽没有直接面对旅游者，但旅游者可以通过旅游过程的体验，从旅游服务的细节感受到当地旅游业的管理水平、旅游从业者素质以及城市居民的文明程度等。良好的服务反映的不仅仅是旅游产品本身的质量高低，更体现出一个城市的综合发展水平。

二 扬州马拉松赛与扬州城市旅游品牌的融合发展之路

扬州是我国较早举办马拉松赛事的城市之一，2006年举办了首届扬州鉴真国际半程马拉松赛。经过多年发展，扬州马拉松已成为国际田联和中国田协的双重金标赛事，也是截止到目前国内唯一获此殊荣的半程马拉松赛事，是我国马拉松赛事和体育旅游精品赛事的品牌之作。扬州马拉松赛在发展过程中，始终与扬州的城市文化深深融合，同时不断拓展扬州体育旅游的空间，大大推动了扬州城市旅游的品牌建设和提升。

（一）扬州马拉松赛为城市旅游注入新活力，优化了扬州旅游整体形象

扬州作为我国的历史文化名城，文化旅游资源丰富，城市环境优美。长期以来，扬州致力于打造"绿杨城郭""精致扬州""诗画瘦西湖、人文古扬州"等旅游形象。悠久的历史和丰富的历史遗存，为扬州的文化旅游奠定了重要基础，也成为扬州旅游品牌的重要体现。随着旅游发展进入新时代，旅游者的体验和需求也呈现出多元化特征，扬州旅游也面临着转型升级和结构优化的问题，这对扬州旅游品牌建设提出了新的挑战。其中，扬州马拉松赛作为扬州体育旅游的重要产品和内容，对扬州城市旅游品牌的提升和优化发挥了重要作用。从"烟花三月下扬州"到"烟花三月跑扬马"，扬州马拉松立足扬州城市历史和文化，打造了"唐宋元明清，从古跑到今"的独特赛事体验，给古城扬州增添了动感和活力，让新时代的扬州旅游兼具了"古典与现代、人文与生态、宁静与动感"多重气质；办赛多年，在发展里程中挖掘了"历史广陵为唐诗浸润、现代扬州被马拉松激活"的文化诉求，大大优化和提升了扬州旅游的品牌形象。

(二)丰富了扬州旅游产品供给,更好满足了人们的健康休闲需求

随着人们生活水平的提高,人们的旅游活动需求也呈现出品质化和多元化的特征,以健身、挑战、运动等为核心体验的体育旅游成为旅游新业态的重要表现。马拉松赛事作为一种跑步体育赛事,具有较好的群众基础,参与性和体验性较强。扬州马拉松近年来赛事规模不断扩大,参赛人数均在3万人左右,赛事品牌度和影响力不断扩大,在国内外马拉松赛事中具有较高知名度。每年扬州马拉松举办时间,正值烟花三月时节,优美的城市风光与动感的体育赛事结合,吸引着大量的参与者和旅游者,扬马也成为扬州体育旅游的一道金字招牌。同时,扬州马拉松赛事进一步推动了扬州其他群众性体育赛事的开展,包含路跑、骑行、游泳等多个方面,如扬马系列赛事"扬州四季——城市跑不停"活动、高邮运河半程越野马拉松、扬州金秋越野赛等,打造出一系列特色鲜明的体育旅游产品,更好满足了大众对健康休闲的需求。

(三)提升了市民的参与度,展示出扬州旅游服务的良好形象

马拉松赛事与其他体育赛事相比,具有更广泛的参与性和群众基础,参与人数的增加也并不会影响赛事的严肃性和公正性。民众对健身的重视不断提升,对马拉松这类路跑赛事有了更高的参与积极性。参与马拉松赛事,能带给参赛者身体健康、心情愉悦、挑战自我、社交互动等多种体验。扬州马拉松不仅仅是跑者的盛会,更是全体扬州市民的节日。扬州马拉松以其良好的赛道互动氛围在行业内树立了良好的口碑。广大志愿者热情周到服务,为参赛者带来热情洋溢的鼓励;广大市民在赛道沿途为参赛者加油助威,气氛热烈;更有不少市民自发自费提供补给,为选手加油鼓劲……这些都充分展示出了扬州城市的文明程度和热情友好的市民精神,也从另一个侧面反映出扬州旅游服务的水准,大大提升了扬州旅游的游客满意度,展示出扬州旅游城市的良好形象。

(四)推动城市公园体系建设,展示健康扬州的独特魅力

随着马拉松等群众性体育活动的普及和发展,以健康扬州、运动扬州、生态扬州为主题的扬州城市公园体系成为扬州城市旅游的新名片。近

年来，扬州建成了多个体育休闲公园、社区公园等开放式公园，总占地面积超过11平方公里，相当于10个瘦西湖核心景区的面积。位于蜀冈—瘦西湖风景名胜区核心地带的宋夹城为城市公园的典型代表。它是扬州建成的第一个体育休闲公园，融合了生态、体育、考古、园艺等多重属性，是有口皆碑的"城市客厅"。"逛公园"逐渐成为扬州市民的新时尚，公园改变了扬州的城市气质，让这座城市更温暖、更温馨、更文明，这些公园也成为外地来扬游客深度体验扬州休闲文化的好去处。近年来，走进棋牌室的人少了，走出去体育锻炼的人增加了，扬州这座城市真正实现了既能文起来又能动起来。体育公园的建设，更好地满足了人们对健康的需求和美好生活的向往，也成了新时代扬州城市旅游的新名片。

三 扬州马拉松赛事旅游品牌建设的路径及启示

（一）坚持"文化立赛"，不断提升赛事的文化内涵

扬马在近20年的办赛经历中，始终坚持"精神引领，文化立赛，凸现历史，融入城市"的办赛宗旨，在赛事文化的打造、传播和展示等方面出台多个创新性的措施，首创了"名城、名人、名赛"的办赛策略，将城市文化、历史名人与大型赛事融合，巩固和深化了扬州马拉松的文化内涵。在赛事的命名上，扬马是全国唯一一项以城市标志性历史名人和城市复合命名的马拉松赛事——扬州鉴真国际半程马拉松。

唐代佛学大师鉴真从扬州出发，历经5次失败，历经12年，最终第6次东渡成功，将戒律传播到日本。鉴真大师百折不挠、一往无前，牺牲小我、成全大我的精神正是当代人民需要的宝贵品质。这种锲而不舍的鉴真精神和永不止步的马拉松精神在扬州马拉松赛事中得到完美的融合。每届扬州马拉松赛前，都会在大明寺举行圣火采集仪式，圣火不仅点燃了比赛激情，更向广大跑友传递了永不放弃的鉴真精神。

扬州马拉松的文化内涵不仅表现在赛事的主题上，还体现在线路的设置上。扬州在推动城市公园建设的大背景下，开创性地建设了扬州马拉松公园——也是扬州马拉松的永久赛事起点，这在广大参与者心目中具有独特意义。在赛道设计上，总体上按照"唐宋元明清、从古跑到今"赛道体验进行规划，每隔几年进行一些微调，在变与不变中打造出了一种全新的

赛事体验。以 2023 年为例，扬州马拉松赛道途经运河城市风光带、瘦西湖、大明寺等特色景观，到达终点三湾公园，全长 21.097 5 公里，跨越扬州新老城区，串联起扬州的运河文化、历史古迹、人文景观，既融合了城市传统的文化景观，又兼顾日新月异的城市发展变化。在马拉松赛事供给格局竞争日益激烈的背景下，作为一项半马赛事，依靠深厚的赛事文化打造出的赛事品牌是扬州马拉松的核心竞争力。扬州马拉松以文化为支撑，依托城市文旅，着力塑造赛事品牌，走出了一条特色鲜明的赛事发展之路。

（二）树立产业融合思维，不断创新旅游产品开发

体育赛事旅游的发展，需要在赛事活动的参与性、体验性、趣味性等方面不断提升，这需要充分借鉴和融合旅游产品开发的思路和模式，把体育赛事当作特色旅游产品来开发经营。随着广大赛事参与者对赛事体验的需求不断提升，人们不再仅仅满足于"比赛"这一简单的需求和体验，而是渴望以参加马拉松赛为契机，获得更多的延伸体验和服务。以扬州马拉松赛为例，在继续强化扬州马拉松的赛事品牌度、美誉度和吸引力的基础上，扬州马拉松组织者与旅游景区、旅游饭店、旅游交通、旅行社等旅游行业多个部门和企业开展合作，开发马拉松赛事旅游套餐产品，满足不同类型的马拉松赛事参与者的需求，进一步提升赛事旅游综合服务质量。如开发"参赛名额＋酒店住宿＋餐饮＋参赛装备＋赛事交通等"综合服务产品套餐，让参赛者专注于参赛，其余服务和保障由专业团队来提供。扬州马拉松赛事通过与旅游产业的深度融合，开发了多样化的特色体育旅游产品和服务，为参与者带来了更好的扬州旅游体验，同时也有利于推进扬州全域旅游的发展和实践。

（三）坚持以旅游者体验为本，不断提升体育赛事旅游服务品质

一个城市旅游的品牌影响力，一方面取决于当地旅游资源的宣传和展示，另一方面则是通过旅游者亲身体验后的口碑传播。尤其是互联网时代，信息传播的渠道多元，人们对旅游体验的分享和评价会影响城市旅游的品牌形象。体育赛事旅游作为一种新兴的旅游活动，需要在赛事体验服务、旅游体验等方面不断加强，关注参与者的核心需求，关心旅游者的旅

游体验，才能为旅游者打造高满意度的体育赛事和旅游活动。市场规模扩大的同时，竞争也不断加剧，一场特色鲜明的马拉松赛事要与城市的特质紧密相连，但也绝不能完全依靠城市的魅力。今后，赛事服务水平成为马拉松等体育赛事旅游的核心竞争力之一，参与者更加关注赛事本身的高品质和人性化服务，那种以赛事来赚噱头和博眼球的行为正在被市场抛弃。赛事服务的提升，不仅是体育赛事旅游品牌化的必由之路，也是包括扬州在内的许多城市旅游品牌提升的必然选择。马拉松赛事旅游和其他旅游形式一样，始终要从参与者的需求出发，以相应的服务作为根本保障。从参与赛事报名，到赛前装备的领取、目的地交通服务、赛中的安全保障、赛事补给以及赛后的康复服务、成绩服务等——即旅游前、旅游中、旅游后三个阶段，每个阶段都要坚持以服务为本，这样才能提升参与者的满意度，从而提升马拉松赛事旅游的良好口碑。赛事结束后，还要对参与者进行调查，听取他们的声音，关注他们对赛事服务的评价，提升赛事全阶段的服务水平，打造良好的赛事服务品牌，进而提升城市旅游的名誉度。

（四）以服务大众为追求，不断提升赛事旅游的广泛性和参与性

马拉松运动是一项具有广泛群众基础的运动，在开发马拉松赛事旅游的时候也要充分体现出广泛性。如在现有的赛事奖金总额不变的情况下，把奖励面扩大，而不是把前几名的奖金提高。高额的奖金吸引的只是少数高手，他们大多是专业运动员，而广泛的奖励面则是面向大众，大众的参与具有从众性，能激发更多大众选手的积极参与。激励一个人不如激励一个团队。要鼓励各种团队报名参与，给予团队报名优惠，给予成绩优异团队奖励等。旅游者参与马拉松赛事活动，除了领略当地的旅游风光、品尝当地的特色美食外，也是在参加一次与当地民众进行交流的社会活动。赛事组织者可以通过面向公众征集赛事有关方案，如马拉松赛事宣传口号、形象识别系统、奖牌设计、成绩证书设计、参赛服装设计方案等，让更多的人参与到马拉松赛事旅游活动中来。政府、主办方、参与者、市民、旅游企业等多个主体，协同配合，共同参与到魅力无限的马拉松赛事旅游中来，让体育旅游成为整个城市和地区都积极参与的一项互动大会，让旅游活动在促进社会交往和文明提升等方面发挥出更大的社会效益。

（五）依托城市文明，丰富赛事旅游和城市品牌内涵

在马拉松赛事旅游快速发展的背景下，赛事旅游的同质化现象越来越突出，有些赛事主办方对于马拉松赛事的意义和功能认识不足，甚至有些动机不纯。马拉松赛事旅游具有体育运动的严肃规范性和旅游活动的休闲娱乐性双重属性，而赛事本身也不仅仅是一项体育活动，更是一场群众广泛参与的融竞技、休闲、娱乐、挑战、人文、社交等多重元素于一体的社会活动。马拉松赛事不仅仅是一项体育比赛，在马拉松赛事组织、马拉松文化宣传与推广、马拉松志愿服务、市民观众热情互动等多个方面，处处体现出其对于一个地区的意义，这也是马拉松赛事旅游的内涵体现。马拉松赛事是一个开放的舞台，也是一场严肃的体育赛事，对于那些破坏赛事规则的行为要按照法律进行处理，以维持赛事的良好形象。确保赛事的公平公正，维持赛事的严肃性，是对赛事参与者的基本尊重。马拉松赛的核心精神在于倡导坚韧精神，尊重赛事规则，包容文化多元。举办大型体育赛事，本质上是为大众服务。体育赛事旅游传递和表达的不仅仅是健康、快乐和竞争，更是友爱、和谐、文明的价值观，这也是全域旅游时代下旅游业发挥出的更大的社会意义。扬州城也因为这类大型体育赛事的举办，让全城的人民参与其中，让扬州变成一座大爱之城、文明之城。

第七章

马拉松赛事旅游的风险与安全管理

第一节
旅游风险与马拉松赛事安全

一　旅游安全与风险概述

（一）基本涵义

　　安全是生产生活的基本前提，旅游安全是旅游活动顺利开展和旅游行业发展的根本保障。随着旅游供给侧改革的深化和旅游业态的日益丰富，新的旅游场景、旅游产品和旅游体验不断涌现，这也为旅游业新发展背景下的旅游安全管理提出了更高的要求。我国历来重视旅游安全管理的研究。旅游安全研究对降低旅游风险、提高旅游安全保障水平具有重要理论和现实意义。《中华人民共和国旅游法》中专门设置有旅游安全章节。《旅游安全管理办法》等法规，针对经营风险、风险提示、安全管理提出了比较详细的要求。政府通过各种法律法规，努力打造安全的旅游发展环境，为游客提供安全放心的旅游场景。

　　关于旅游安全的定义，郑向敏在《旅游安全概论》一书中提出：旅游安全指旅游活动中各相关主体的一切安全现象的总称，它既包括旅游活动各环节中的安全现象，也包括旅游活动中涉及人、设备、环境等相关主体的安全现象；既包括旅游活动中安全观念、意识培育、思想建设与安全理论等"上层建筑"，也包括旅游活动中安全的防控、保障与管理等"物质基础"[1]。该定义从较为宏观和全面的视野，提出了旅游安全的"全"的特征，即旅游安全涉及旅游产业的全过程、全要素和全时段，对于全社会构建安全和谐旅游具有一定的指导意义。

　　在旅游业发展和旅游行业管理的实践中，旅游安全也作为非常重要的一个工作环节和内容开展。旅游安全中最重要的一项内容就是保证游客的

---
[1] 郑向敏. 旅游安全概论 [M]. 北京：中国旅游出版社，2009：1.

安全。从游客视角出发，关注旅游安全的研究是一项非常重要的内容。相对于宏观层面和整体视角的安全管理，对于游客来说，更多是从自我感知出发，从个体视角去理解旅游安全，即旅游风险的感知。旅游风险感知，也被称为旅游风险认知，对旅游者身心健康具有强烈而直接的影响，对旅游地的整体形象和环境也会产生较大冲击，具有客观性、不确定性、负面性等特征。旅游风险逐渐成为旅游研究中的重要内容。从本质上说，旅游安全管理的内容就是排除旅游风险，旅游安全管理的过程就是不断发现、减少和排除旅游风险的过程。本节内容主要从旅游风险的视角对旅游安全进行研究和分析。

（二）研究概述

在理论研究方面，陈思羽运用 CiteSpace 进行文献计量分析，研究中国旅游安全领域的发展历程、现状及热点，梳理出 4 条主要演化路径："安全问题的缘起"演变、"安全问题的行业实践"发展、"研究安全问题的架构"搭建和"安全问题的理论拓展"路径；研究认为我国旅游安全领域基础理论和体系的架构已基本完善，安全研究网络分支众多，但前沿分支较少且各连接度较弱等[①]。

关于旅游安全风险，比较普遍的观点认为旅游风险主要集中在自然灾害、犯罪、战争、恐怖活动等方面。随着大众旅游时代发展，旅游人数的快速增长，旅游供给侧改革快速推进，旅游供给数量的快速增长与品质提升出现矛盾，也让旅游风险出现了一些新的特点。由于旅游业本身具有综合性的特点，旅游风险感知的主体呈现多元化，包括旅游者、旅游地社区居民、旅游从业者、旅游企业、旅游管理部门等。一般来说，旅游者是旅游风险最直接的感知群体，对旅游风险的影响具有全局性、深刻性的影响。从风险感知维度来说，国内外学者通过研究，认为主要存在旅游目的地、旅游产品、旅游媒介等风险。国外有学者将国际旅游感知风险归纳为健康风险、政治安全风险、恐怖主义风险、饮食风险、文化障碍风险、宗教信仰风险、犯罪风险等。Lepp、Gibson 和 Lane 采用实验研究法，将访

[①] 陈思羽. 中国旅游安全探究：基于 CiteSpace 的文献计量分析［J］. 旅游纵览，2023（10）：13-15.

问乌干达的官方旅游网站作为干预条件，将乌干达感知风险总结为现代国家属性风险、原始非洲属性风险、文化差异和障碍风险、暴力战争及犯罪风险、人际关系风险5个基本维度[①]。许晖等经过量表开发、问卷调查和探索性因子分析，发现中国消费者旅游感知风险包括身体风险、设施风险、服务风险、功能风险、财务风险、沟通风险、心理风险、时间风险和社会风险9个维度[②]。

  关于旅游安全和风险方面的研究，比较重要的一个领域是对旅游目的地的安全形象和游客风险感知的研究，如针对特定的旅游目的尤其是出境游方面的研究较多。谢朝武等以出境旅游安全事件为内容，从个体视角推进到集群视角，研究中国出境旅游安全事件集群的结构类型、规模压力及其空间分布特征；研究发现2015—2019年全球共60个目的地存在中国出境旅游安全事件集群，集群内部类型结构复杂、外部规模压力形势较为严峻，中国出境旅游安全事件集群多样性和规模压力均存在空间相关性和非均衡分布特征，东南亚地区旅游安全事件集群的内部结构类型与规模压力强度更为突出[③]。董斌彬等以某保险公司全国旅行社责任保险统保示范项目的境外出险数据为研究样本，分析中国出境旅游安全事件表现形态、特征及时空演变格局，并从事前预防、事中控制、事后分析等视角提出安全管控策略[④]。朱尧等以中国公民赴马来西亚旅游安全感知事件为例，研究旅游安全事件与其空间分布结构特征；研究认为旅游安全事件呈现空间集聚特征，事故灾难事件和社会环境安全事件所占类型多、数量占比较大，旅游安全事件主要分布于热门旅游地，不同类型旅游安全事件并不存在明显的空间分异，且旅游安全事件呈现网络化的同质性、异质性并存特征，并据此提出了旅游地政府加强联系、交流经验、宏观管控、专项整治等安

[①] Lepp A, Gibson H, Lane C. Image and perceived risk: A study of Uganda and its official tourism website [J]. Tourism Management, 2011, 32 (3): 675-684.
[②] 许晖, 许守任, 王睿智. 消费者旅游感知风险维度识别及差异分析 [J]. 旅游学刊, 2013, 28 (12): 71-80.
[③] 谢朝武, 赖菲菲, 黄锐, 等. 中国出境旅游安全事件集群：空间分异及组态致因 [J]. 地理研究, 2023, 42 (5): 1177-1199.
[④] 董斌彬, 林少萍. 中国出境旅游安全事件时空特征演变：基于旅行社境外出险数据 [J]. 泉州师范学院学报, 2023, 41 (2): 41-48.

全管理措施①。黄锐等以近年来中国游客保险事件案例为基础，研究中国游客赴东盟地区旅游安全风险特征与治理；研究认为中国游客赴东盟地区旅游安全风险呈现类型复杂化特征，主要包括事故灾难风险、公共卫生风险、自然灾害风险、社会安全风险和业务安全风险等多个类型，各风险事件的时空分布具有不均衡性特征、异质性和多样性②。

此外，针对特定的旅游景区、旅游场所和空间进行安全管理的研究，也是旅游风险与安全研究的重要内容。李琴以玉龙雪山景区为研究对象，通过对近年来玉龙雪山景区发生的安全事件的梳理，进行安全事件致因分析，并构建出该景区旅游安全影响因素体系；研究认为该景区发生的旅游安全事件类型主要涉及自然灾害类、社会安全、群发疾病等类型，涉及"人—物—环境—管理"四大方面，且具有多样性与时空性、突发性与防控困难性、负面影响广泛性的特点，据此提出了玉龙雪山景区安全管理针对性优化策略③。蒋思霞等以天门山国家森林公园为研究对象，对景区安全事故形成原因、景区安全管理现状和问题进行研究，认为天门山国家森林公园旅游安全管理存在景区基础设施旧化、景区安全知识宣传力度不足、旅游安全认知意识薄弱、景区安全预警系统不健全、救援保障机制不完善等问题，并针对存在问题提出了应对建议④。李自强等关注到旅游公路、风景道等线性开放性的旅游空间的安全问题，对滇藏公路沿线旅游安全进行了风险评价研究，以网格为基本评价单元，并结合层次分析法、熵权法、GIS栅格加权叠加、地理探测器等方法对滇藏公路沿线旅游安全风险的空间分布与驱动因素进行了分析；研究认为滇藏公路沿线旅游安全风险整体处于较高水平，经济基础是影响滇藏公路沿线旅游安全风险空间分布的主要因素，不同因素交互会加强对滇藏公路沿线旅游安全风险空间分

---

① 朱尧，邹永广，李强红，等. 旅游安全事件与其空间分布结构特征：以中国公民赴马来西亚旅游安全感知事件为例［J］. 地域研究与开发，2022，41（4）：137-142.
② 黄锐，谢朝武，赖菲菲. 中国游客赴东盟地区旅游安全风险：特征、成因及治理路径［J］. 广西社会科学，2022（5）：70-80.
③ 李琴. 玉龙雪山景区旅游安全管理研究［D］. 昆明：云南师范大学，2022.
④ 蒋思霞，魏伟，邹嘉怡，等. 天门山国家森林公园旅游安全管理研究［J］. 内蒙古科技与经济，2022（22）：84-86.

布的影响，这为地方制定旅游安全管理策略提供了参考和建议①。王伟等从分析界定大型旅游节庆活动及其特点入手，剖析了大型旅游节庆活动的主要风险类型，并在梳理大型旅游节庆活动安全风险系统研究思路的基础上，构建了包括准则层指标、指标层指标、指标要素层指标的大型旅游节庆活动安全风险评价指标体系，并就指标体系的实际应用提出了相关建议②。

还有的学者从游客属性和差异出发，研究不同游客群体的安全感知与应对行为。如粟丽娟等关注到女性游客群体旅游安全感，以新浪微博历史热搜数据库，梳理涉及女性游客安全的舆情危机事件，并识别12个主要的舆情危机事件特征维度，构建事件的分类谱系图，最终识别出5个主要类别——动物园伤人事件、酒店安全事件、目的地旅行社安全事件、景区和旅游交通事件和网络热议事件，并从舆情危机角度提出旅游地和组织危机响应与有效安全引导的措施③。孙秉正以风险感知理论为基础，运用扎根理论研究法提炼大学生对乡村旅游风险感知的构成维度及测量指标；研究认为乡村旅游风险感知包括时间风险、功能风险、身体风险、经济风险、社会风险、心理风险6个风险维度，该研究为乡村旅游风险感知量化研究提供了一定理论参考④。

总的来看，目前国内外对旅游风险的研究比较关注，已经形成了基本的研究框架，但整体上比较倾向于宏观研究，对于具体某一类型旅游活动的风险研究偏少，结合旅游发展新业态和旅游消费新需求的旅游安全威胁研究相对较薄弱。

---

①李自强，席建超，张瑞英. 滇藏公路沿线旅游安全风险评价［J］. 山地学报，2022，40（5）：753-763.
②王伟，张舒情，周晓冰. 大型旅游节庆活动安全风险评价指标体系构建［J］. 河南理工大学学报（社会科学版），2022，23（1）：37-42.
③粟丽娟，翟雪婷，罗秋菊. 女性游客安全舆情危机的类型学研究及对后疫情时代旅游管理的启示［J/OL］. 旅游论坛，2023：1-11. （2023-08-07）［2023-10-11］. https://kns.cnki.net/kcms/detail/45.1363.K.20230807.0855.010.html.
④孙秉正. 大学生对乡村旅游的风险感知构成维度研究［J］. 旅游与摄影，2022（15）：50-52.

二 体育旅游与马拉松赛事旅游风险研究

（一）体育旅游安全与风险

体育旅游与其他旅游活动相比，具有较高的风险性。受到运动项目本身、地理环境等因素影响，参与性体育旅游活动在风险识别和安全管理方面更受到关注，对于旅游活动项目安全管理的研究中，体育旅游明显多于其他旅游项目。我国体育旅游安全研究最初主要聚焦户外旅游方面，如针对背包旅游、登山旅游、野外徒步等，不少学者从标准化角度出发，提出了"体育＋旅游"安全管理策略。李海等构建了户外体育旅游风险管理体系的基本内容，分析了户外运动与户外体育旅游的区别，认为户外体育旅游活动更多的是追求一种自身的价值感和体验感，从场景确立、风险识别、风险分析、风险评价、风险处理的流程化视角，提出了户外体育旅游风险管理的原则和路径[①]。越来越多的体育旅游项目进入市场，尤其是一些包含了竞技性的参与型体育旅游项目，如马拉松赛、骑行比赛、铁人三项、登山比赛等。由于这类体育旅游项目属性更加丰富，参与者动机和行为更加复杂多元，旅游风险管控的要求也更高。金豆等分析了体育旅游安全保障的价值，并提出优化我国体育旅游安全的具体路径，认为我国体育旅游安全保障的价值包括规范发展、优化管理、强化培训、提高服务质量等，而安全制度缺乏、运营问题突出、安全预警平台缺乏、专项保险缺乏、救援资源配置不足等是我国体育旅游现存的安全问题[②]。谢朝武对体育旅游项目进行了专门的风险等级划分，并针对高风险体育旅游项目安全管理方面存在的问题进行了分析，包括立法体系、行政执法运行机制、司法介入配套风险转移机制等方面，提出强化安全宣传教育、强化高风险体育旅游相关人员以及旅游者的法律意识等措施[③]。

体育旅游的特性决定了旅游者对安全风险的感知更强烈，尤其是自

[①] 李海，石勇. 户外体育旅游风险管理体系构建［J］. 旅游学刊，2022，37（1）：10-13.
[②] 金豆，饶芳，熊强强. 我国体育旅游安全保障的价值、困境及路径研究［J］. 辽宁体育科技，2023，45（4）：41-45.
[③] 谢朝武. 我国高风险旅游项目的安全管理体系研究［J］. 人文地理，2011，26（2）：133-138.

我风险管理方面,因此将体育旅游作为重要突破口,加强旅游风险教育的推广和实施,从源头对体育旅游风险进行控制具有重要意义。体育赛事旅游风险管理是对以体育赛事为核心体验的旅游项目中的赛事举办、选手参与、观众体验以及周围秩序和环境的风险进行识别、评估、预防及控制的一系列活动。体育赛事旅游风险具有偶然性、渐变性、危害性等特征。不同学者从不同角度对体育赛事风险管理进行了研究,对于不同的赛事类型给出的相应定义也不同。李国胜等认为,在举办体育赛事中可能发生的危险性时间及其综合性的后果都可称作为体育赛事风险,需要对风险进行划分来加强体育赛事风险管理,从赛事举办活动本身出发来剖析赛事组织和实施环节中的风险管控[1]。还有的从企业风险视角出发,分析体育赛事的风险管理模式,如王子朴等认为体育赛事可以看作是一个企业对其产品的经营,体育赛事的风险管理就是一种特殊的企业风险管理,将企业风险管理模式运用到体育赛事风险管理中,探寻一种能预防与规避我国体育赛事风险的模式[2]。卢文云等认为,大型体育赛事由于涉及面广、影响因素多,在组织和筹办过程中会面临许多不确定性因素或事件,可能导致赛事不能顺利举办、不能达到预期的经济社会目标、举办过程中发生人员伤亡等,所有的这些不确定性因素或事件都属于大型体育赛事的风险[3]。

在具体的体育旅游形态和产品方面,冰雪旅游、漂流、海上运动等项目由于具有显性的高风险,在相关的研究中也受到特别的重视。以冰雪旅游为例,苗春竹等运用"柠檬市场"理论,对大众滑雪旅游"柠檬市场"与安全隐患的形成进行反思,发现各类市场主体信息不对称、供需双方信息获取有局限、滑雪场同质化竞争加剧、滑雪场过度追逐超额利润等情况

---

[1] 李国胜,张文鹏. 关于体育赛事风险管理要素的研究[J]. 广州体育学院学报,2005(2):39-41.

[2] 王子朴,汪洋,吕予锋. 论企业风险管理模式在体育赛事风险管理中的运用[J]. 西安体育学院学报,2007(1):21-24.

[3] 卢文云,熊晓正. 大型体育赛事的风险及风险管理[J]. 成都体育学院学报,2005(5):18-22.

是致使滑雪市场产生"柠檬现象"、造成大众滑雪安全困境的内在原因[1]。冯月昕从心理连续模型视角出发，以风险感知理论为研究基点，研究风险感知对游客参与冰雪体育旅游意向的影响，探究各层级旅游者对不同风险的感知程度，以及风险感知对游客出游意向的影响程度[2]。马遵平等利用扎根理论，对我国游客滑雪旅游感知风险开展研究，研究认为，中国游客滑雪旅游感知风险中，性价比风险、资金支付风险较为突出，感知到游玩时间紧张的风险更低，并提出了降低游客感知风险的措施，包括增加滑雪旅游产品供给与相关服务、价格标准化以及充分利用信息技术等[3]。陈帅男等以2005—2022年中国发生的55例漂流旅游事故为研究对象，分析漂流旅游事故的成因，认为漂流游客与一线员工的不安全动作以及物的不安全状态是事故发生的直接原因，同时安全知识不足、安全意识不高、安全习惯不佳也促成事故的发生，据此提出了加强安全生产、提高企业内部管理、加强游客安全教育以及完善应急救援等措施[4]。李天皎针对三亚海上高风险旅游活动安全管控开展研究，以旅游主体为导向，利用风险管理思路，从政府、旅游组织者、旅游参与者三个主体层面进行分析，研究指出潜水、游艇、冲浪等风险较大，同时当地在海上高风险类旅游活动政策方面存在一定的盲区，提出了提升救援能力、扩大保险范围、提高风险处置能力和风险识别意识等建议[5]。

---

[1] 苗春竹，姚小林."柠檬市场"理论下我国大众滑雪旅游安全治理路径研究［J］.冰雪运动，2023，45（3）：46-50.
[2] 冯月昕.风险感知对游客参与冰雪体育旅游意向的影响研究［D］.大连：东北财经大学，2023.
[3] 马遵平，周维洁，谢泽氡.中国游客滑雪旅游感知风险研究［J］.四川旅游学院学报，2023（5）：62-66.
[4] 陈帅男，游茂林.中国漂流旅游事故的成因与对策研究：基于官方通报的55个案例［J/OL］.资源开发与市场，2023，39（11）：1507-1516.（2023-08-29）［2023-10-11］. https：//kns.cnki.net/kcms/detail/51.1448.N.20230829.1415.002.html.
[5] 李天皎.三亚海上高风险旅游活动安全管控研究［D］.三亚：海南热带海洋学院，2022.

（二）马拉松赛事旅游风险

马拉松赛事旅游是体育旅游的重要组成部分。在马拉松赛事旅游活动快速发展的背景下，其安全问题也日益受到关注。马拉松从一项高强度的体育活动逐步转变为具有大众参与、体验和挑战多重属性的体育旅游项目，其本身具有的高风险性，不会因为普及而降低。我国近年来多场马拉松赛事活动中，先后出现过不同程度的安全事故，如部分赛事中出现选手在跑步中猝然倒地、心搏骤停、呼吸停止，最终抢救无效身亡的事件；有的赛事由于组织不够规范，出现如赛道受阻、干扰选手、替跑蹭跑、领物拥堵、补给不足等情况。其中，2021年5月22日甘肃省景泰县举办的黄河石林山地马拉松，百公里越野赛项目的多位选手由于遭遇极端天气而遇难，这是我国马拉松赛事发展过程中遭遇的最为严重的一次安全事故，马拉松赛事旅游活动的安全问题再次引起各界关注。

与此同时，对于马拉松赛事旅游安全保障、风险管控等方面的研究也开始被重视，如分析马拉松赛事活动中的突发事件以及应对措施、马拉松参与者的运动损伤、马拉松赛事医疗保障服务体系、马拉松赛事中的越轨行为、选手赛场猝死预防的保障体系研究、业余选手参赛风险预警研究等。马拉松赛事旅游包含了体育竞技的严肃性和旅游活动的体验性，加之赛事本身具有高度风险，因此开展全域式、全流程的风险管理，对于保证马拉松赛事旅游的安全性具有重要意义。一场安全的马拉松需要整合多方面的资源，加强多个参与主体的配合。徐卫华等采用风险管理学、保险学的理论与方法，对厦门国际马拉松赛风险管理的基本理论与方法进行研究，创立了体育赛事风险管理理论，并提出了增强风险意识、准确识别赛事风险、规避和化解风险、建立风险预警机制等策略[①]。厦门马拉松由于发展历史较早，成长迅速，知名度不断提升，因此成为马拉松相关研究的重点案例。王联聪等根据对观众、专业人士两类人群的调研，研究厦门国际马拉松赛事主要存在赛事形象、自然、人为灾害、比赛组织管理、赛事商业、人员和政治等风险，这是我国对马拉松赛事旅游风险研究较早的文

---

① 徐卫华,谢军.厦门国际马拉松赛风险管理研究[J].北京体育大学学报,2010,33(2):38-41.

献之一①。

目前研究大多数立足于赛事主办角度,从安全体系、保障制度等方面进行,从大众参与者角度、以普通选手视角出发进行的体育旅游风险感知研究相对比较匮乏。本节内容立足马拉松赛事旅游快速发展背景,从大众参与者视角出发,研究大众参与该项体育赛事旅游的风险感知和应对行为。从参与者角度出发研究风险与安全问题,有助于整合参与主体、赛事主办方和社会资源等多方面力量,更加精准、高效地开展赛会旅游安全管理和风险管控,更大程度地提升马拉松赛事旅游活动的安全性。

三 马拉松赛事旅游安全管理现状

伴随着我国马拉松赛事旅游的快速发展,赛事旅游风险管理和安全保障水平不断提升,主管部门、赛事主办单位、赛事运营机构以及赛事参与者的马拉松赛事旅游安全意识持续增强,一些专业化程度高的赛事运营机构在赛事安全保障方面逐步形成了一些卓有成效的方法和策略,对于推动马拉松赛事旅游整体安全水平发挥了积极作用。

(一)出台宏观政策,规范办赛行为

作为一项高强度的体育赛事和广泛参与的体育旅游活动,马拉松的安全问题历来受到体育和旅游主管部门的高度重视,主管部门先后出台各项制度,加强赛事旅游的安全管理和宏观指导。以最近的几项政策为例:2021年6月国家体育总局、工业和信息化部等多部门联合印发《关于进一步加强体育赛事活动安全监管服务的意见》,提出了政府监管与行业自律相结合、实行分级分类管理、加强事中事后监管、监管与服务相结合的安全监管服务工作原则。2023年2月,国家体育总局召开全国体育系统安全稳定工作会议,提出要增强工作主动性、预见性,防范化解风险,强化安全发展理念等意见。2023年5月,国家体育总局下发了《关于进一步加强全国竞技体育比赛安全管理工作的通知》;6月,中国田径协会发布了《关于加强近期路跑赛事活动安全工作的通知》,对马拉松等大众体育赛会的

---

① 王联聪,谢军. 厦门国际马拉松赛风险调查及对策[J]. 体育科学研究,2008,12(4):20-23.

安全管理提出更加具体的要求。多项政策共同指向了"人民至上、生命至上"的办赛理念,要求在赛事筹办和举办过程中树牢底线思维和极限思维,树立"一失万无"的风险意识,主动研判办赛的可行性和安全性,切实把防范化解重大风险摆在突出位置。在针对马拉松赛事旅游的安全管理宏观政策中,其中一项是关于赛事举办的规范性要求,此举主要针对部分地区匆忙办赛、临时办赛等行为,缺乏足够的赛事准备而导致赛事风险增加等现象。政策提出要明确各类路跑赛事活动举办的基本条件、标准、规则和程序,明确组织者的条件和要求,规范参加者的资格条件,加强对属地内各类路跑赛事活动的评估指导监督。同时要建立健全路跑赛事活动应急工作机制,加强风险研判和隐患排查。宏观的安全管理政策,对构建整体的马拉松赛事旅游安全环境起到了重要推动作用。

(二)识别和排查风险,提升赛事安保水平

对赛事风险的识别,是马拉松赛事旅游研究中的重要内容,在实践中,更是赛事安全保障的首要工作。结合相关理论研究,笔者多次开展马拉松赛事旅游现场调研。结合当前马拉松赛事旅游活动形态和内容,对赛事组织中的风险排查和安全管理提出两个维度。

1. 外部风险

所谓外部风险,就是在马拉松赛事旅游活动中,选手自身以外的因素所带来的安全风险,如交通管制不到位,导致赛道上出现无关的车辆和人员;赛道秩序设计不当,导致选手队伍的拥挤与冲撞。这与赛事本身的组织有一定的关系。还有的外部风险来自如天气因素、环境因素等,这类具有一定的突发性和偶发性,但赛事组织过程要对这类情况有充分的应对措施。外部风险相对来说呈现出一定的整体性、宏观性,也是马拉松赛事组织过程中进行安全保障提升的重要领域。当前的大型马拉松赛事中,一般都建立了封闭赛道的安全保障模式,即从选手进入出发区时就进行严格安检,从出发区到赛道再到完赛区,构建出一个封闭的空间。近年来的一些赛事中,曾出现过一些赛道安保不严格,导致骑行人员或赛事无关人员进入赛道,或者是工作人员或车辆进入赛道,对选手造成竞赛干扰,带来安全隐患和伤害的情况;部分赛事在出发区进行了严格安检和保障,而对赛

道途中的保障不够完整，存在一定的安全漏洞。

2. 内部风险

内部风险就是来自马拉松选手自身的安全威胁。马拉松运动本身需要选手具有一定的运动基础和准备，绝不可凭一腔热情和坚强的意志就可完成，因此，选手客观理性地评估比赛中自身的身体状况，既是选手对自己健康和安全负责的必须行为，也是赛事安保工作中细节的具体体现。在这方面，赛事组织方一方面是加强医疗与救援设备的保障，在发现选手出现意外情况时，能第一时间发现并进行处置。如根据比赛实际情况设足够的医疗救护车、移动医疗救护设备（包括AED）、医疗站和医护人员，在赛道沿线安排足够的医疗志愿者进行服务，能够及时发现及时援救。另一方面，配备一支专业的现场急救团队，确保能"第一时间"发现。近年来我国多个马拉松赛事除了在救援的设备上加强保障外，还不断优化医疗保障人员的服务，除了在固定的医疗站点安排医疗救护人员外，还通过赛道观察哨设置、空中救援设置、流动医疗志愿者观察、医疗跑者全程参与等形式，编织一张更加密集的安全防护网，对伤员及时发现、及时救治、及时转运、及时报告，实现全程无缝对接。如有的赛事安排每隔3分钟的路程都有2人一组的救援志愿者带心脏除颤仪待命，线路上有专业医生或跑步或骑车跟随选手一起比赛，这些措施确保了选手出现状况时，能够有专业人士第一时间到位展开急救。2015年，无锡马拉松一位参加半程马拉松的选手在20.3公里处倒地，1分钟内已经有急救人员到位，在确认无反应无呼吸时开始实施心肺复苏，3分钟之内两名携带AED设备的急救人员已经到达现场开始进行心脏除颤，很快选手就恢复呼吸，随后被送往医院，成功获救。

当然，马拉松赛事旅游中的风险也不能绝对地划分为外部和内部两种，实际上很多场景下两种风险都是交织在一起的，如外部风险控制不到位，则会增加内部风险发生的概率，增加安全隐患。一个值得关注的现象是，由于很多赛事的参赛名额稀缺，或者很多大众没有报名却抱着想要体验赛事的想法，再加上部分赛事的安检、检录和赛道管控不够严格，出现了一些替跑、蹭跑的行为。一方面，这是严重地违反赛事规程的行为，即使获得了名次奖励也会认定无效，还会受到相应的处罚。另一方面，这对本人的安全也是极不负责任的行为。目前马拉松赛中，选手号码布的背面填写了每位选手的个人信息，包括血型、药物过敏史、紧急联系人及联系方式等，替跑者本身信息与资料并未纳入选手资料库，对选手的身体状况认知和判断也无从谈起，这极大了增加选手的风险，在遇到突发情况时也无法第一时间获得针对性的救援方案。同时，被替跑者也面临着极大的法律责任和连带风险，2016年厦门的一场马拉松比赛中，一名选手在比赛过程中由于身体突发异样状况，最后抢救无效死亡，死者家属将比赛的组织方告上法庭，索赔128万，但最后法院却判组织方无责。究其原因，该名死者并未获得参赛资格，而是用了另外一名报名成功的选手的号码布参赛。赛前赛事组织方为每位选手购买了人身意外险，但由于该选手替跑，在按照保险赔付流程核实信息时，发现参赛者中"查无此人"，因此保险公司拒绝赔付。近年来的不少赛事，尤其是报名人数火爆的赛事，对参与者身份进行确认成为赛事安全管理的一项重要内容，这也是维护赛事公平的重要手段。我们需要共同维护比赛秩序，以创造健康的中国马拉松发展环境。

（三）规范赛事参与行为，提升大众安全意识

安全是每一位路跑者的必修课，科学认识身心状况、理性评估竞技能力、积极应对参赛风险是每一位选手对自己负责的基本要求。在马拉松赛事的报名说明和竞赛规程中，都有对选手基本要求的说明，针对不同的项目设置不同的报名门槛。对于存在较高风险的选手，赛事组委会可以拒绝选手报名。首先是年龄的要求。一般来说，马拉松（42.195公里）及以上距离参赛者须在比赛当年满20周岁，半程马拉松（21.097 5公里）参赛者须在比赛当年满16周岁。当然具体的赛事要求也会根据赛事类型、举办地点等情况有所差异，对于最大参与年龄，各个赛事也会存在一定不同。从选手身体状况来说，不宜参加马拉松赛事的人员通常包括：先天性心脏病和风湿性心脏病患者，高血压和脑血管疾病患者，心肌炎和其他心脏病患者，冠状动脉病患者和严重心律不齐者，血糖过高或过低的糖尿病患者，比赛日前两周以内患过感冒者，赛前一晚大量饮用烈性酒或睡眠不足者，孕妇，其他不适合运动的疾病患者等。

作为赛事主办方，可以通过年龄这个具体的指标来确定选手的报名资

格，对于身体状况，部分赛事也要求在报名环节中提交体检报告，更多的赛事则是要求选手具有长期运动和锻炼的基础，要求以此前一段时间内的马拉松完赛成绩报告作为报名的依据和基础。还有不少赛事在报名环节设置了关于马拉松赛事风险与安全管理的问题，要求选手全部回答正确后方可进入下一流程。常见的问题包括赛事当天的早饭行为、跑步途中感到不适如何应对、补给站如何饮食补给、发现鞋带散了如何处置等。这类问题本身并不具有难度，但对这类问题的回答，是对选手安全意识的再次强化，既要让选手充分意识到赛事的严肃性和风险性，提升安全重视程度，也是对选手赛前紧张和兴奋心理的一种疏导和缓解。在选手的身体状况识别方面，有的赛事还进一步细化，如要求中提到比赛前一天不能饮酒等，在赛事当天检录过程中会通过酒精测试的方式来检验选手的身体状况。部分赛事对选手的装备也一定要求，如越野类赛事要求选手必须携带一些装备，赛前检录也会进行严格检查，最大限度堵住各类安全隐患。种种的手段和方式，无疑进一步加强了选手的自我风险管理和安全防护意识。参与者是对自我身体状况感知最为直接和清晰的角色，只有建立起高度的自我防范意识，才能真正有效对抗赛事中出现的各类风险。整体上看，随着我国马拉松赛事管理的日益规范、办赛水准不断提升，体育安全的宣传和科普不断加强，马拉松赛事文化的深入和文明程度提升，参与者的整体安全意识不断提升，这也夯实了我国马拉松赛事持续健康发展的基础。

（四）加强赛事风险研判，做好赛事应急措施

经赛前研判，可能有较大风险的赛事，如出现突发的自然灾害、事故灾难、公共卫生事件、社会安全事件以及其他可能导致不再具备办赛条件的情形，果断采取延期、取消或熔断措施。各赛事主办方主动联合当地公安、交管、应急、气象等部门对赛事进行科学评估，在比赛中提供专业的支持保障，联合设立赛事极端天气等突发事件熔断机制，保证参赛者的安全。

第二节
马拉松赛事旅游者的风险感知与安全行为

一 研究设计

（一）研究方法

本节以扎根理论为基础，通过访谈调研获取到第一手信息进行质性研究。扎根理论由美国两位学者斯特劳斯（Anselm Strauss）和格拉泽（Barney Glaser）最早提出，是一种运用系统化的程序，针对某一现象来发展并归纳式地引导出扎根理论的一种定性研究方法。该研究方法主要宗旨是在经验资料的基础上建立理论，在研究开始之前一般没有理论假设，直接从实际观察入手，从原始资料中归纳出经验概括，然后上升到系统。扎根理论在包括旅游研究在内的社科研究中得到了广泛的应用。

马拉松选手参与者类型多样，大致可以划分为专业选手和大众选手。在马拉松赛事旅游发展的背景下，大众选手成为马拉松活动的主要参与者。本节研究对象仅针对大众选手进行，旨在探索大众旅游时代下参与型体育赛事旅游的风险感知和安全应对行为。通过前期的研究发现，大众马拉松赛事旅游参与者中，大多数参与者喜欢通过面谈、文字、图片、视频等方式来分享心得和交流体会。此前也通过问卷开展过相关调研，从结果来看，获取信息的效果相对较弱。因此，本研究采用扎根理论研究方法，通过与多位马拉松赛事旅游参与者进行充分的沟通和访谈——也包括少数的电话（视频）交流、文本交谈等，最大限度获取参与者视角下的安全和风险感知情况。

（二）数据收集与调研

为了确保调研信息的有效性，本研究对调研对象进行了初步的条件设定。调研对象要求有较丰富的参赛经历，其中 2018—2020 年参加过全程马拉松或更远距离的跑步赛事——充分的参赛经历是对赛事旅游安全感知的基础。同时，访谈对象也参考国内几场大规模赛事（北京、厦门、广州等）参与者年龄分布情况进行选择。如以2021厦门马拉松为例，男女选手比例为4.5∶1，整体平均年龄为43岁，其中40～49年龄段跑步成绩最佳，同时也占跑步人数比重最大。结合相关基础条件，本研究共对27名马拉松赛事旅游参与者进行了调研，访谈者整体基本情况见表7-1。

表7-1 访谈对象基本情况

性别	男	22人
	女	5人
年龄	18～30岁	2人
	31～40岁	6人
	41～50岁	10人
	51～60岁	6人
	60岁以上	3人
2018—2020年参赛经历概况	参加过50公里及以上越野赛	9人
	参加过全程马拉松3次以上	22人
	参加过半程马拉松3次以上	27人

由于访谈对象年龄、教育程度、个性等方面的不同，访谈中采取了不同的交流方式，力求获取研究对象对赛事旅游安全的真实感受和意见；访谈对象在交流过程中的情绪变化和反映，通过与交流内容的结合，也作为特殊信息解读。如对于安全威胁比较大的情形，部分访谈对象会表现得非常激动，从另外一个角度来说，这种带有真性情的信息体现出了较高的真实性和有效性。在访谈内容方面，初步拟定了访谈大致提纲，主要内容包括："你认为（你经历的）马拉松赛事旅游的安全威胁主要来自哪些方面？""你是否遇到过安全风险？""你是如何应对遇到的安全风险的？""你认为应该如何提升赛事旅游的安全性？"等等。除了通过面谈调研外，还有部分被调研者提供了本人参加马拉松赛事旅游的多篇游记，这些游记此前发布于朋友圈、微博、马拉松论坛等，对其参与的各地马拉松赛事旅游活动有比较完整的记录和个人的点评。调研对象主要分布在扬州、南京、

苏州等江苏省内城市，这些地区也是马拉松赛事举办经历丰富、参与人数较多的区域。

二 扎根理论分析

（一）原始表达及初始概念提取——开放性编码

开放式编码是扎根理论研究的第一步，是通过对原始资料进行基本概括，提炼其基本概念和范畴，并用这些概念和范畴对原始资料进行定义。本研究对访谈中原始资料进行初步整理，以主要内容相对集中的原则，整合为289个内容文档。经过反复阅读，提取出与本研究核心内容密切相关的原始语句，尽可能完整地提取其主要内容，对内容信息单元进行梳理，形成具有代表性的原始信息概要。在对原始资料进行代表性信息提取时，尽量直白反映被访谈者的信息，如有多个被访谈者对同一主题内容表达高度相似时，则整合成一则信息。如有原始信息如下："D1比赛前一天，对于当地的美食，我心里很矛盾，既想好好品尝，又要保持克制，平安完赛后我会尽情品尝当地美食。""E5我平时喜欢喝酒，出去跑马拉松在我看来就是出去旅游，尽管第二天有跑步，但我前一天还是会正常喝酒，已经习惯这样了。但有一次，赛前一晚喝得太多，导致第二天身体状况很差，最后还是坚持跑了半程马拉松，尽管完成比赛，但还是觉得有些后怕。"该两条信息都提到了赛前的饮食行为，一种是保持克制以保安全，一种是冒险性的饮食导致赛后的紧张和不安。在对该原始语句进行代表性信息提取时，对两段语句进行合并归纳，整理为："比赛前，我尽量合理规划饮食，尤其是饮酒等行为。"借助Nvivo12质性分析工具，进行逐步编码，初步从原始资料中发现用于理论建构的初始概念。经过分析归纳，提炼出大众选手马拉松赛事旅游风险感知的28个初始概念（如表7-2）。由于访谈的时间前后持续一月有余，在完成一次访谈后，迅速完成该次访谈的文本整理和概念的初步提取。在整个过程中访谈积累和编码基本同步进行，当访谈到27人时，已经没有新的观点描述和关系出现，这就达到了理论饱和。

表 7-2　代表性原始信息的概念化

访谈原始文本的信息概要	概念化
比赛中我会关注沿途的救护车、医护人员、医护站等	赛道安保设施
有的比赛线路设计不合理,发生选手冲撞;有的地方赛道太窄,刚出发就被挤倒	赛道秩序管控
有次比赛途中下雨,身体严重不适,后来放弃比赛上了收容车。雾霾太大,放弃比赛	突发天气影响
比赛前,我尽量合理规划饮食,尤其是饮酒等行为	赛前饮食行为
有次参加 100 公里越野跑,中途因下大雨,组委会紧急叫停赛事	赛事应急方案
有的赛事补给不够,补给单一,有的甚至连饮水都没有保障	赛事补给状况
马拉松是不可能突然就去参加的,一定要有个充分的前期训练和保障	赛前充分训练
有时我尽管已经到达比赛城市,内心在犹豫,最终出于安全考虑放弃	安全心理暗示
比赛天气影响,突然高温,果断调整策略,一路慢跑,放弃之前的成绩目标	目标与行为调整
看到选手晕倒等情况会比较紧张,每次完赛后第一时间告知家人,让家人放心	安全事故心理影响
赛道上会留意医师跑者、领跑员、志愿者等,沿途的安保、救护人员也会让我更安心	安保人员分布
心理准备是很重要,马拉松本来就是一项富有挑战的活动,心理怕了,也就难了	心理充分准备
优先考虑专业赛事公司运营的赛事,安全和服务更有保障	赛事运营
品牌赛事对我更有吸引力,组织会更可靠,管理会更放心	赛事品牌
提前关注赛事地图,了解一些特殊路段,做到心中有数	赛道设计
有的赛事志愿者服务专业性不够,不能及时为选手提供安全方面的服务	志愿者专业性
不少赛事都有门槛,要有参赛经历、体检报告、签订安全承诺等,还要购买保险	选手保险
跑量是基础,只有足够的训练基础,才能保证安全完赛	跑量准备

(续表)

访谈原始文本的信息概要	概念化
科学跑步很重要，我会专门学习跑步知识，分析运动数据，相信科学，减少伤害	科学训练
普通选手也会有自己的小目标，如创造个人最佳成绩，要天时地利人和，不可强求	成绩追求与期待
遇到安全威胁时，但内心却不肯放弃，有时候的硬撑和坚持会带给自己很大的伤害	非理智行为
赛道沿途观众、加油氛围、标语口号等对我影响大，既有安全感，也能激发更大动力	赛道氛围
伙伴很重要，一起出行参赛，互相照应，心里很踏实，尤其对新人来说，更有安全感	跑步伙伴
市民态度很重要，由于交通管制等原因，有的市民对选手不友好，甚至发生一些冲突	市民态度
比赛中的穿戴太重要了，鞋子要合脚、衣服要贴身，否则很痛苦	参赛装备舒适性
越野赛等特殊条件会额外增加赛事装备，以防万一	参赛装备安全性
赛前一段时间，生病、受伤等，让自己对接下来的赛事缺乏安全感	赛前身体状况
比赛中会密切留意自己的身体状况，会及时调整，寻求帮助	赛中身体状况

（二）范畴构建与细分特征——主轴编码

主轴编码是在开放编码的基础上，对获得的初始概念进行深度挖掘，理清各概念之间内在的逻辑关系，提炼出统领其他范畴的主范畴。本研究对28个初始概念进行深度挖掘后，提炼出12个独立范畴，包括赛事组织水平、赛事设计规范、安保设施状况、安保人员状况、安保流程设计、选手长期训练准备、选手近期身体状况、选手挑战心理、选手恐惧心理、选手矛盾心态、赛事自然环境、赛事社会环境等方面。如"赛事组织水平"范畴中，包含了赛事运营、赛事品牌两个概念。随着马拉松赛事数量增加，大众在选择马拉松赛事时，也开始关注赛事运营水平。部分赛事通过第三方专业性的赛事公司进行运营，提升了赛事的专业性，在满足大众跑者需求方面具有丰富的经验,其中也包括对赛事安全的充分评估和应对。高水平的赛事运营其本身就包含着高度的安全管理。在赛事运营的积累过程中,逐步形成了特定的赛事品牌:一方面是对城市赛事品牌的认可,对该赛事举办历史、办赛水平、危机应对等方面足够信赖。另一方面是对赛事运营品牌的认可,对于该运营公司运营的其他地区赛事——尽管对该地区状况并不了解——也能保持足够的信赖,即大众对赛事组织水平的高度依赖和期待。除此之外,赛事组织方为选手提供的安全细节服务,也是给大众信任感的重要方式。如访谈中这样的描述:"G6 广州马拉松办得确实不错,别的不说,就说安全方面,在领取的参赛包里除了常规物品,还有一本书《马拉松科学跑步 100 问》,还提供了治疗跌打损伤的药品,虽然我们很多人不一定需要,但给了大众心理上更多的安全感,不仅仅是关注赛道上的安全保护,对选手的长期训练、心理调整和赛后康复都提供了很好的指导。"这说明,大众选手的安全感是不断积累的,品牌的塑造也不仅仅是在赛道上,一系列的全流程服务,让大众对赛事的安全性和专业性有了更大的认可。

(三)核心编码

核心编码是在开放式编码和主轴式编码的基础上,发现研究问题的核心和关键,也叫做选择式编码。核心编码是更高抽象水平上的精炼和整合,根据建立的概念、范畴和相互关系,发展出能高度概括和描述研究对象的精炼符号。根据本研究的主题,发现可以用"马拉松体育旅游安全风险来源与感知"来统领其他所有范畴。围绕核心范畴,其逻辑和内容架构为信任感、安全感、状态感、情绪感和环境感这五个方面(表 7-3)。

表 7-3 概念对应范畴及主范畴

主范畴	对应范畴	包含概念
信任感	赛事组织水平	赛事运营、赛事品牌
	赛事设计规范	赛道设计、赛事补给状况
安全感	现场安保设施	赛道安保设施、赛道秩序管控
	赛场安保人员	安保人员分布、志愿者专业性
	安保设计	选手保险、赛事应急方案

(续表)

主范畴	对应范畴	包含概念
状态感	选手长期准备	跑量准备、赛前充分训练、科学训练
	选手近期状况	赛前身体状况、赛前饮食行为
	赛中身体状况	比赛中身体状况
	选手参赛装备	参赛穿戴舒适性、参赛装备安全性
情绪感	选手挑战心理	心理充分准备、成绩追求与期待
	选手恐惧情绪	安全心理暗示、安全事故心理影响
	选手矛盾心态	目标与行为调整、非理智行为
环境感	赛事自然环境	突发天气影响
	赛事社会环境	赛道氛围、跑步伙伴、市民态度

其中信任感是安全感知的基础,是大众选手选择赛事的一个重要前提条件,同时也影响着选手对即将参加的赛事活动的心态,包含了"赛事组织水平"和"赛事设计规范"两个范畴。也就是说,大众对赛事的信任感一方面是缘于赛事前期形象的积累,另一方面则是本场赛事活动具体的设计和安排,这也体现了大众安全感知具有抽象和具象两个维度——既注重形象的评价,也在意现场的实感。安全感的来源比较丰富,包含了"现场安保设施""赛场安保人员""安保设计"三个维度,比较完整地体现了"人""物""制度"三个维度的安全感知。就安全感的制度方面,访谈者有这样的原始描述:"F3 有的赛事不是你想参加就参加,除了要摇号之外,还有一些基本的条件,如近期内的赛事经历、体检报告等,我觉得这样很有必要。如××马拉松,对选手的身份管控更严,领取号码布等装备时就给选手带上手环,比赛入场、完赛领取装备都要以此作为凭证。""K15 由于部分赛事报名火爆,有的人没报上名,就采用顶替、制作虚假号码布等方式,这样其实就是很大的安全隐患,之前不是××地的马拉松赛事,顶替的选手参赛时出现意外了嘛。"由此可见,安全不仅仅体现为现场服务和保护,在整个流程打造和制度设计方面,也需要加强细节管控,堵住安全隐患漏洞。

从选手自身因素来说,个人的身体状况直接影响着选手的情绪和安全感知。如选手赛前一段时间由于各种原因,训练量不足、状态不佳、突发事件影响心理等，都会使选手对即将到来的比赛充满恐惧。如在访谈中有这样的原始表述："B15 有次报名参加××马拉松，很幸运摇号中签了，乘飞机提前一天到达××（城市名），领取参赛用品，结果第二天早上，我还是决定放弃比赛了，我不能拿自己的身体去冒险，尽管略有遗憾，但毕竟人平安。"这样的弃赛行为，是在临近比赛的最后时刻根据自身的身体状况做出的安全风险规避策略。状态感包含了长期准备、近期状况、赛中状态和参赛装备四个方面，整体上是选手可以直接感知、反应和调整的内容。

（四）安全应对行为分析

在安全风险的应对策略方面，根据调研访谈和编码识别，可以提炼出"防范""坚持""调整""放弃""反思"五种类型（表 7-4）。其中，防范是安全应对行为的首要内容，以其中"优化穿着装备"措施为例：大众选手参与马拉松赛事旅游活动的次数增加，也伴随着大众路跑专业性的逐步提升。基本装备包括鞋子、上衣、裤子等，尤其是跑鞋，被看作为马拉松赛事活动的装备之王，也是大多数选手在跑步装备中投入成本最大的。在衣着方面，要结合赛事天气状况进行充分准备，防止衣服与皮肤摩擦受伤等。除了基本装备外，还要考虑防晒、防雨、防失温、防抽筋等特殊装备，部分选手还要针对汗巾、眼镜、墨镜等方面进行特殊处理，还要考虑选择合适的包来放置手机、钥匙、纸巾、补给等物品。此外，智能穿戴在马拉松参与者中也发挥了重要作用。在访谈的 27 名对象中，有 90% 的人选择了包含心率感应、跑步记录、数据分析等功能的智能手表，通过心率来反映自己的身体状况，继而提醒自己注意跑步节奏、速度、方式的调整。

还有一种情况也需引起关注：如选手正常完成了比赛，整个比赛过程未出现安全状况，但在完赛后出现一些明显的不适，甚至出现比较严重的身体反应，这就进入了赛后风险感知过程，这也是容易忽略的一个环节。冲过终点、完成比赛，对很多参与者来说就是目标达成，但安全风险并没有结束，因此赛后的救援、康复和指导同样重要，这对于参与者后续的风险"反思"更具有价值和意义。

表 7-4 马拉松赛事旅游安全感知应对行为类型

应对行为	包含措施
防范	提前熟悉赛道、了解赛场服务、自备充足补给、优化穿着装备、合理规划饮食等
坚持	个人意志推动、跑友互动鼓励、现场氛围激励等
调整	调整身体状态、降低成绩目标、调整心理状态、接受医疗服务等
放弃	完全放弃比赛、中途放弃比赛、强制结束比赛等
反思	赛后身体恢复、比赛风险评估、经验教训总结等

（五）模型构建

马拉松赛事旅游活动的参与者，从参与动机产生到一次完整的马拉松活动结束，安全风险感知贯穿始终，在不同的阶段，风险以不同的表现形式对参与者行为产生重要影响。根据活动参与的时间过程和风险感知的主要内容来分析，大致可划分为风险预感知（赛前感知）、风险正感知（赛中感知）、风险后感知（赛后感知）三个阶段。

预感知阶段包括信任感，也就是对外部因素的预判。预感知还包括了状态感中的赛前部分。马拉松活动需要以长期的训练准备为基础。一般来说，选手不必非在比赛过程中才能对身体状况进行确认，赛前的身体状况让选手对即将参与的马拉松赛事活动已经有了一定的判断。在风险正感知环节中，一方面是赛事现场给选手的安全感，这种安全感只有身临其境才能体会得更加深刻，另一方面是赛事参与过程中的身体反应和状态、比赛过程中的环境状况等各种因素叠加，这些对选手的情绪和心理产生重要影响，继而产生相应决策和后续行为。如选手对自身身体状况不自信、对环境影响感到担忧，会产生恐惧心理；如果身体状态良好，前期准备充分，外部环境良好，就会让选手有"天时地利人和"的愉悦感，进而产生一种挑战心理，并力争跑出一个理想成绩。正面的心理因素确实有助选手完成比赛，但也会带来一些由于过度自信导致的风险。通过访谈调研发现，刚刚参加马拉松赛事的新人往往出现两种极端心理：一种是过分担忧，一种是过于自信。随着比赛经历的增加，对赛事的风险感知经验更加丰富，大多数选手的心理情绪更加趋向成熟、平静和理性，对赛事安全的关注更加强烈。情绪感是一种复杂的感知，除了上面两种情况外，也会存在一种中间状态：既想有所突破完成挑战，又担忧安全畏惧风险的矛盾状态。选手的情绪感是心理反应的直接源泉，最终决策和行为是选手多种安全感知的综合反应，是选手经过多种维度的风险评估后作出的选择。也就是说，安全感知最终转化为心理上的一个决策，从而作出适合自己的最佳反应。（图7-1）

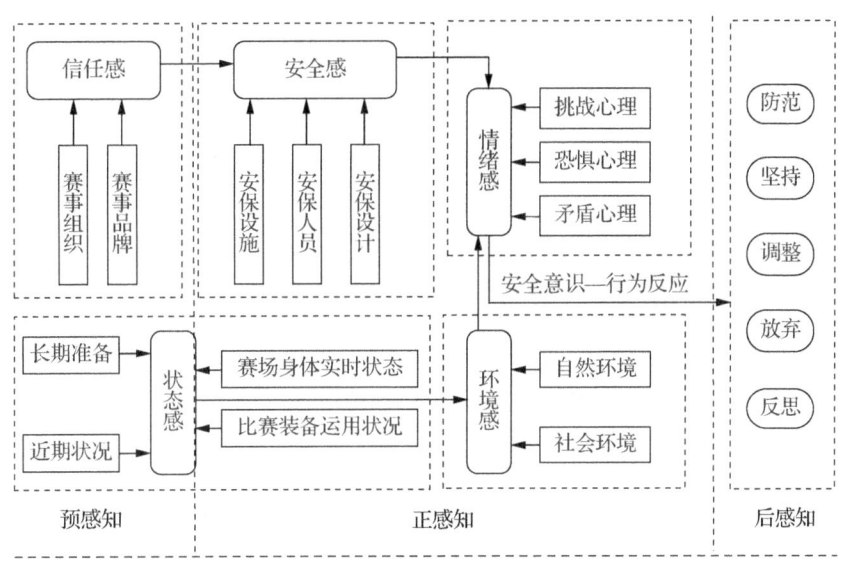

图7-1 马拉松赛事旅游安全感知模型

三 基于参与者感知的马拉松赛事旅游安全管理启示

（一）选手对马拉松赛事旅游风险具有高度的警觉和关注

马拉松作为一项具有高度挑战性的体育活动，兼具了竞技性、体验性、娱乐性等多种属性，成为大众体育旅游活动的重要形式。通过研究发现，大多数参与马拉松活动的选手本身对该项活动抱有敬畏之心，随着参与经历的丰富，对安全的认识也更加深刻。本调研中涉及的人员，几乎所有人都曾面临过不同程度的马拉松风险和安全的冲击，这种影响除了让自己在参与马拉松活动的过程中需要采取应对措施外，还在其平时的健身锻炼和马拉松活动选择方面起到重要影响，如保持运动习惯、学会心理调整、合理选择参与项目等。这也表明了大多数参与者虽然热衷参与马拉松旅游活动，但其内在对安全的需求持有高度的警觉和关注。

（二）参与者自身对风险的识别和控制是有效降低安全风险的方式

马拉松风险来源于多个方面，但个人的直接感知有助于更有效识别风险，尤其是对自身身体状况的判断，是采取相应风险控制的主要出发点。大多数参与者会有针对性地开展相应的训练和准备工作，如结合相应的成绩追求和完赛目标，通过前期更加充分的准备来减少比赛过程中的风险和隐患。在特殊外部环境因素出现的情况下，如在不同的赛道、赛段、时间段及外部因素的波动状况等个人的安全风险感知也会因人而异。组织者在整体的安全管控方面存在一定的难度，难以对所有个体的状况进行准确监控，因此通过前期的宣传确认和过程中的引导，甚至特殊情况下的强制执行来保证赛事的安全，降低赛事风险。

（三）多样化的马拉松旅游场景对赛事安保提出更高要求

随着马拉松赛事旅游的快速发展，参与者对体育旅游活动体验也有了更多样化的需求。作为一项具有一定风险的体育旅游项目，每一次赛事活动的创新都包含着安全管理的升级。各马拉松旅游活动要充分结合地形、天气、环境等因素，加强赛事举办专业性的提升，在注重赛事活动的主题优化、形象提升、品牌建设等方面的过程中，首先牢牢构筑的是赛事的安全管理和风险管控体系。从参与门槛的设置、赛事活动规则的执行、应急预案的管理、安全管理的提升等方面，不断应对体育旅游面临的新环境，最大限度地降低马拉松旅游过程中的风险危机。

（四）以人为本，从宏观和细节两方面加强马拉松赛事旅游安全管理

马拉松赛事旅游的安全风险来源广、时间长、损害大，因此要从更加宏观的视角构建安全管理体系。对马拉松赛事旅游的风险管理需要紧紧围绕"人"的需求来推进：一方面是个体的"人"，也就是加强对每位选手自身风险管理的提升，从赛项的门槛、心理强化、风险识别等方面，让每

位选手能够更加科学、理性地对待马拉松参与过程中的各种状况。另一方面是许多"人",也就是当大量的参与者共同参与到马拉松活动中时,需要加强人员的疏导、线路的设计、赛道秩序的管理以及外部风险应对的充分程度,使得安全风险的信号更加明显,通过大数据手段,利用联动 AI 预警大屏幕、智能穿戴设备等手段,重点加强赛中的安全管理,提升志愿者服务专业性,为跑者的安全保驾护航。在马拉松成为一项大众参与的体育旅游活动的背景下,如何在宏观和微观两个维度下,全方位进行安全管理,降低参与风险,成为今后马拉松赛事旅游开发中需要直面的问题。

本节运用扎根理论对马拉松赛事旅游参与者的风险感知与安全行为进行了探索性研究,囿于理论研究和知识水平,在扎根理论的编码过程、范畴提炼及模型构建方面可能存在一定的片面性。加之调研的范围主要在江苏省内,对于不同地域环境下的马拉松赛事旅游参与者的风险感知调研不足,在针对不同性别、年龄段的参与者风险感知和安全应对行为研究方面却又缺少更深入研究,今后将进一步扩大调研范围,针对更加个性化的群体开展更细致的研究,为马拉松赛事旅游提供更全面的安全管理建议和参考。

第八章

新时代马拉松赛事旅游高质量发展策略

第一节
马拉松赛事旅游发展趋势与挑战

一 新时代体育旅游市场的新需求

马拉松赛事旅游的参与者更加广泛,这导致赛事旅游产品的消费者本身的旅游需求也在不断发生变化。消费者的参与动机、参与经验、赛事体验以及参照群体等因素都会影响大众参与者对赛事体验的感知和期待,从而催生了新时代下体育旅游新需求。体育旅游新需求是指由于国民收入水平、大众消费能力、消费环境和消费观念等因素发生变化,进而促使消费者对体育旅游消费品的需求和动机也产生变化的新型表现形式。整体来说,体育旅游的需求从过去的单一需求形式逐步发展为多元融合、综合发展、全域体验的综合体育旅游需求形式,其中也包括马拉松赛事旅游。直面新时代下大众旅游消费者的新需求,持续优化和改进赛事旅游产品,是马拉松赛事等体育旅游行业发展的必然路径。

体育旅游新需求产生的原因很多,从根本上说可以概括为内部和外部两大因素。内部因素指体育旅游者自身随着个人旅游动机、行为、感知、学习等的变化造成的心理活动的变化,如年龄的增长带来身体健康的动机加强,时间和财务的自由促使体育旅游的时间和空间拓展,对人生的新感悟形成新的旅游方式等,旅游者自身的种种因素促使旅游者对体育旅游有了更多的期待,从而产生了更多更新的需求。外部因素主要是指国家和社会的经济、文化、科技等领域的发展,促使供给侧和服务端的水平大大提升,给大众旅游者更多的消费选择机会,如旅游公共服务水平提升,包括体育公园、体育休闲设施、体育场馆增多等,为大众提供了更多的运动场所和空间,促使大众形成了体育休闲的习惯。同时,旅游交通的便捷化,促使体育活动空间可以很顺畅地发生转移,到异地体验体育旅游活动和参加马拉松赛事等活动就变得更加便捷,也促使大众对体育旅游的新形态充满期待。新时代下需求变革、经济发展、贸易环境改变、供需升级等多重因素叠加，带动我国体育旅游新需求的萌发、革新、优化、升级，也促使了行业发展的供给侧不断优化产品和提升服务水平，以便更好地满足大众消费者新时代下的新需求。

二 新时代马拉松赛事旅游发展趋势

（一）文体旅融合发展，赛事旅游综合体验更加突出

作为一项具有多重属性的赛事旅游活动，马拉松赛事旅游本身的体验具有强烈的多元性和多层次性，不同的参与者在同一场马拉松赛事中，无论成绩存在多大的差异，对高品质的赛事体验需求是一致的。从这个意义上说，高质量的马拉松赛事旅游体验，是参与者和赛事组织者的共同追求，而赛事举办方和组织者则更要肩负起打造高质量马拉松赛事旅游供给体系的重任。

高质量的赛事体验，不仅深耕于"赛事"本身，而且对文化、体育、旅游等多重资源和多维价值高度整合，让赛事本身不仅仅是一场体育活动，更是一项具有文体旅综合体验的节事活动。作为主办方来说，把赛事打造为一种集文化传播、体育休闲和旅游展示于一体的综合性活动，大大提升马拉松赛事的文化内涵，向公众传递出健康的生活理念和旅游方式，体现出新时代旅游行业的社会价值和生态价值。作为选手来说，参加的也不仅仅是一场跑步活动，在确保赛事本身高质量体验之外，更多的体验活动在赛事之外，如在赛事当地及周边深度旅游、文化交流、社会交往等。当参与者保持跑步运动常态化的习惯后，马拉松赛事旅游活动还融合了传统的商务旅游、探亲旅游、会议旅游等多重旅游形式。一双跑鞋和一场马拉松，串起来的是更具活力的综合性旅游体验。因此，新时代下马拉松赛事旅游活动，需坚定不移地走"文体旅"的融合发展道路，挖掘"赛事＋"和"＋赛事"的旅游体验空间，打造出高质量、高品质的赛事旅游体验。

以武汉马拉松为例：2023年4月16日，阔别3年的武汉马拉松在汉口江滩开跑，赛事主题定位为"好汉归来"，这是一场赛事文化与城市文明的碰撞。在经历过伤痛后，武汉这座城市再度以"好汉"的形象展示在大众面前。有人用"历尽千帆""久别重逢"来形容武汉马拉松的回归。

除了高质量的赛事服务，文化与赛事的融合成为武汉马拉松的又一道风景。赛道沿线包含了交响乐、戏曲、舞蹈、古筝等以自然为幕、赛道为台的文化展演，助力跑者透过一场马拉松了解一座城市。在武汉马拉松的赛道上，除了轻装上阵的跑者，还有推着婴儿车的妈妈跑者、套着玩偶服负重前行的青蛙跑者、坐轮椅奋力前进的残疾跑者，体现了武汉马拉松包容的文化属性。武汉马拉松的回归，不仅仅表现了文体旅行业复苏形势下马拉松热潮的回归，更体现了人们对于美好生活的期待和向往。武汉马拉松不仅有速度比拼下的竞技精神，更体现出文旅与赛事的交融、市民与城市包容下的烟火气息。

（二）赛事旅游场景更加丰富，个性与特色更加鲜明

旅游活动的本质在于体验，马拉松赛事旅游也是如此。只有不断地丰富赛事体验，为大众提供富有特色的产品和服务，才能持续获得大众的关注和青睐。随着我国马拉松赛事的不断发展，伴随着赛事数量和参与规模的扩大，越来越多的人加入马拉松赛事旅游活动。同时，选手内部的差异性、多元性和层次性更加突出。如一些参赛经历丰富的选手，对赛事的评价和感知与刚刚参加马拉松赛事活动的选手相比，必然存在许多不同之处，二者在服务需求、风险应对、赛事评价等多方面存在较大差异。对于一场具体的赛事来说，重复多次参赛的选手对赛事举办和服务体系比较熟悉，对赛事本身的参与经历反应比较平淡，更期望在赛事中有一些全新的体验和感受，期待更加丰富的马拉松赛事旅游的场景和内容。因此，准确认识和把握新时代下大众选手市场的特点，打造特色化、个性化、差异化的赛事，是巩固和拓展大众旅游市场的重要基础。这方面更多的是靠与当地文化旅游的整合来实现：文化作为内核，旅游作为载体，充分融入赛事活动体系中。在赛事的特色和个性打造方面，结合"旅游＋"的理念，与不同的业态融合，打造不同的马拉松参与场景。不一定非要办规模性的赛事，小而精的特色赛事将成为一种重要的趋势。另外，赛事活动环节特色鲜明的服务体系和高质量的服务水平，是保持和提升选手满意度的基础，如在赛事补给、完赛福利、精神鼓励、衍生服务等方面有更多创新之举，满足不同参与者的赛事旅游需求，从整体和全域推动马拉松赛事旅游高质量发展。

（三）赛事组织的专业化与服务的品质化

当前我国旅游业发展已经进入品质化发展阶段，行业内部的竞争更多地体现在服务质量的竞争上。新时代下的马拉松赛事旅游发展，也必然要走以服务质量取胜的路径，通过高质量的服务推动赛事旅游高质量发展。一方面，赛事旅游者本身的参赛经历和旅游经验更加丰富，对赛事旅游的认知也发生变化，从过去单纯地参与比赛升华到以赛事为吸引力的综合旅游，同时对服务的感知也从过去仅仅满足于参赛者的体验发展到满足同行者的综合体验，从一个人满意到一群人满意，种种因素都形成了赛事旅游活动供给方不断提升服务质量的动力和压力。另一方面，赛事之间的竞争不断加剧，也推动各地在开展马拉松赛事旅游活动中充分展示各自的核心竞争力，除了赛事基本设置和特色外，更要在服务上狠下功夫，通过服务来形成赛事特色。赛事服务的高水平一是依赖赛事举办方的专业化水准，只有通过专业化的赛事运营，才能更加高效地整合和利用各种赛事资源，发挥最大的价值，从而为赛事旅游者创造更多服务和体验；二是依赖赛事组织方的用心服务，真正关注参与者需求，真诚为选手服务。赛事服务不仅要立足宏观和整体，构建全域式的服务保障体系，更要重视细节管理，推动服务的专业化和精细化，全方位提升马拉松赛事旅游服务水平，让服务成为赛事品牌的重要组成部分，也构成赛事旅游核心竞争力的重要动力。

（四）大众选手实力与专业选手竞技水平双线进步

当马拉松运动成为越来越多人参与的一项体育赛事旅游活动，许多具有一定竞技水平的选手也开始在大众选手中脱颖而出，加上相应的科学训练和竞技指导，大众马拉松选手的整体竞技水平也在不断攀升。对于马拉松赛事本身来说，完赛率是一项重要的评价指标，在一定程度上能反映出一场赛事选手的整体竞技水平。选手的平均成绩也能反映出大众在马拉松赛事中的整体表现。尽管大众选手的参与动机并非获得名次或奖励，但适度的竞技和挑战压力也是马拉松赛事旅游这项运动本身的魅力。对于大众选手来说，平安完赛是首要目标，在此基础上能不断突破自我、创造更好的成绩，又能体验到更多的满足和收获。从外部环境来说，国家对马拉松赛事活动"放、管、服"的政策持续发力，推动越来越多民众加入马拉松运动中，马拉松运动整体呈现健康、稳定、蓬勃发展的局面。以2019年为例，我国无论是大众选手还是专业选手，男女马拉松最好成绩均获得较大突破，当年马拉松项目的总体平均完赛成绩是4小时25分40秒，其中男子和女子平均成绩分别为4小时22分11秒和4小时41分58秒；半程马拉松项目的总体平均成绩为2小时15分2秒，其中男子和女子平均成绩分别为2小时11分00秒和2小时25分15秒。2019年马拉松项目的完赛跑者中，总计有9 703人次男性跑者跑进3小时，对比2018年增长67.47%，对比2017年增长201%；女性跑者共计1 806人次跑进3小时20分，对比2018年增长了63.44%，对比2017年增长176%。大众选手的竞技水平呈现出快速增长的态势。

2023年3月，马拉松赛事旅游刚刚开始复苏之时，在无锡马拉松的赛道上，一方面见证了新的全国马拉松纪录的诞生，中国选手何杰和杨绍辉分别获得赛事男子组亚军和季军，双双打破男子马拉松全国纪录；另一方面，该场比赛共有1 262名选手跑进3小时，展示出强大的马拉松赛事群众基础和高水平大众选手整体实力。2023年10月29日举办的北京马拉松，共有2 402人成功破三（跑进3小时），大众选手的实力和潜力再次得到体现。从宏观上说，有关部门在增强马拉松群体厚度和提升马拉松竞技成绩方面不断发力，推广和发展"国人竞速，全民畅跑"战略。从微观上说，在选手的广泛参与、科学训练和比赛，以及赛事组织和服务日益专业化的背景下，大众选手成绩不断提升、专业选手水平持续提高，是新时代下我国马拉松赛事发展的必然趋势。

（五）马拉松赛事旅游常态化和生活化

马拉松赛事旅游由于其独特的属性，承载了包括旅游、经济、文化等多种要素的展示使命，就其本质而言，就是当代人出于体验动机的一种旅游形式。从这个意义上说，马拉松从少数人参与的运动到大众参与的项目，也意味着该项运动最终会走向常态化发展的道路，和日常的旅游项目和内容一样，从热闹回归平静，成为大众身边一种常见的旅游项目和体验内容。如同很多人平常坚持的运动习惯和日常旅行一样，马拉松成为一种日常的运动项目，参与马拉松变得更加便捷，大众对马拉松运动的认知也会趋于平凡化，"跟着赛事去旅游"成为一种常态化的旅游方式。需要说明的是，常态化并不意味着马拉松赛事旅游活动吸引力和影响力下降，恰恰相反，这正是体育休闲和运动生活化的重要体现，赛事活动也可以变得日常化、生活化和休闲化。与此相适应的是，马拉松赛事的类型、场景、主题也更加丰富，不再是单纯地追求大规模、大声势，而是以更加融入生活的方式呈现出来。从旅游角度来说，带上一双跑鞋，在旅游期间完成一次马拉松运动或者跑步活动，即使不是在一场真正的赛事中，也是众多马拉松运动爱好者的一种旅行生活方式。马拉松运动融入生活，马拉松文化的传播和影响也更加深入，这种精神不仅仅体现在运动项目中，也注入大众生活的多个场景中。日常的坚持和赛场上的坚韧，正是当代人不断奋发向上的精神体现。

三 马拉松赛事旅游面临的挑战

（一）赛事旅游供给侧不平衡不充分

当前，我国马拉松赛事旅游正处于快速发展时期，赛事数量和参与者人数都急速增长，从整体上看，赛事的繁荣和选手参与热情高涨是马拉松赛事旅游发展的主要特征。在这种热闹景象的背后，赛事旅游的供给侧仍面临一定的压力和挑战。首先是马拉松赛事数量快速增长同管理能力、资源相对有限的矛盾：一方面是品牌赛事参与者人数多、选手热情高、参与体验好，在市场推广和营销方面压力较小；另一方面，尤其是在一些赛事举办的密集期，各赛事陷入"抢人大战"，不少赛事在推广方面困难重重，报名人数很难达到预期，直接导致办赛成本上升，对于已经报名的选手来说，也面临着服务品质下降的风险。整体上看，我国马拉松赛事旅游在较长时间内还存在着赛事质量良莠不齐、赛事管理人才缺乏、社会资源相对有限等挑战。其次，大众对高品质赛事的需求同精品赛事相对有限的矛盾也较为突出。随着大众对马拉松赛事参与度的提升，对品牌赛事、优质赛事、精品赛事等高质量的赛事的需求不断增加。在不少地区，赛事主办方的服务意识和办赛能力仍然有限，高质量赛事整体占比依旧不高，难以满足大众对高品质赛事的需求。

（二）赛事旅游服务水平不稳定

马拉松赛事旅游和其他旅游业态相比，缺少足够的连贯性和延续性，周期性比较突出，这也意味着赛事服务水平存在一定的风险和不确定性：一方面是选手对服务的感知和评价态度发生改变；另一方面是赛事服务中受到外部影响因素较多，组织环节和服务衔接等方面的细微漏洞都可能产生较大的服务缺陷。2023年马拉松赛事旅游复苏后的一段时间里，部分品牌度极高的赛事遭遇了口碑下降。原本大众对品牌赛事就给予了更高的期待，但赛事组织方在某些方面的服务供给不足导致大众满意度下降。2023年下半年的一些赛事中，出现了部分赛事车辆挡住选手、赛后发布物资不及时、终点线拦住冲线选手等乱象，部分赛事存在补给不足、发放过期饮料等基础性的组织失误和服务缺失，也暴露出了部分赛事主办方对赛事服务的重视程度不足。在马拉松赛事的组织和服务方面，尽管赛事经验和专业化的运营已经可以提供基础的保障，但是绝不可能将以往的赛事或别的赛事直接"复制粘贴"到新的赛事中。每一个赛事都是独一无二的，只有用心对待每个赛事，认真确保每个服务细节，才能真正树立起良好的服务口碑和赛事旅游形象。

（三）新竞争格局下赛事旅游竞争力有待提高

在马拉松赛事数量不断增加的背景下，赛事旅游内部的竞争格局也呈现出一些新的变化，这对大多数赛事来说无疑是一种巨大的挑战。由于赛事举办的时间相对集中，在同一天有多场赛事举办成为常态，这也意味着大众拥有更多的选择机会。当前，马拉松赛事旅游出现了部分赛事报名爆满与部分赛事报名不满并存的情况，对于新的马拉松赛事、城市吸引力和营销度不高的地区赛事来说，更是面临着巨大的竞争压力。举办时间的相对集中，意味着马拉松赛事活动在时间维度的差异化空间十分有限，因此更多的竞争力主要放在赛事主题、特色、服务以及举办地自身的吸引力方面。同样，对于一些品牌赛事来说，也并非高枕无忧——高端赛事之间同样也形成了更加激烈的竞争。除了对大众选手的吸引外，对高水平运动员的吸引和选手整体水平的提升，对于需要提升品牌和层次的赛事来说，又会形成竞争压力。从整个国际马拉松赛事旅游格局来看，我国马拉松赛事国际化程度还有待提高，对外籍跑友和国际优秀选手的吸引力有待提高。与国际一流赛事相比，我国马拉松赛事的竞争力和品牌价值有待进一步挖掘。变压力为动力，从竞争中寻求机会，是新时代下我国马拉松赛事旅游发展进程中必经的蜕变。

（四）赛事旅游产业链不够丰富

在马拉松赛事旅游融合发展的背景下，马拉松赛事活动带动了一系列的活动和产业发展，发挥了较大的产业带动性。但同时也要看到，在目前的马拉松赛事旅游整体发展中，仍有不少地区的赛事综合带动力比较有限，产业体系不够完整，整体上呈现出马拉松赛事旅游体系发展不平衡和不充分的问题。马拉松赛事旅游产业体系的形成，需要一定时间的积累。历史悠久的赛事在这方面具有一定的优势，通过对赛事旅游活动所涉及的资源进行整合，衍生出一系列的周边活动和产品，打造出以马拉松赛事为核心、以多元化的体验活动为内容的赛事旅游产品供给体系。如何不断深化供给侧结构性改革，构建完整、丰富的赛事旅游产业体系，更好发挥赛事旅游的经济效益、生态效益和社会效益，是我国新时代下的马拉松赛事旅游发展需要直面的课题。

（五）选手参赛行为的规范性有待提升

在市场侧，也就是从马拉松选手的角度看，同样也面临着一些困境和挑战。伴随着马拉松赛事旅游活动参与者人数的急剧攀升，同时也使得由于认知和准备不足而导致的风险增加，如部分选手对马拉松运动的科学健身知识和功能认知不足，对自身运动能力的把控较弱，且缺乏足够的准备和锻炼，盲目跟风造成运动损伤和健康风险。同时，部分选手参赛规则意识、礼仪价值认知有待提高，个别赛事甚至出现了选手替跑、蹭跑等行为。部分群体对马拉松赛事的文化和精神理解不深入，在赛事举办过程中出现多种不文明的现象和行为，在一定程度上影响了大众对马拉松赛事和参与者群体的形象认知。赛事参与的广泛性与赛事行为的规范性同步提升，赛事组织者和参与者共同努力，整合更多社会资源，打造健康、文明的马拉松，是新时代下马拉松赛事旅游发展的挑战和任务。

第二节
新时代马拉松赛事旅游高质量发展策略

一 高质量发展的内涵

高质量发展是我国"十四五"时期及今后很长一段时间内发展的主题。这一发展理念是根据国内外发展形势和现阶段中国的发展需要而提出的，有着深刻而丰富的内涵和深远的历史意义。关于高质量发展的内涵、功能、意义和价值，以及在具体行业和领域的研究，成为近年来理论和实践的重要内容。从宏观和整体层面来说，高质量发展表现为经济增长的稳定性、发展的均衡性、环境的可持续性等方面。要让创新成为推动高质量发展的主要动力，不断推动经济发展从规模速度型向质量效率型、从粗放增长向集约增长转变，推动经济发展向结构更合理、附加值更高的阶段演化，促进城乡之间、区域之间的均衡发展。从本质上说，高质量发展就是创造系统性的发展优势，以各种可持续和有效的方式满足人民日益增长的对美好生活的需求，其根本核心在于供给体系质量高、效率高、稳定性高，根本路径在于质量变革、效率变革、动力变革。从微观和局部层面来说，高质量发展是指我国产业布局更加优化、结构更加合理，通过不断转型升级，实现产业发展效益的显著提升，具体体现在产业规模不断壮大、产业结构不断优化、创新驱动转型升级、质量效益不断提升等方面。从产业到具体的企业和市场主体，高质量发展又表现为企业的核心竞争力、质量的可靠性与持续创新、品牌的影响力、先进的质量管理体系等方面。

当前，我国多元化的旅游消费成为旅游业持续发展的坚实的市场基础，文化、科技和投资成为当代旅游业高质量发展的全新动能。旅游业的高度融合性进一步拓展了旅游消费的场景和内容，也为满足大众对美好生活的追求提供了重要的机遇。2023年以来，我国旅游业呈现出"高开稳走、供需两旺、加速回暖"的复苏态势，国家有关部门也提出了"推动体育休闲、文化旅游等服务消费"等推动旅游业高质量发展的相关措施，体现了扩大内需、促进文化和旅游消费在整个国民经济发展中的重要意义，也是推动包括马拉松赛事旅游在内的体育旅游高质量发展的重要指导思想。

二 新时代马拉松赛事旅游高质量发展策略

（一）遵循新发展理念，推进马拉松赛事旅游迈上新台阶

马拉松赛事旅游的高质量发展，首先要遵循新时代下的新发展理念。新发展理念即创新、协调、绿色、开放、共享。创新发展注重的是解决发展动力问题，协调发展注重的是解决发展不平衡问题，绿色发展注重的是解决人与自然和谐问题，开放发展注重的是解决发展内外联动问题，共享发展注重的是解决社会公平正义问题。坚持新发展理念是关系我国发展全局的一场深刻变革。高质量发展是能够满足人民日益增长的美好生活需要的发展，是体现新发展理念的发展，是创新成为第一动力、协调成为内生特点、绿色成为普遍形态、开放成为必由之路、共享成为根本目的的发展。

马拉松赛事旅游与我国社会经济发展状况、大众休闲健身和旅游需求等因素紧密关联，在不同的发展阶段呈现出不同的特点。只有不断创新赛事旅游发展模式、优化赛事旅游服务，才能更好地满足新时代大众的旅游需求特点，更好地适应新时代我国社会经济各方面的发展形势。马拉松赛事旅游涉及多方面的资源整合、多个主体的参与和多空间的利用，只有协调各种要素，整合各方面力量，才能更加高效地发挥马拉松赛事旅游的综合带动性，产生更大的经济效益和社会效益。新时代发展背景下，绿色办赛是马拉松赛事旅游的重要趋势和路径。对资源的充分高效利用，不仅要在直接感知的环境维度体现出绿色风貌，更是要在赛事旅游活动期间以生态绿色的理念为指引，通过一系列体现绿色生态的参与性活动，以体育为媒、以环境为伴、以旅游为行，使马拉松赛道成为人与自然和谐共生的现代化理念的重要实践阵地。马拉松赛事的文化和精神中，本身就包含了开放的属性，不分种族、不分国籍、不分阶层，大众在同一赛道尽情奔跑，体验竞技的乐趣，享受运动的快乐，马拉松赛道也成为一个融合、开放和包容的舞台。从马拉松赛事旅游产业属性来说，不断推进开放与融合，是提升马拉松赛事旅游竞争力的必由之路。以赛促旅、以旅带赛、赛旅融

合，同时加强与其他行业和领域的结合，以开放促融合，推动马拉松赛事旅游的产业链不断延伸。参与者的广泛性，即使不是赛事项目的运动员，也可以通过各种形式参与到马拉松赛事旅游活动中，广大志愿者、观众、游客、市民等多个群体充当了服务者和见证人的角色，这本身也是一种参与。此外，各个行业和主体也通过不同形式参与到马拉松赛事中，如赛事传播、口号征集、赛事摄影、赛事相关设计、文创产品开发等，大众群体共享马拉松赛事旅游价值。新时代的马拉松赛事旅游共享性将进一步提升，成为主客共享、文化交流和文明传播的重要载体。

（二）进一步筑牢安全意识，提升安全管理水平

马拉松赛事旅游由于其本身的核心属性，对赛事旅游的安全保障和安保服务有更高的要求，即使是在赛事举办经验非常丰富和赛事运营非常专业的背景下，安全管理也是任何时间和任何环节都不能放松的内容。进一步筑牢安全意识，加强安全管理水平，切实保障赛事旅游活动及参与者的安全，是新时代马拉松赛事旅游高质量发展的基本前提。

首先是树立赛事旅游安全意识。无论是赛事参与者还是组织者，树立安全意识，做好安全管理的第一责任人，是杜绝安全隐患的首要内容。对于参与者来说，正确认识马拉松运动，合理评估自身身体状况，做好充分的运动训练和赛事准备，切忌仓促参赛。对于一些参赛经验丰富的选手来说，安全意识同样重要，"大意"是常见的安全隐患。有的选手以"精神"代替"实力"，以为只要有了坚持到底的决心和毅力，就可以顺利完成比赛，最终反而出现安全事故。无论是对于马拉松新人还是对于资深跑者，无论是对于普通大众还是对于高水平选手，安全意识提升和管理都是一堂必修课。对于赛事组织来说，一方面要加强自身的安全意识，在赛事组织和服务的全环节加强安全隐患排查，尤其是针对一些新的环境和情况，更要做好充分的应对，切忌以单纯的经验来代替科学研判。另一方面，还要做好对参与者的安全意识宣传工作，从选手的报名到日常的训练，从赛前的准备到赛中的选手行为，都要不断灌输安全第一的理念，通过加强提醒、氛围宣传、行为应对、心理疏导等方式，确保马拉松赛事旅游的安全理念贯彻到位。

其次，在赛事举办的核心环节，也是安全保障的关键阶段，做好充分

的应对和赛事保障，是确保赛事顺利进行的基础。既要从宏观层面对赛事的安全保障进行整体把控，构建赛事安全管理体系；更要关注细节，通过对赛事全流程、全场景进行风险演练，堵住安全漏洞，打造让参与者安心的赛道环境。其中，除了常规的人员和设备的保障外，新时代下依托科技手段，构建数字化的赛事旅游保障体系，也成为赛事旅游安全管理的重要手段。如提供心率预警大数据运营系统服务，通过联动 AI 预警大屏幕、智能穿戴设备、选手赛中阶段查询、医护端 APP，全程为参与者的安全保驾护航，打造安全、科学、完善、良性发展的马拉松运动生态体系，提高马拉松赛事的安全服务水平，加强对跑者的人文关怀。在赛事活动结束后，主办方发布相关数据，帮助选手更好地进行自我状态分析，通过采集和分析选手的运动数据，为选手后续的科学训练提供依据，并进一步以个性化训练为导向，根据数据分析提供营养、康复、体能等方面的专业咨询和服务，同时也为今后的赛事活动的举办提供重要的数据参考，全面提升我国马拉松赛事旅游活动的安全管理水平，为赛事旅游的高质量发展夯实基础。

（三）优化马拉松赛事管理体制，激发产业高质量发展内生动力

当前，我国马拉松赛事的管理机构以体育主管部门和协会为主。近年来中国田协全面取消对马拉松赛事的审批，通过放宽赛事准入条件，推出赛道认证服务、优化赛事认证服务等举措，大大激发了社会力量办赛的积极性，也揭开了我国马拉松赛事及相关运动管理体系的新篇章。各类措施产生的影响和效益也非常明显：赛事数量不断增加、类型不断丰富、服务不断提升，参与者的数量也逐年攀升，马拉松运动逐渐成为一项满足大众体育锻炼和旅游休闲的重要方式。当前我国经济和社会发展迈入新的历史时期，对于马拉松赛事的管理体制也需要不断完善和创新，如通过转变管理体制、转变运行机制、转变思想观念，不断加强协会治理体系建设，提高协会行业治理能力。围绕协会实体化改革，把握机遇、提升效能、共建共享，通过全方位改革，推动马拉松赛事在新时代实现自身突破发展，提升管理效益，整合社会资源和公众力量，共同推动中国马拉松赛事旅游产业高质量发展。引导各类体育社会组织依据法律和各自章程规范运行，加强马拉松运动的社会化、职业化和市场化程度，逐步实施马拉松俱乐部注

册制度并逐步打造中国马拉松俱乐部联赛。

在马拉松赛事内部管理方面，不断通过创新和完善马拉松行业运行机制，引导更多社会资源和力量向马拉松项目聚集，实现行业的共建共享，让每位马拉松参与者都能感受到改革带来的成果，推动中国马拉松行业健康、有序发展。新时代下马拉松赛事旅游管理，也需要以融合思维和视角来推动，避免以纯粹的体育竞赛理念来开展体育赛事旅游。通过整合多业态和多资源，从全域视角出发，构建出马拉松赛事旅游管理体系。通过一系列富有指导性的措施，如制度与标准建设、专业人才培养、赛事文化传播、系列赛事打造、等级赛事评定等，积极推动以马拉松为代表的路跑运动沿着健康、规范、有序的轨道快速发展。同时，以大众旅游、群众体育和全民健身等的发展态势，推动马拉松赛事的社会化、规范化、市场化、职业化、国际化，促进马拉松赛事旅游发展体系健康发展。以中国田径协会实体化改革为新起点，进一步解放生产力和新能量，通过管理体制、运行机制、思想观念的转变，释放更多活力，催生体育旅游发展的新质生产力，为体育强国和旅游强国建设增添新动力。

（四）持续推动马拉松融合发展，完善赛事旅游产业体系

关注新时代下大众马拉松赛事旅游者的需求特征，持续推动赛事旅游供给侧改革，从赛事到赛事旅游，从旅游到旅游＋，高效整合马拉松赛事旅游产业链的各环节，打造具有高度关联性和带动性的马拉松赛事旅游产业体系。理性看待热闹的马拉松赛事活动，客观分析马拉松赛事旅游产品的综合价值。如从经济收益来分析，当前选手的报名费和商业机构赞助费是赛事的主要资金来源，马拉松赛事的举办需要的公共资源庞大，不少马拉松赛事仍依赖政府补贴实现盈利。提升核心赛事之外周边产品的商业价值，避免赛事之间的同质化竞争，打造具有真正综合价值的赛事旅游产品，是新时代下马拉松赛事旅游构建产业体系和提高经济效益的关键所在。除了关注赛事本身，马拉松赛事应继续挖掘地方文化和城市精神，以此为基础强化文体旅综合产品的输入和供给。对于具体的举办单位和运营机构来说，实时优化马拉松赛事旅游的产业价值链，通过调整业务重点和方向，强化新形态的业务衍生，形成以赛事为核心的综合性体育旅游产品体系。布局合理、功能完善的马拉松赛事旅游产业体系的构建，需要政府

引导、社会参与、市场运作多方参与，实现赛事主办主体多元化、融资方式多样化、运作方式市场化、产业功能丰富化的新机制，实现马拉松赛事产业创新发展和统筹协调发展的新局面，推动马拉松赛事旅游产业新增长。

进一步发挥体育和旅游产业的高带动性，促进马拉松与相关产业融合发展。推动产业链衍生叠加，强化马拉松运营与旅游产业发展、城市宣传推广、文化传播与展示的关系，加强政府、媒体与马拉松赛事运营机构、旅游企业、旅游营销机构、跑步协会、跑团之间的联系和交流，做大做强马拉松赛事经济规模，将赛事旅游与旅游商务、旅游线路、观光考察等旅游产品结合，打造全过程服务的体育旅游产品。促进马拉松与跑步健身的指导与培训行业、跑步运动装备制造业、路跑运动技术服务业、数字与传媒、旅游广告与策划等相关产业的联合发展，打造"马拉松＋"的产业发展新形态，大力推动马拉松赛事与旅游、文化、科技、健康、休闲等产业融合发展。出台各类激励措施，不断促进马拉松赛事相关市场主体不断壮大，推动产生一批影响力大、带动性强、品牌知名度高的龙头企业和富有创新活力的中小企业，形成一批赛事运营、马拉松俱乐部、路跑APP、智能穿戴与设备等产业链知名品牌。鼓励各地结合人文、自然景观等特色，因地制宜发展多样化赛事，积极发展具有示范效应的重点赛事项目，多元化满足人民群众对于马拉松运动的层次化多样化需求。活跃体育旅游消费市场，进一步释放周边消费潜力，并带动相关产业发展，让马拉松赛事旅游成为各地区、各行业打造消费新场景的一个重要平台。

（五）深化赛事旅游供给侧改革，持续提升马拉松赛服务质量

大众健身意识的提升和旅游休闲需求的增加，对马拉松赛事旅游发展来说是重要的机遇，有利于进一步扩大消费群体和市场规模。同时要注意到，市场的扩大与供给侧的扩张是同步进行的，赛事旅游内部的竞争性也会得到进一步加强。从宏观层面来说，进一步推动赛事旅游供给侧改革，提升赛事供给质量，优化赛事供给结构，对于促进马拉松赛事旅游高质量发展具有重要意义。立足全域视角，审视我国马拉松赛事旅游供给侧的结构特点，既要关注选手整体水平提升，也要充分考虑到赛事的广泛参与度。例如，将马拉松赛事旅游的属性进行反向延伸，拓展到徒步运动类的项目上，通过完善徒步赛事组织标准和规则设计，打造融合趣味性、参与型、竞技性的徒步类赛事，增加赛事旅游的吸引力，同时也为马拉松赛事培育后备群体和潜在市场。对马拉松赛事旅游活动进行前端拓展，如融合各地独特自然景观，结合城市文化和地质环境，因地制宜打造特色化、系列化的越野马拉松旅游活动，包括山地越野、沙滩越野、森林越野、草地越野、雪地越野等，并逐步在发展中形成越野马拉松品牌。针对不同的大众群体，根据其赛事旅游需求和特征，开发和组织相应项目和活动，如推动亲子跑、家庭马拉松、女子马拉松，在大型赛事中增设竞速轮椅组，组织举办青少年趣味田径运动会、老将田径运动会、马拉松大众精英赛等，通过市场细分手段，满足民众多元化的需求，打造类型丰富、特色鲜明、重点突出的马拉松赛事旅游供给新格局。

从赛事具体的运营和组织来说，持续提升赛事服务质量，不断提升参与者的满意度，增加马拉松赛事旅游经济效益、生态效益和社会效益，是新时代下马拉松赛事旅游高质量发展的核心要求。正视新环境下的挑战，敬畏马拉松赛事旅游市场，高度重视服务水平和质量提升，是马拉松赛事旅游高质量发展的必然路径。如充分依托数字化手段，科学设置赛事流程，进一步提升马拉松赛事组织和综合服务水平，让专业化的赛事运营与充满温度的赛事关怀融合，给予参与者以更加丰富的赛事旅游体验。充分整合社会资源，构建出高效、专业、亲切的志愿服务体系，在为选手提供赛事服务和保障的同时，也向大众展示赛事举办地的文明风采和城市形象。

（六）推进马拉松品牌和文化建设，塑造赛事旅游传播新格局

马拉松不仅仅属于赛道上的参与者，更是属于全人类。马拉松其本身所蕴含的体育精神是全人类的宝贵财富。赛事的举办、旅游的融合、文化的传播，都是以具体的实践方式来传递和展示马拉松文化。新时代的旅游业发展，将持续做好"文旅融合"发展的大文章。对于马拉松赛事旅游来说同样如此，不仅要在赛事旅游供给端做好赛事与文旅的融合，更是要让马拉松运动本身成为新时代体育旅游的文化内核和持续动力。通过整理与挖掘马拉松历史与数据档案，深入研究马拉松文化内涵，探索整合马拉松文化资源，传承马拉松优秀文化，打造有知名度的马拉松文化品牌和旅游

活动，进一步提升中国马拉松文化影响力。通过对马拉松文化的宣传和弘扬，进一步提高群众对马拉松价值功能的认知，让更多的群众了解马拉松的健身知识，宣传健身效果，弘扬健康理念。在各级各类的马拉松赛事活动中，介绍马拉松基本知识和规则、马拉松文化及马拉松精神，让群众充分了解感受马拉松的文化魅力，同时树立竞技的规则意识，进一步提升马拉松赛事活动的文明参与程度，塑造良好的运动风貌和精神。

培育马拉松文化传播的新渠道、新亮点，传播马拉松公益价值和精神，发挥跑者示范效应，关注跑者的体验，以跑者为主线来挖掘故事，传播和宣传奔跑的乐趣，拓展大众通过马拉松获取荣誉感、成就感的渠道。品牌的构建需要长年累月，而品牌的摧毁只在须臾之间。要珍惜马拉松赛事品牌美誉度，做好马拉松赛事旅游规模与赛事品质的同步提升。充分借助新媒体传播优势，塑造马拉松赛事旅游传播新矩阵，将微直播等新技术引入赛事转播中，运用直播互动平台、网络直播等社交自媒体平台，将马拉松赛事信息传导到不同圈层，实现传播效果最大化。推动"赛事＋旅游＋传媒"的产业融合发展格局，为赛事主办方提供赛前推广、赛中直播互动以及赛后大数据分析服务，形成完整的服务链条，助力提升赛事知名度。立足国际视野，对标国际知名品牌赛事，在提升赛事服务的基础上，加大我国马拉松赛事的品牌建设和形象展示力度，推动中国马拉松运动的社会化、职业化、国际化、产业化，开拓市场、加强标准化建设，打造中国特色马拉松国际化品牌。

马拉松赛事旅游发展步入新时代。面对新目标、新任务和新要求，要坚持以人民为中心，大力推动马拉松项目在全民健身与全民健康深度融合过程中所发挥的作用。通过精心设计和周密部署，稳步推进我国马拉松运动规范化、社会化、科学化发展，助力体育强国和健康中国建设。面向人民美好生活，进一步重构体育旅游发展理念，推动马拉松赛事和地方旅游活动一体谋划、一体开展。在"跟着赛事去旅行"的品牌建设思路指导下，将马拉松运动融入美好生活，让赛事旅游成为生活常态，把马拉松赛事旅游发展成为以人民为中心的大众旅游、现代化导向的智慧旅游、未来可持续的绿色旅游、彰显文化自信的文明旅游。通过体育、赛事、文化和旅游的深度融合，推动我国马拉松赛事旅游持续迈入高质量发展的道路。

参考文献

[1] 程瑞芳. 旅游经济学 [M]. 重庆：重庆大学出版社，2018.

[2] 李海，姚芹. 体育赛事管理 [M]. 重庆：重庆大学出版社，2018.

[3] 田长广，王颖. 现代旅游策划学新编 [M]. 南京：南京大学出版社，2020.

[4] 林德荣，郭晓琳. 旅游消费者行为 [M]. 重庆：重庆大学出版社，2019.

[5] 王天星，邢剑华. 旅游法教程 [M]. 重庆：重庆大学出版社，2019.

[6] 梁月红. 体育市场营销学 [M]. 重庆：重庆大学出版社，2017.

[7] 孙小荣. 中国旅游营销新价值时代 [M]. 北京：新华出版社，2017.

[8] 席佳蓓. 品牌管理 [M]. 南京：东南大学出版社，2017.

[9] 王晓东. 体育赛事营销传播 [M]. 北京：北京体育大学出版社，2011.

[10] 张宏梅，陆林. 近10年国外旅游动机研究综述 [J]. 地域研究与开发，2005，24（2）：60-64.

[11] 皮平凡. 体验经济时代的旅游产品开发探索 [J]. 学术交流，2005（2）：66-69.

[12] 肖锋，沈建华，刘静. 举办大型体育赛事对城市旅游的影响 [J]. 沈阳体育学院学报，2004，23（6）：769-771.

[13] 余青，吴必虎，殷平，等. 中国城市节事活动的开发与管理 [J]. 地理研究，2004，23（6）：845-855.

[14] 朱强华，张振超. 旅游景区品牌管理模型研究 [J]. 桂林旅游高等专科学校学报，2004（6）：27-31.

[15] 张夫妮. 论城市旅游品牌的塑造与管理 [D]. 济南：山东师范大学，2004.

[16] 刘凤军，雷丙寅，王艳霞. 体验经济时代的消费需求及营销战略 [J]. 中国工业经济，2002（8）：81-86.

[17] 谭白英，邹蓉. 体育旅游在中国的发展 [J]. 体育学刊，2002，9（3）：22-25.

[18] 汪德根，陆林，刘昌雪. 体育旅游市场特征及产品开发 [J]. 旅游学刊，

2002, 17 (1): 49-53.

[19] 王崧, 韩振华. 关于旅游品牌的深层思考 [J]. 社会科学家, 2001 (6): 43-46.

[20] 陈向明. 扎根理论的思路和方法 [J]. 教育研究与实验, 1999 (4): 58-63.

[21] 林增学. 旅游者消费行为模式及其相关因素的分析 [J]. 桂林旅游高等专科学校学报, 1999 (4): 21-24.

[22] 牛亚菲. 可持续旅游、生态旅游及实施方案 [J]. 地理研究, 1999, 18 (2): 179-184.

[23] 许春晓. "旅游产品生命周期论"的理论思考 [J]. 旅游学刊, 1997, 12 (5): 43-46.

[24] 邱扶东. 旅游动机及其影响因素研究 [J]. 心理科学, 1996, 19 (6): 367-369.

[25] 张坤. 美食旅游中游客期望、体验感知对体验满意度的影响研究: 以四川省阆中古城为例 [D]. 广州: 广州大学, 2023.

[26] 李淑霞. 旅游体验质量对博物馆游客满意度的影响研究: 以中国客家博物馆为例 [D]. 广州: 广州大学, 2023.

[27] 林威. 基于IPA分析法的三亚湾滨海旅游服务质量研究 [D]. 三亚: 海南热带海洋学院, 2023.

[28] 林敏慧, 余劼祺, 王雅君. 城市型自然公园游客拥挤感知与调适机制及其满意度研究 [J]. 自然资源学报, 2023, 38 (4): 1025-1039.

[29] 冯晓华, 黄震方. 旅游行为的根本内驱力: 观点与思考 [J]. 地理与地理信息科学, 2022, 38 (4): 113-119.

[30] 盘劲呈, 牛文玉, 王世春, 等. 游客忠诚与体育赛事旅游可持续发展: 兰溪马拉松实证研究 [J]. 四川旅游学院学报, 2022 (4): 31-36.

[31] 陈丽清. Y景区旅游服务质量提升研究 [D]. 南宁: 广西大学, 2022.

[32] 王博. 美食旅游动机影响因素研究: 以成都市美食街区为例 [D]. 贵阳: 贵州财经大学, 2022.

[33] 焦慧敏. 马拉松大众跑者参赛动机的性别差异研究 [D]. 上海: 上海体育学院, 2022.

[34] 马毅坚, 温宇红. 基于推拉理论的我国群众性游泳赛事参赛者动机与特征

研究[G]//第十二届全国体育科学大会论文摘要汇编：墙报交流（体质与健康分会）. 日照：中国体育科学学会, 2022：307-309.

[35] 徐剑, 欧阳柳青. "马拉松热"现象对青少年学生体育健身促进的影响研究[J]. 福建体育科技, 2022, 41 (1)：11-14.

[36] 杨细文, 周建梅, 李芳辉. 高校大学生马拉松成瘾问题研究[J]. 牡丹江师范学院学报（自然科学版）, 2022 (1)：65-68.

[37] 谢罡. 城市马拉松赛道景观质量、城市形象与参赛者重游意愿关系研究：以上海马拉松为例[D]. 上海：上海体育学院, 2021.

[38] 刘东红, 程方圆, 李星汉, 等. 抖音短视频传播对大学生旅游心理行为的影响研究[J]. 河北旅游职业学院学报, 2021, 26 (2)：76-79.

[39] 钟皓凡. 基于IPA方法的贵州肇兴侗寨旅游服务质量提升研究[D]. 桂林：桂林理工大学, 2021.

[40] 章情. 2019徐圩国际马拉松跑者参与动机研究[D]. 南京：南京体育学院, 2020.

[41] 王紫薇. 大学生参与马拉松运动的影响因素研究：以西南财经大学为例[D]. 成都：西南财经大学, 2020.

[42] 邓江晟. 基于旅游者满意度的成都马拉松赛事旅游发展探讨[D]. 成都：成都理工大学, 2020.

[43] 周葭萱, 王进. 大学生马拉松志愿服务提升策略研究[J]. 辽宁体育科技, 2019, 41 (6)：12-16.

[44] 陈祥. 长跑和马拉松风靡中国城市的人类学探析[D]. 南京：南京大学, 2017.

[45] 赵莹, 柴彦威, 桂晶晶. 中国城市休闲时空行为研究前沿[J]. 旅游学刊, 2016, 31 (9)：30-40.

[46] 徐佳. 基于游客感知的山东省乡村旅游服务质量研究[D]. 济南：山东师范大学, 2016.

[47] 刘笑天. 基于昂谱模式的舟山群岛新区海岛旅游产品开发[D]. 舟山：浙江海洋学院, 2014.

[48] 杨蕾. 大学生自行车运动参与动机、自我认同的研究：以北京地区为例[D]. 金华：浙江师范大学, 2013.

[49] 张卫卫. 徐州老工业城市的工业旅游开发分析：基于RMP理论[D]. 扬

州：扬州大学，2012.

[50] 武泉华. 高职学生参加太原国际马拉松比赛动机调查[J]. 运动，2012 (6)：48-49.

[51] 陈国兴. 昆山市中学生篮球运动参与动机的研究[J]. 考试周刊，2011 (41)：131-132.

[52] 陈春."80后"旅游动机与旅游消费行为关系研究[D]. 杭州：浙江大学，2008.

[53] 郑丽鑫. 闽西客家文化旅游RMP分析研究[D]. 福州：福建师范大学，2007.

[54] 马聪玲. 事件旅游：研究进展与中国实践[J]. 桂林旅游高等专科学校学报，2005 (1)：75-79.

[55] 吴必虎. 区域旅游开发的RMP分析：以河南省洛阳市为例[J]. 地理研究，2001，20 (1)：103-110.

[56] 林南枝，李天元，杜炜，等. 旅游市场探索五题[J]. 旅游学刊，1992，7 (2)：21-24.

[57] 陈钰. 我国近代体育师资培养（1904—1927）：基于中国体操学校的个案研究[D]. 成都：成都体育学院，2023.

[58] 郭明月. 我国马拉松赛事应急管理研究[J]. 当代体育科技，2022，12 (1)：91-94.

[59] 刘尹，敬龙军，郭志诚. 我国山地马拉松体育赛事风险防范困境与策略：以甘肃越野赛突发事件为例[J]. 曲靖师范学院学报，2021，40 (6)：104-109.

[60] 彭顺生. 世界旅游史研究：回顾与展望[J]. 扬州大学学报（人文社会科学版），2021，25 (1)：122-128.

[61] 向亚军. 从"旅游"到"行旅"：《明清旅游活动研究：以长江三角洲为中心》读后[J]. 中国社会历史评论，2020，25 (2)：281-290.

[62] 赵振. 智慧马拉松赛事的价值、困境与破解[J]. 湖北体育科技，2020，39 (6)：496-498.

[63] 彭萌，刘涛，宋超. 共生理论下马拉松赛事与城市文化协同发展研究[J]. 体育文化导刊，2019 (6)：12-17.

[64] 尹宏，王苹. 文化、体育、旅游产业融合：理论、经验和路径[J]. 党政

研究, 2019 (2): 120-128.

[65] 张长清. 马拉松文化兴起的社会学探析 [J]. 文体用品与科技, 2017 (18): 26-27.

[66] 支强. 产业价值链视角下我国马拉松赛事运营模式研究 [J]. 体育文化导刊, 2018 (10): 104-109.

[67] 白莉莉, 冯晓露. 我国马拉松赛事赞助市场的现状、特征和问题 [J]. 中国体育科技, 2018, 54 (4): 3-11.

[68] 姜琪, 刘俊一. "马拉松跑现象"文化价值生成解析 [J]. 体育文化导刊, 2018 (3): 54-58.

[69] 周星, 周超. "厕所革命"在中国的缘起、现状与言说 [J]. 中原文化研究, 2018, 6 (1): 22-31.

[70] 郭嘉焱. 对马拉松运动的起源、发展价值及其所在问题的研究 [J]. 体育世界 (学术版), 2017 (9): 54.

[71] 张玉婷, 恺金. 马拉松兴起环境下的跑团发展研究 [J]. 当代体育科技, 2017, 7 (25): 249-250.

[72] 王雅慧. 文化认同与异化: 马拉松"热"与"冷"的辩证思考 [J]. 南京体育学院学报 (社会科学版), 2017, 31 (4): 82-85.

[73] 涂娜. 北京马拉松对北京市旅游的影响与对策研究 [D]. 北京: 首都体育学院, 2017.

[74] 姜宇. 北京马拉松赛风险管理研究 [D]. 北京: 北京体育大学, 2017.

[75] 杨强. 体育旅游产业融合发展的动力与路径机制 [J]. 体育学刊, 2016, 23 (4): 55-62.

[76] 胡一同. 北京马拉松赛事品牌建设研究 [D]. 北京: 北京体育大学, 2016.

[77] 陈庶伟. 扬州"鉴真国际半程马拉松"品牌赛事的媒介传播策略 [D]. 扬州: 扬州大学, 2014.

[78] 陈旭. IPA分析法的修正及其在游客满意度研究的应用 [J]. 旅游学刊, 2013, 28 (11): 59-66.

[79] 刘金栋. 大型体育节事活动现场安全评估研究 [D]. 泉州: 华侨大学, 2013.

[80] 杨强. 中国体育旅游研究20年: 述评与展望 [J]. 中国体育科技, 2011, 47 (5): 90-100.

[81] 王璐,高鹏. 扎根理论及其在管理学研究中的应用问题探讨 [J]. 外国经济与管理,2010,32 (12):10-18.

[82] 王辉. 体育旅游产业特征及发展策略探讨 [J]. 体育与科学,2010,31 (4):59-64.

[83] 黄成华. 江苏省扬州鉴真国际半程马拉松赛事的现状与发展研究 [D]. 扬州:扬州大学,2010.

[84] 黄翔,连建功. 中国节庆旅游研究进展 [J]. 旅游科学,2006,20 (1):45-49.

[85] 熊元斌,胡宇. 体育节事的旅游价值与营销策划 [J]. 武汉体育学院学报,2005,39 (8):24-27.

[86] 韩忠培. 中国体育旅游资源和体育旅游市场开发研究 [J]. 体育与科学,2005,26 (3):39-42.

[87] 李文秀. 体育节事旅游研究 [D]. 武汉:武汉大学,2005.

[88] 谢彦君. 旅游体验研究:一种现象学视角的探讨 [D]. 大连:东北财经大学,2005.

[89] 马遵平,周维洁,谢泽氡. 中国游客滑雪旅游感知风险研究 [J]. 四川旅游学院学报,2023 (5):62-66.

[90] 陈思羽. 中国旅游安全探究:基于CiteSpace的文献计量分析 [J]. 旅游纵览,2023 (10):13-15.

[91] 王联聪,谢军. 厦门国际马拉松赛风险调查及对策 [J]. 体育科学研究,2008,12 (4):20-23.

[92] 谢朝武,赖菲菲,黄锐,等. 中国出境旅游安全事件集群:空间分异及组态致因 [J]. 地理研究,2023,42 (5):1177-1199.

[93] 董斌彬,林少萍. 中国出境旅游安全事件时空特征演变:基于旅行社境外出险数据 [J]. 泉州师范学院学报,2023,41 (2):41-48.

[94] 李琴. 玉龙雪山景区旅游安全管理研究 [D]. 昆明:云南师范大学,2022.

[95] 蒋思霞,魏伟,邹嘉怡,等. 天门山国家森林公园旅游安全管理研究 [J]. 内蒙古科技与经济,2022 (22):84-86.

[96] 冯月昕. 风险感知对游客参与冰雪体育旅游意向的影响研究 [D]. 大连:东北财经大学,2023.

[97] 李自强,席建超,张瑞英. 滇藏公路沿线旅游安全风险评价 [J]. 山地学报,2022,40 (5):753-763.

[98] 朱尧，邹永广，李强红，等. 旅游安全事件与其空间分布结构特征：以中国公民赴马来西亚旅游安全感知事件为例 [J]. 地域研究与开发，2022，41 (4)：137-142.

[99] 孙秉正. 大学生对乡村旅游的风险感知构成维度研究 [J]. 旅游与摄影，2022 (15)：50-52.

[100] 李天皎. 三亚海上高风险旅游活动安全管控研究 [D]. 三亚：海南热带海洋学院，2022.

[101] 黄锐，谢朝武，赖菲菲. 中国游客赴东盟地区旅游安全风险：特征、成因及治理路径 [J]. 广西社会科学，2022 (5)：70-80.

[102] 张洪昌. 新时代旅游业高质量发展的治理逻辑与制度创新 [J]. 当代经济管理，2019，41 (9)：60-66.

[103] 王伟，张舒情，周晓冰. 大型旅游节庆活动安全风险评价指标体系构建 [J]. 河南理工大学学报（社会科学版），2022，23 (1)：37-42.

[104] 张朝枝，杨继荣. 基于可持续发展理论的旅游高质量发展分析框架 [J]. 华中师范大学学报（自然科学版），2022，56 (1)：43-50.

[105] 侯兵，杨君，余凤龙. 面向高质量发展的文化和旅游深度融合：内涵、动因与机制 [J]. 商业经济与管理，2020 (10)：86-96.

[106] 赵剑波，史丹，邓洲. 高质量发展的内涵研究 [J]. 经济与管理研究，2019，40 (11)：15-31.

[107] 何建民. 新时代我国旅游业高质量发展系统与战略研究 [J]. 旅游学刊，2018，33 (10)：9-11.

[108] 徐卫华，谢军. 厦门国际马拉松赛风险管理研究 [J]. 北京体育大学学报，2010，33 (2)：38-41.

[109] 苗春竹，姚小林. "柠檬市场"理论下我国大众滑雪旅游安全治理路径研究 [J]. 冰雪运动，2023，45 (3)：46-50.

[110] 蒋政. 马拉松赛事回归 市场运营迈向精品化品牌化 [N]. 中国经营报，2023-02-27 (D03).

[111] 杨婕. 我国城市马拉松赛与地方产业互动机制研究：以无锡市国际马拉松赛事为例 [J]. 湖北经济学院学报（人文社会科学版），2019，16 (12)：24-26.

[112] 吴文汐，冯袁玥. 武汉马拉松打开消费新场景 2.6万名跑友用脚步"丈

量"城市[N]. 21世纪经济报道，2023-05-05（11）.

[113] 姚依依，蒋明睿，刘春. 活力江苏"跑"进春天里[N]. 新华日报，2023-03-22（5）.

[114] 黄琪奥. 重庆市民为何对跑马如此热衷[N]. 重庆日报，2021-12-13（7）.

[115] 刘婧. 因为马拉松爱上一座城[N]. 宜宾日报，2023-10-23（1）.

[116] 张娜. 城市马拉松跑进百姓生活[N]. 中国经济时报，2023-10-23（2）.

[117] 吴学刚. 说"六马"，凉都品牌响神州：消夏文化避暑旅游季述评之六[N]. 六盘水日报，2023-10-18（1）.

[118] 宁广靖，张兆瑞. 马拉松在奔跑中感受津城活力[N]. 天津日报，2023-10-09（7）.

[119] 姜天骄. 绘就体旅融合新画卷[N]. 经济日报，2023-10-04（4）.

[120] 曹马志. 这段旅游公路有条马拉松赛道[N]. 海南日报，2023-09-04（A05）.

[121] 本报评论员. 弘扬马拉松精神 建设经济强市：祝贺2016衡水湖国际马拉松赛暨全国马拉松锦标赛（第4站）成功举办[N]. 衡水日报，2016-09-26（A01）.

[122] 市委督查室督查调研组. 马拉松激活城市发展正能量：关于国际马拉松赛助力我市发展的调研与思考[N]. 秦皇岛日报，2014-11-11（6）.

[123] 张玮，梁建刚. 跑马拉松时，我们收获了些什么：写于第15届上海国际马拉松赛圆满落幕之际[N]. 解放日报，2010-12-06（5）.

[124] 林莉. 马拉松的意义，远不止于赛事[J]. 当代党员，2023（7）：25.

[125] 陈帅男，游茂林. 中国漂流旅游事故的成因与对策研究：基于官方通报的55个案例[J/OL]. 资源开发与市场，2023，39（11）：1507-1516. （2023-08-29）[2023-10-11]. https：//kns. cnki. net/ kcms/detail/51. 1448. N. 20230829. 1415. 002. html.

[126] 粟丽娟，翟雪婷，罗秋菊. 女性游客安全舆情危机的类型学研究及对后疫情时代旅游管理的启示[J/OL]. 旅游论坛，2023：1-11.（2023-08-07）[2023-10-11]. https：//kns. cnki. net /kcms/ detail/ 45. 1363. K. 20230807. 0855. 010. html.

后 记

跑步十年，构思三年，写作一年，终汇成半点心得。

完成这本专著的最后一章的时候，我内心萌生出一种感想：这场马拉松，我终于跑到终点了。写马拉松和跑马拉松一样，都是一个漫长而艰难的过程，且都需要长期的准备和训练。

写这本关于马拉松赛事旅游的专著，源于我近年来的跑步经历和工作内容。2013年的某一天，我决定开始跑步运动，最初的主要动机是为了强身健体。当跑步的里程和经历不断增加，同时伴随着马拉松赛事活动越来越多，我也逐渐产生了参加马拉松赛的念头，这种以赛促练的模式也让我在跑步的道路上不断前行。回想起自己跑马的过程，很多经历至今还历历在目。

2013年11月17日，我第一次到外地参加马拉松赛，在南通如皋半程马拉松赛中参加了10公里项目跑。

2014年3月30日，在苏州金鸡湖半程马拉松的赛道上，完成了我的首个半程马拉松赛。

2015年11月29日，在南京马拉松的赛道上，我首次完成了全程马拉松项目比赛。

2017年4月，我被评为扬州鉴真国际半程马拉松民间形象大使，参加了扬州马拉松圣火采集、马拉松赛开幕式、冠军林植树等系列活动。

2017年5月28日，在东南大学，我以校友的身份首次参加了校园马拉松。

2019年3月2日，在南京老山，我首次体验并艰难完成了越野50公里比赛。

....

这些年，我先后参加了北京马拉松、厦门马拉松、无锡马拉松、广州马拉松、郑开马拉松、合肥马拉松等大型赛事，江苏省内各市都留下了我

后 记

跑步的印记。跑步已经融入我的生活,即使在工作出差、外出旅游时,我总是要带上一双跑鞋,在陌生的城市和地区来一次肆意的奔跑。跑步逐渐成了一种旅行和生活的方式。

跑步的过程中,我陆陆续续加入了一些跑步协会和社团,结识了很多的跑友,他们很多都比我年长,来自各行各业,因为共同的爱好我们跑到了一起。参加了一场又一场的赛事,我越发感觉到,参加马拉松的本质,其实就是一次旅行。在和很多跑友的交流中,我发现他们都有一个共同的认识——"就是跑着玩的"。这个"玩"并非真的是随便跑跑,而是对马拉松赛事的一种休闲化和旅游化的态度,在健康安全"完赛"的同时,也是一次"玩赛"体验,这正是大众群体对马拉松赛事旅行的直接感知和认识。

在近年的跑步和参赛过程中,我开始有意识地去观察马拉松赛事与举办地的旅游融合发展情况,通过各种方式了解马拉松赛事参与者的感受和体验。我本人也积极参与更多的马拉松赛事,亲自去体验不同赛事的组织和服务方面的差异,分析背后体现出的不同办赛理念和服务意识。我也逐步将赛事旅游、体育旅游等作为我的课题研究方向。

2021年,我回到母校东南大学访学,在贾鸿雁老师的指导下开展关于新时代旅游发展的相关研究和学习。贾老师建议我结合自己的研究基础,对体育旅游再进行较为深入系统的研究和提炼,这也是我着手写这本专著的动机之一。在后来写作过程中,得到了贾老师的持续关心和指导,在这里我向贾老师表示真诚的感谢!巧合的是,我国首场马拉松赛事(1910年)举办地就是南京,赛事的终点为当时南洋劝业会会场内的纪念塔,而这座纪念塔的位置,就在东南大学丁家桥校区运动场内。2019年11月9日,东南大学在这里举行了中国马拉松运动发祥地纪念标识揭幕仪式。我大三时曾在丁家桥校区学习生活一年,也曾多次在体育场上课和锻炼,这应该是我最早与马拉松亲密接触的岁月了。

同时,我也深知写马拉松和跑马拉松并不一样。跑步只要瞄准目标,就可一往无前;而写作和研究常常要回头观望甚至来回徘徊。这本关于马拉松赛事旅游的学术专著,是我学旅20载、跑马10余年的一些心得,写作过程的确艰辛,但是成果似乎还显得有些稚嫩。从学术研究的角度来说,与新时代下的马拉松赛事旅游的发展和体育旅游研究的时代需求相比，还存在很大差距。"道阻且长，行则将至"，学术研究的过程本身也是一场马拉松，每一步都不容易，我相信只要坚持，就必定有所收获。在我今后的跑步道路上，我将持续关注马拉松赛事旅游发展态势，不断汲取更多的学术营养，更加深入这个领域的研究，对行业的发展实践发挥更多的现实作用。

在本书写作过程中，本人参考了多位前辈和同行的研究文献，查阅了多个旅游地、马拉松组委会、赛事运营机构、新闻媒体等单位的相关资料和数据。由于篇幅的原因，部分参考文献未一一列出，在此特进行说明并表示感谢！在相关的调研和访谈中，我得到了扬州文化广电和旅游局、扬州市体育局、扬州市社科联、扬州市旅游学会等单位的大力支持，还得到了扬州长跑协会、扬州西线跑团、扬州文昌跑吧、无锡长跑协会、南京马拉松跑友会等跑步团队的帮助，很多跑友积极支持和配合我的访谈，在此一并表示感谢。

从专著的构思到成型，每一步都离不开各位前辈、同仁和朋友的关心。感谢扬州市旅游学会许金如教授、李芸教授、任孝珍副教授在我写作过程中给予的支持和关心，感谢顾宇博士、王兆成博士在各个阶段给予我的帮助和启发。我还要感谢东南大学人文学院旅游系的卢爱华、郭垚、殷进等老师在我访学和写作期间给我指导和帮助，没有你们的支持，我很难完成这一段马拉松写作之旅。感谢东南大学出版社张倩老师的细心指导，使得本书能顺利出版。

感谢我的家人，在我跑马拉松道路上和本书的写作过程中给予我的关怀，我的每一步都离不开你们给予我的理解、鼓励和支持。

2024 年 1 月于扬州